识干家

企業閱讀　學以致用

人才供应链

实现高绩效均衡的人才管理模式

许锋◎著

Talent
Supply Chain

天津出版传媒集团
天津人民出版社

图书在版编目（CIP）数据

人才供应链：实现高绩效均衡的人才管理模式 / 许锋著．—天津：天津人民出版社，2019.10（2022.9 重印）
ISBN 978－7－201－15181－6

Ⅰ．①人… Ⅱ．①许… Ⅲ．①企业管理—人才管理—管理模式—研究 Ⅳ．①F272.92

中国版本图书馆 CIP 数据核字（2019）第 173835 号

人才供应链：实现高绩效均衡的人才管理模式
RENCAI GONGYINGLIAN SHIXIAN GAOJIXIAO JUNHENG DE RENCAI GUANLIMOSHI
许 锋 著

出　　版 天津人民出版社
出 版 人 刘 庆
地　　址 天津市和平区西康路 35 号康岳大厦
邮政编码 300051
邮购电话 （022）23332469
电子邮箱 reader@tjrmcbs.com

责任编辑 王昊静
策划编辑 贺 君
装帧设计 仙 境

印　　刷 河北宝昌佳彩印刷有限公司
经　　销 新华书店
开　　本 710 毫米×1000 毫米 1/16
印　　张 16
字　　数 230 千字
版次印次 2019 年 10 月第 1 版 2022 年 9 月第 2 次印刷
定　　价 118.00 元

导读

人才供应链这个理念是我2011年正式在国内提出来的，当时在百度上输入“人才供应链”这个关键词，可以搜索到的相关文献只有3篇，而放在今天去搜，则至少有300万篇以上。

倍智和我本人都为推广人才供应链、帮助企业打造人才供应链做了大量的实践，比如我们与安踏合作的“安途生”计划、“金牌店长”计划、“将储班”训练营等极大地支持了安踏的零售转型和业绩提升，对旭辉地产的干部队伍进行有针对性的盘点、培养和补给，和招商银行合作对公客户经理的人才画像，等等。

这本《人才供应链：实现高绩效均衡的人才管理模式》是我在2012年出版的《破局：打造人才供应链》的进阶篇，是倍智团队过去8年帮助企业打造人才供应链实践过程的总结。这次我们提出了清晰的理论和实践框架，让读者了解人才供应链体系如何搭建，人才管理中各项管理工具可以怎么使用，如何能够发挥出人才供应链体系的优势，助力绩效达成。本书给出了四大支柱、十项修炼，读者可以进行系统学习和优化。

全书分为六个部分，其中核心内容在第二到第五部分，分别对应人才供应链的四大支柱，书中又将四大支柱分解为十项修炼，详细讲解人才供应链的十项修炼如何打造，这些修炼是人才供应链实践中优秀企业的共同做法，我们会用几个典型的案例讲解这些企业的具体做法和达到的效果。

第二部分是关于四大支柱之一：动态短期的人才规划，包括三项修炼：

修炼一：三图一表是人才供应链管理的基础；

修炼二：岗位人才画像是人才供应链的核心；

修炼三：人才冗余的风险指数级高于人才不足的风险；

第三部分是关于四大支柱之二：灵活标准的人才盘点，包括两项修炼：

修炼四：利用人才盘点重构组织能力；

修炼五：打造高潜人才梯队；

第四部分关于四大支柱之三：ROI 最大化的人才培养，包括两项修炼：

修炼六：测训一体化的人才培养方式；

修炼七：预测性的方式培养通用能力，JIT 的方式培养专业技能；

第五部分关于四大支柱之四：无时差的人才补给，包括三项修炼：

修炼八：选比育更重要；

修炼九：得校园招聘者得天下；

修炼十：没有今天的无时差，只有未来的无时差。

建议阅读顺序从第一部分开始，先整体了解人才供应链理念和体系建设目标，再依据读者的兴趣阅读第二到第五部分，这十项修炼虽然有所关联，但分开阅读并不影响读者对实践的学习和理解。最后一个部分讲解企业如何打造自己的人才供应链。

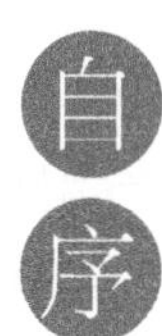

打造人才供应链，实现高绩效均衡

Talebase 倍智创始人　许锋博士

人才供应链这个理念是我 2011 年正式在国内提出的。经过这几年的传播、引导和教育，许多企业都非常认同人才供应链这个理念，很多公司都把打造人才供应链放在和企业战略同样的高度来看待！

在这个过程中，倍智和我都为推广人才供应链、帮助企业打造人才供应链做了大量的实践。当然，2012 年出版的《破局：打造人才供应链》，在这个过程中也起到了关键作用。

鞋服行业的领军企业安踏，在过去的 5 年里成为第一家市值超千亿的运动时尚品牌。公告的 2018 年财报显示，安踏门店年增长率超过 40%，门店数量超过 10000 家。这些数据的背后是安踏的人才供应链体系的强力支撑！5 年前，我和团队开始服务于安踏企业，一系列的人才项目、人才工程，比如“安途生”计划、“金牌店长”计划、“将储班”训练营等极大地支持了安踏的零售转型和业绩提升。安踏的管培生、见习店长、金牌店长、区域经理、分公司后备等人才梯队建设项目完美地践行了人才供应链的理论，成就了行业内最高的人均店销。

房地产行业的第三代领军企业旭辉地产在 2012 年和倍智合作的时候只是个 100 亿元左右规模的区域公司。围绕千亿规模的发展目标和战略诉求，倍智和旭辉先后就内外部人才供应链的打造进行了深度的合作和认真的实践。在这个过程中，旭辉地产的董事长林中、CHO 张良及其接班人葛明带领的人力资源团队花了 5 年多的时间，打造了一支令全行业刮目相看的地产“铁军”。2018 年，旭辉地产年收入达到 1500 亿元，实现千亿目标并向更高的目标迈进。旭辉的人才供应链建设是从建立明确的人才标准、可落地的岗位任职资格体系开始，然后对现有干部队伍进行有针对性的盘点、培养和补给，从而打造可持续的人才供应链体系，助力旭辉实现千亿之路。

人才供应链的打造是个长期持续的过程，不可能一蹴而就。如果聚焦关键人群，或者说关键少数，就有可能事半功倍。每个企业因为所处的行业不同，阶段不同，需要聚焦的关键人才也不一样。

比如某互联网公司，作为行业的龙头企业，总监级员工是其需要关注的核心人才。打造一支什么样的总监队伍，使其保持核心优势，是其人才供应链建设的核心内容。倍智从 2013 年开始和该互联网公司合作，核心是围绕后备总监进行选拔和培养。首先，我们对现有的总监进行测评，通过数据分析描绘出理想总监的画像，包括能力画像、性格画像、管理风格画像等；其次，基于这个画像，对后备总监进行测评，并根据测评结果进行多对一的反馈；最后，我们与后备总监的上级领导一起讨论该员工的针对性培养发展计划。从 2013 年到 2018 年，连续 5 年，围绕总监画像及针对性的培养落地计划，该互联网公司后备总监的成才率大幅度提高，从以前的不到 50% 到现在超过 85%，极大地促进了其人才供应链的持续打造。

比如招商银行，大家都知道招商银行是股份制商业银行，尤其是零售银行的标杆企业。倍智服务于招商银行，从大家熟悉的对公客户经理的人才画像开始展开工作。客户经理这个人群在银行的比重很大，但优秀的客户经理、高绩效的客户经理比例却很少——按照招商银行内部的说法，这个比重不超过 5%。而一个高绩效的客户经理创造的价值是普通客户经理的 3 倍以上。如果企业一开始就有明确的高绩效客户经理画像，在招聘和培养过程中就能够少走很多弯路，少浪费资源，从而极大地提高人均效能。提炼一个高绩效客户经理的画像需要大量的一手数据作为素材，需要倍智顾问对现有的高绩效客户经理的能力素质、日常行为、成功案例进行访谈、测评和挖掘。我们相信，高绩效客户经理的人才画像会为银行的人才供应链打造树立榜样，未来会进一步推广到分行、支行长。

以上提到的企业大都属于充分竞争行业，他们重视人才供应链体系的建设是基于市场的需求，基于企业可持续发展的需求。在过去几年中，我们欣喜地看到大型国有企业的变化，他们认同人才供应链的理念并积极实践。

比如首钢集团，在特大型国有企业里面首先成立了人才开发院。倍智有幸成为首钢人才开发院的战略合作伙伴。在过去三年，倍智围绕首钢集团青年干部的选拔和培养做了大量工作。

过去三年，倍智盘点了中海油气电集团及其下属的五十多家单位的班子成员干部队伍，为集团领导做出科学的人事决策提供了保障和依据。

除了企业，公共事业领域的广州地铁、深圳地铁、无锡地铁、西安地铁、徐州地铁等单位都引进了人才供应链的理念，就干部队伍的建设、后备骨干人才的打造与倍智开展了深入的合作。另外，我们也看到，事业单位、科研院所也逐步开放，对人才供应链管理的思想吸收融合，结合自身实际情况开展大量人才培养项目，比如成都的 29 所、30 所，西安的一飞院等。

2018 年，受中国保险业行业协会（简称中保协）的邀请，倍智为中保协的会员单位开展中国保险业人才供应链成熟度调研，以及中国保险业优秀营销人员画像课题研究。近 60 家中国的保险公司参与调研，在此过程中收集了大量的一手数据，最后汇总的研究成果已经公开出版。

在所有的保险公司中，我们和平安集团的合作最长久、最深入。平安集团是我非常尊重的公司，2018 年其在世界 500 强的排名已经进入前 30 强。我和团队与平安的合作也是从人才数据、人才画像开始，合作的对象包括平安集团、平安产险、平安人寿、平安普惠、陆金所、平安大学等从总部到分/子公司，合作的内容从单一的测评产品、人才测评题本的定制、高管的盘点、干部管理系统的开发到 AI 人工智能招聘面试等。和专业的团队一起合作，相互促进、提高，在和平安集团的合作过程中，我和团队受益良多。在这里，对以CHO蔡方方领导的人力资源团队表示崇高的敬意和衷心的感谢。

回首过去，经过这几年的耕耘，人才供应链理念可以说已经遍地开花，得到了社会和企业的广泛认同。从2016年开始，我在喜马拉雅电台开通了语音频道《许锋博士聊人才供应链》，每周一期，每期15分钟左右。两年多的时间，收听量已经超过1000万人次，成为喜马拉雅HR垂直领域的第一主播。

应该说，大家对人才供应链理念的认同核心是基于其同业务的高度相关，是业务导向和结果导向的，能够直接创造价值。向人才供应链要绩效已经成为人力资源从业者的共识。正如我前面所述，人才供应链的建设不可能一蹴而就，需要更多人力资源从业者共同探索，需要公司内部上下级达成共识，需要企业家、董事会的亲力亲为和资源的持续投入，从而创造组织可持续的高绩效均衡。

《人才供应链：实现高绩效均衡的人才管理模式》是《破局：打造人才供应链》的进阶篇，是倍智团队过去8年帮助企业打造人才供应链实践过程的总结。从2017年开始，为了进一步推广人才供应链理念，倍智先后在北京和广州召开了首届和第二届国际人才供应链管理高峰论坛，每届论坛的规模都超过1000人，都得到了非常好的反馈。

在此特别感谢出席两届高峰论坛的嘉宾，他们是：

- 沃顿商学院教授、人才供应链理念缔造者彼得·卡珀利博士
- 万科集团人力资源体系奠基人解冻先生
- 前龙湖地产CHO、执行董事房晟陶先生
- 药明康德COO、前华为集团人力资源副总裁童国栋先生
- 福晟集团董事、福晟地产集团执行总裁吴继红女士
- TCL集团副总裁、TCL大学执行校长许芳女士
- 迅雷集团高级副总裁张帆女士
- 中国咨询行业的拓荒者、前华信惠悦大中华区总裁Frank T. Gallo（高润至）博士
- 中国人民大学劳动人事学院院长杨伟国教授

- 长江学者施俊琦教授

因为他们的到来，中外学者、企业家、人力资源从业者济济一堂，共享人才供应链思想的盛宴。

2017 年的首届国际人才供应链管理高峰论坛，我的大会主题发言是《人才供应链：实现高绩效均衡的人才管理模式》，在与会者中引起强烈反响。这次大会的主题发言基本上形成了本书的逻辑框架。本书最终成稿，要特别感谢倍智人才研究院和倍智咨询的顾问，因为他们前期大量细致的工作，使得本书的成稿特别顺畅。他们是：倍智联合创始人沙添女士、顾问王竹娟女士、顾问简坤培先生、顾问王萌女士、顾问叶太强先生、顾问谢鹏先生、顾问麦羡明女士、顾问程方凝女士、顾问谢海欣女士、顾问杨雨桑女士、顾问张敏女士。还有许多其他倍智的顾问参与了前期的准备工作，在此一并致谢！

让我们携手共勉，为中国企业打造人才供应链，创造可持续的高绩效均衡人才管理模式而共同努力！

目录
contents

第五部分 人才供应链四支柱之四：无时差的人才补给

第六部分 打造企业自己的人才供应链

附 录

第一部分

人才供应链理念

随着越来越多的企业认识到人才的作用，人才供应链管理模式成为期待建立人才优势的企业追逐的管理潮流。但是何为人才供应链管理模式，它与传统的人才管理的区别是什么？人才供应链管理模式构建的目标是什么？大多数企业对此一知半解，本书的第一部分旨在澄清人才供应链理念。第一章说明人才供应链管理模式是什么，它为何会产生，能够给企业带来什么价值；第二章说明人才供应链管理模式的关注对象是谁，如何改变传统的人才管理思维模式；第三章介绍人才供应链管理落地的四大支柱及需要重点关注的十项修炼。

第一章

打造人才供应链实现高绩效均衡

第一节　VUCA时代对人才管理的挑战

近10年，全球品牌价值前十的企业换了一半，排在前三名的企业全部易主。如图1－1所示，以苹果、谷歌、亚马逊为首的科技公司占据头部，和10年前品牌价值前三名之间小小的差距截然不同，2018年品牌价值前三名的差距非常大。这个时代的变化比以往来得更快一些，那么这个时代和以往的时代有什么不同呢？

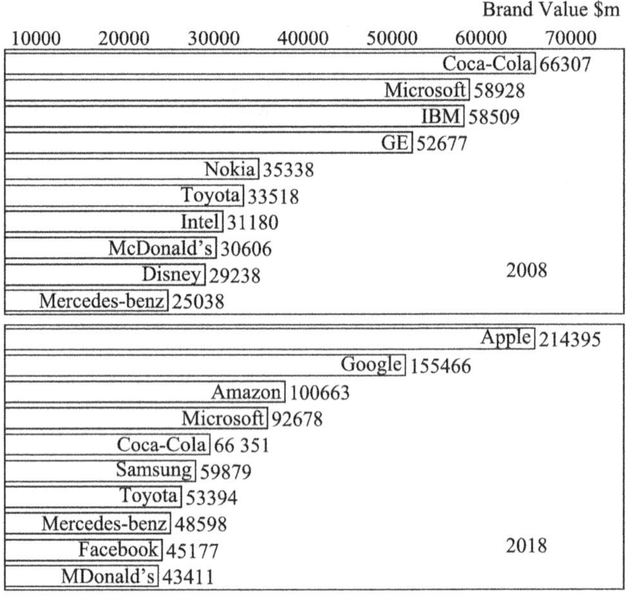

图1－1　2008—2018全球最佳品牌价值排行榜Interbrand

不确定的商业社会

相比于以往商业环境的有序、稳定，现在的商业环境更加无序、复杂、难以预测。无法对商业环境做出快速反应的企业轰然倒下，如诺基亚、摩托罗拉；能抓住信息技术发展的企业迅速崛起，如阿里巴巴、苹果。10年前的世界500强企业有1/3已经消失，20年前的500强企业有一半已不存在。这些企业曾经拥有强大的地位、规模、人才、科技和品牌，失败的原因只有一个，那就是不能适应时代的变化。

当今时代是什么样的时代？宝洁公司首席运营官罗伯特·麦克唐纳（Robert McDonald）借用了一个军事术语来描述这一新的商业世界格局：这是一个 VUCA 的世界。VUCA 一词在 20 世纪 90 年代起源于美国军方，用来描述冷战结束后形成的更加动荡、不确定、复杂和模糊的多边世界。VUCA 是 Volatility（易变性）、Uncertainty（不确定性）、Complexity（复杂性）、Ambiguity（模糊性）的缩写，概括了后互联网时代商业世界的特征。VUCA 时代，伴随着新的信息技术的兴起，衍生出很多新的应用技术，如人工智能、区块链等，这些技术的应用将加大未来的不确定性和复杂性。经济、技术、政策等多重复杂因素交叠，对企业来说，很难长期预测这些因素对业务的影响，只有缩短战略规划的周期，以前动辄五年规划，慢慢变成三年，甚至大多数公司只有一年的规划。

VUCA 时代给人才管理带来三项挑战

挑战一：如何依据短期的企业战略进行人才规划

人才规划必须与企业的战略目标紧密联系，它需要紧扣企业发展，预测未来一段时间的人才需求，并在人才管理各个环节配合人才的供给。如果企业战略目标模糊、多变，人才规划只能成为摆设。甚至有部分企业因为环境变化太快，觉得没有必要做规划，奉行“缺人就招，人多就裁”的人才管理思路。这种思路并非完全无用，在外部劳动力充足的环境下，即人才市场上的人才供给远远大于公司需求的时候，不会有太大的问题。但是中国劳动力市场目前的情况是：虽然有部分岗位的人才是充足的，但是大部分关键岗位上的人才是稀缺的。依据我们 2018 年人才供应链的调研结果，目前中国企业认为人才管理面临的最大问题是人才短缺。

商业环境模糊多变，是否就无法做人才规划呢？人才规划需要提前多久部署？战略的短期性和人才培养的长期性之间的矛盾如何协调？人才规划需要依据哪些指标，才能在变化的环境中获得不变的、持续的人才供给，这是人才管理面临的第一个挑战。

挑战二：如何平衡人才管理的长期价值和短期利益

易变的商业环境不仅让人才规划变得困难，更重要的是，人才管理的具体管理实践也会面临长期价值和短期利益的选择。

关注人才管理长期价值的企业会花更多的资源在人才储备、人才培养上，公司通过员工业绩的不断提升来弥补花费在员工身上的投资，并获得盈利。如果关注人才任用的短期利益，企业就会采取“拿来主义”，关注外部招聘，奉行人才招来即用的策略，节省企业人才培养的成本。

企业应该关注长期价值还是短期利益呢？被称为快消业黄埔军校的宝洁，以及被视作全球500强企业的CEO锻造工厂的GE，这些老牌的优秀标杆企业十分注重人才的内部培养和成长；新兴的互联网巨头，无论是阿里巴巴的“政委体系”，还是腾讯开设腾讯大学进行人才培养，都能看出企业对内部人才价值的重视。

无论是老牌标杆企业还是新型巨头公司，都对人才内部成长表示出了巨大的关注度。这类人才培养理论也得到很多HR朋友的认可。他们认为，从竞争对手那里挖人是一个代价昂贵的游戏，意味着公司必须面临新的人才滞留问题和代价不菲的薪酬计划，而且过多的外部招聘会对公司士气有所影响，老员工看到新晋人员在短时间内得到重用，难免会产生消极懈怠情绪。因此，他们在人才管理的实践中更多地通过招募应届毕业生进行内部培养，逐步帮助其获得专业技能和管理技能，通过内部晋升逐步实现在企业的发展。

但是也有不少HR持反对意见，他们认为现在的商业环境变化很快，企业的业务战略需要的岗位、技能、能力也会迅速变化。企业花费大量的人力、物力构建起来的任职资格体系，过去可以用5~10年，现在可能只能用1~3年，甚至更短，因为某些曾经的关键岗位不再是关键岗位，或者关键岗位的技能有了较大调整。对于那些规模小、发展不成熟的企业来说，内部人才培养的制度不健全，外部招聘更好一些。但是外聘可能产生较高的人员流动，没有办法持续地支持业务发展。

有没有两全其美的方法？人才管理如何找到一个最佳的平衡策略，既能满足短期紧急的人才补充，又能建立起长期的人才造血机制，让人才持续地支持业务发展，这是人才管理面临的第二个挑战。

挑战三：如何应对人才短缺和人员冗余同时存在的结构性失衡

商业环境变化和新技术更替对岗位的影响非常大。一方面，似乎一夜之间，新的岗位需求激增，进入白热化的抢人阶段。我们发现一个很有趣的现象，这几年人工智能兴起，搜索招聘网站的时候，发现 10 家企业有 9 家企业都将人工智能相关的人才列入需求人才名单。但是直到 2019 年各大高校（如浙江大学）才陆续把人工智能添加到本科生的培养计划和专业里，大学教育在人才培养中往往滞后。

另一方面，人工智能的产生又在一定程度上淘汰了一些重复性操作的工种，比如零售业的售货员、制造业的工人，银行业的柜员等，这些人员很快变成冗余人员。特别是大型企业，人才结构化失衡、冗余和短缺问题同时存在。如何提前发现并消除冗余，快速弥补人才短缺，提高人力效能，这是人才管理面临的第三个挑战。

这三项挑战看似在人才规划、培养和人才盘点中遇到的完全不同的问题，实际上它们出现的根源是一个——世界变化太快。世界已经进入易变、不确定、复杂性、模糊的 VUCA 时代，影响人才管理的因素已经发生了巨大的变化，企业必须检视过去的人才管理工作，原有的人才供给流程是不是已经无法适应业务的快速变化？是否需要一种全新的人才供给方式，满足企业快速发展中的人才需求？当前时代人才管理的目标究竟是什么？下一节将介绍这种创新的人才管理模式——人才供应链管理模式。

第二节　打造人才供应链的目标是实现高绩效均衡

人才供应链是什么

人才供应链理念最早由沃顿商学院教授彼得・卡珀利①提出，强调人

① 彼得・卡珀利（Peter Cappelli），*talent on demand：managing talent in an age of uncertainty*，2008 年

才管理面临未来商业世界的变化，因此管理方式应该更加敏捷，以业务需求为导向，学习精益生产的理念，做到人才的 JIT（Just – In – Time）——无时差供给。在控制成本的基础上，让雇员、能力、职位迅速匹配，实现类似供应链管理，形成与及时制（Just – In – Time）生产方式相类似的需求—供应框架。这样的供应链管理模式就是人才供应链管理，它能够在瞬息万变的商业环境中帮助企业颠覆传统静态的人才管理思路，构建动态的、无时差供给的人才管理模式。人才供应链管理更形象地体现出人才管理与业务之间的紧密联系，它以实现企业的长短期绩效为目标。

在中国，倍智作为人才供应链管理理论的先驱，提出了以数据为基础的高绩效人才供应链解决方案理念：直达战略所需关键人才，清晰描绘岗位人才画像，构建并落地实施人才供给机制，确保人岗匹配的及时、准确、可持续，实现组织效能倍增。人才供应链理念把人才类比产品，从人才产品供应的角度打通计划（人才规划）、采购（人才招聘）、生产（人才培养）和协调（人才供给和人才数据监控）在组织中流动的全流程，在每个关键环节控制人才供给的质量和成本，以达到在正确的时间把正确的人放在正确的位置上的人才快速供给目标。

简单地说，人才供应链管理就是企业要使人才生产处理满足业务的需求，同时控制好人才冗余（库存），从而提高企业的经营绩效，实现可持续发展。

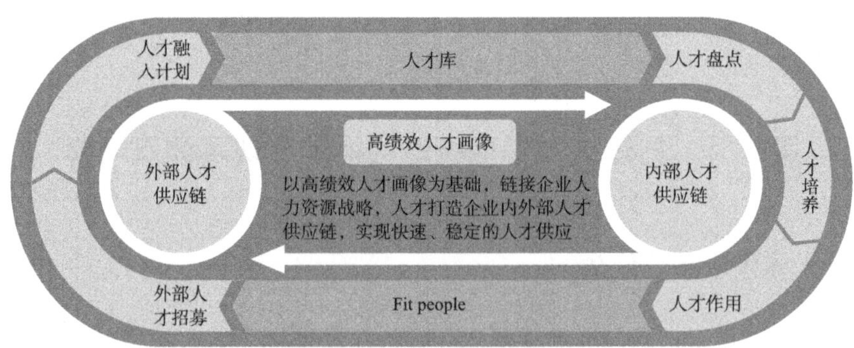

图 1 – 2　人才供应链的系统解决方案

如图 1 – 2 所示，以高绩效人才画像为基础，打造企业内外部两条人才供应链，开展人才供应链管理实践：灵活标准的人才盘点，ROI 最大化的人才培养，人岗匹配的人才任用，输出 Fit people，指导外部人才招募，实施人才融入计划，进入人才库。最后形成闭环，打造快速、稳定的人才供应链体系，从而实现最终目标——提升组织能力，打造高绩效组织。

高绩效人才画像是人才供应链的核心，是企业人才供应链的人才产品原型和标准。它回答了在目前的阶段企业需要什么样的人的问题，也是人才选用管育的原点，高绩效人才画像是内外两条供应链的交集，打通了企业内外两条供应链。

企业的内部人才供应链指的是企业最大化利用存量人才资源，实现人才供给，包括人才评价（测评、考核和反馈）、人才的选拔配置（竞聘、选拔和继任管理）和人才培养；企业的外部人才供应链指整合外部资源，以期实现外部资源的无时差供给，包括校园招聘、外部关键岗位招聘和外部人才地图的绘制等。

人才供应链的目标——实现组织高绩效均衡

什么是高绩效均衡

高绩效均衡指的是一种稳定均衡的状态，在这种状态下，企业能持续维持高绩效水平，同时员工的流动性低、稳定性高；低绩效均衡指的是另一种均衡状态，在这种状态下，员工非常稳定、流动性低，但是企业绩效水平比较低，无法产出高绩效。

为什么要达到高绩效均衡

高绩效均衡是每个企业的追求，所有企业都是从低绩效均衡开始向高绩效均衡的目标前进。高绩效均衡是能够维持企业发展后劲的一种状态，它不关注企业在短期内能否达到高绩效，而是关注企业如何实现长期增长及保持增长的动力。高绩效均衡能在企业的成长期和发展期持续提供动力，在企业的衰退期帮助企业跨越原有的生命周期，进入新的增长状态。高绩效均衡是一种均衡、动态、发展的状态，是企业经营的最佳状态。如图 1－3 所示，人才供应链的目的是帮助企业走向高绩效均衡。

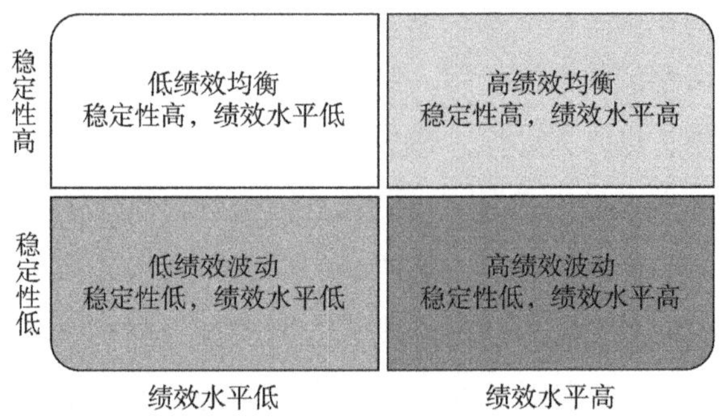

图1－3　公司绩效与员工稳定性的关系

如何实现高绩效均衡

要实现高绩效均衡，我们必须知道达到高绩效均衡需要什么条件。根据我们2018年人才供应链的调研①（倍智人才研究院于2018年重点调研了156家企业，分析其人才供应链建设情况，发表了《2018年度中国企业人才供应链管理成熟度白皮书》，以下简称白皮书），要实现高绩效均衡关键有三点：第一，企业要有正确的业务方向，业务战略方向是正确的，而且能贯彻执行，也就是业务决策正确；第二，企业有持续的“发动机”是业绩倍增的前提，发展有动力，也就是员工敬业度高；第三，企业要有能力机制，能够满足组织需要的人才供给，也就是人才供应链管理成熟度。如图1－4所示。

图1－4　高绩效均衡公式②

① 倍智《2018年度中国企业人才供应链管理成熟度白皮书》

② 倍智《2018年度中国企业人才供应链管理成熟度白皮书》

以上是实现高绩效均衡的条件，但是对于低绩效均衡的企业来说，实现高绩效均衡的跨越，唯一途径就是换人。人才供应链作为达成高绩效均衡能力建设机制的环节，起着非常重要的作用，在业务决策和员工敬业度差不多的前提下，人才供应链建设就成了关键的一环，但是它的建设周期比较长。因此，在打造人才供应链的时候，必须改变传统的人才管理思维模式，聚焦关键少数。

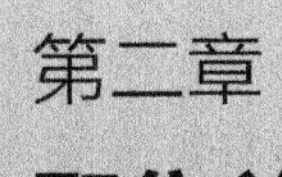

第二章

聚焦关键少数

第一节 人才供应链的建设应聚焦关键少数

前面提到了低绩效均衡的企业实现高绩效均衡的唯一途径就是换人，但是怎么换、换谁、人从哪里来，这些问题汇总成了一个核心问题——聚焦关键少数。

人才供应链管理模式与传统的人才管理的较大差异在于人才供应链只聚焦企业中的关键少数。以往人才管理几乎把公司所有人都纳入管理的范围，比如传统人力资源管理会把企业所有的岗位都纳入任职资格体系，按照所有岗位划分岗位序列，每一条序列都设任职资格标准，殊不知这样不聚焦的人才管理价值有限。很多企业已经意识到关键人才的特殊性，在构建任职资格的时候，不会像以前一样为了构建一个大而全的体系包揽所有的岗位，而是只设计关键岗位的任职资格，特别是人数比较多、素质差异明显的关键岗位。

根据商业模式的理论①，只有能满足客户需求并产生利润的关键流程、关键资源才是企业重点关注的对象。人才供应链更是这样，人才供应链聚焦与企业盈利密切关联的关键少数，对关键人才做专项管理。

企业的关键少数人才有两类：一类是管理人才；另一类是关键岗位人才。

管理人才是组织长期稳定运转的基础，他们对一个或几个职能/业务模块负责。管理人才是否胜任工作，企业是否有充足的后备人才，这些关系着企业的生存和未来发展。管理人才既包括基层、中层、高层各级管理者，又包括每年校园招聘为企业储备的管理人才。管理岗位就像组织的骨骼，管理人才出了问题，企业容易散架，管理人才对企业未来发展的支持极为重要。因此，绝大部分有长期规划的企业都会从源头抓起，从校园招

① 哈佛大学教授约翰逊（Mark Johnson）、克里斯坦森（Clayton Christensen）和孔翰宁（Henning Kagermann）的《商业模式创新白皮书》

聘开始储备管理人才，逐级培养管理人才，保证企业能够良好运行。

旭辉集团综合管理条线的划分：战略管理层、经营管理层、专业管理层和业务管理层四层管理级别，目的是实现人才培养、梯队建设和专业沉淀，打通人才晋升通道，推动业务的快速发展和满足管理的变革需求。

阿里巴巴的人才梯队建设：人才梯队氛围头部力量、腰部力量和腿部力量分别对应基层、中层和高层管理者，公司对这些员工的培训投入非常重视。培训班的讲师一般都是副总裁级别或者骨灰级老员工，甚至是合伙人。许多一线员工和马云、彭蕾、井贤栋、张勇等人接触，并非是以员工和老板的身份，而是学生与老师的身份。据了解，阿里巴巴内部还有马云亲自当班主任的“风清扬班”。如图 2－1 所示。

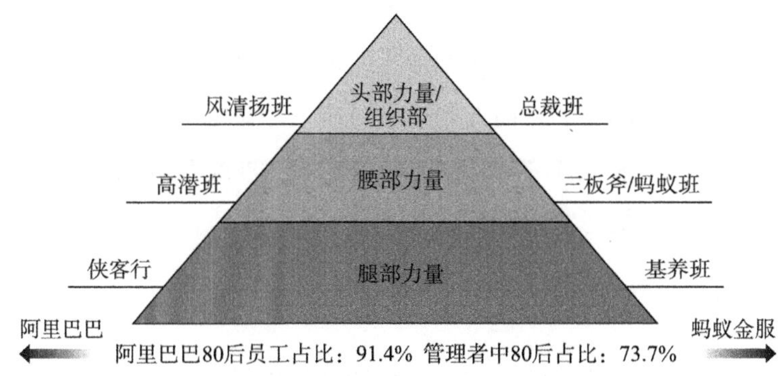

图 2－1　阿里巴巴人才梯队①

关键岗位人才指的是那些在特定的重要岗位上对团队或组织绩效有特殊贡献的人才。虽然他们不在管理岗位上，但是他们的劳动成果对企业的发展至关重要，比如战略规划类人才、产品经理等。这些岗位关系着企业的效率，关键岗位的高水平人才在某一专业领域能够给企业的发展节省大量的时间和精力，提高企业实现战略目标的效率。

---

① 阿里巴巴“人才班”的教学大纲

比如各大互联网公司的产品经理，他们虽然不在具体的管理岗位上，但是他们的能力决定了公司产品发展的方向，如张小龙对于微信的价值。这个价值是无可估量的，没有张小龙，微信不会是现在的模样。对于互联网公司来说，产品经理这个岗位虽然只是开发产品、运营产品和做产品管理，但实际上产品经理是否优秀在一定程度决定了公司未来的走向。

关键少数通常占企业员工数量的10%左右，有些公司把关键少数的数量定义到了4%～5%，称为关键的关键。这些关键少数的人才供应链建设关系到企业的生死、绩效的达成及可持续发展。

第二节　人才供应链要具备的三大思维

人才供应链聚焦关键少数，还需要改变看问题的角度。过往的人才管理要么把人才当作一种人力成本——关注的是如何降低成本，要么把人才当作一种资本——关注的是如何增加人才的投资回报。这两种看待人才的方式都是静态的，不变的。而人才供应链理念用动态、易变的角度看待人才，并非否认成本和资本的看待角度，而是把两者有机结合，用产品思维、经营思维和敏捷思维重新定义人才。

人才的产品思维

产品思维是指把优秀的人才类比为产品的思维方式，即人才是可以生产出来的。人才的生产首先需要深入洞察用户（业务）的真实需求，了解业务部门为什么需要这个岗位，这个岗位要解决业务的什么核心问题；其次，需要回答能解决这些问题的人长什么样，也就是人才画像（第五章详细介绍人才画像），需要哪些知识技能、能力素质等。

产品思维的本质是洞察用户的需求，明确人才的标准。

第一，用户的需求。从公司整体考虑，人才产品的用户需要了解公司整体战略发展对人才的需求：目前公司人才的优劣势有哪些，哪些是制约公司发展的短板，哪些是可以立即提升的，哪些是需要提前规划的；从具体岗位考虑，需要了解岗位关键行为。如图2－2所示，区域公司董事长这一职位可以依据岗位的关键行为梳理核心工作项。

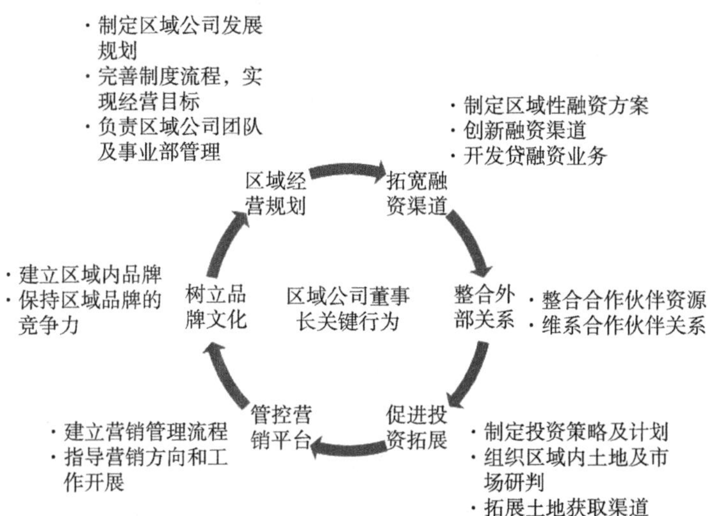

图2－2　区域公司董事长的关键行为

第二，人才产品的标准。如果把合适的人才比作产品，那么人才的标准必然是人才产品最重要的属性。人才产品的标准是什么？人才产品的标准就是人才画像，从组织和岗位职能可以分析这个岗位需要员工具备什么样的知识、技能、性格、能力等，甚至可以给出一个人的量化指标。事实上，很多人才管理工作是在人才画像或人才标准不清楚的时候进行的，比如我们大概知道要招什么样的人，需要培养什么知识技能。在做招聘、培养、盘点的时候，依据标准是很模糊的，没有标准就无法衡量效果，人才产品的标准也就无法更新迭代。人才标准越精准清晰，人才产品的供给就越稳定可靠。（具体的人才标准见修炼五）

人才的经营思维

经营思维就是要业务导向，要追求商业结果（绩效），和生产供应链不一样。生产供应链就是不考虑成本，不考虑库存，不考虑响应市场的速度，生产就是生产合格品。经营思维在人才管理领域的应用需要转变以往不计效率和成本的管理方式。

比如每年的盘点，盘点结果存在电脑里；公司投入很多钱做培训，效果差，业务部门天天吵没人用；为了迅速把业务运转起来，招进来“空降兵”，这些人没多久就跑掉或天天跟人闹矛盾；人才梯队有名无实，学员除了多了个名头，其他方面没有任何差别……

这些问题不是简单的盘点问题、培训问题、招聘问题，而是人才供应链整个链条的问题。

HR 部门制定的培训计划没有与业务部门深入沟通，形成信息共享。HR 部门认为的业务部门需要的培训其实没有解决业务部门的问题；招了很多的管培生，没有及时针对业务的变化对管培生人数进行缩减，培养流程结束之后才发现没有给他们留下充足的岗位。

缺乏经营思维会让我们把工作内容等同于工作绩效，不分析到底哪些流程产生的结果是有价值增值的，哪些流程是需要优化的。大多数企业使用的 KPI 属于效率指标，比如招聘多少人、培训的费用、培训的小时数等。人才供应链更关注的是效能的指标，比如招聘从需求提出到人员到岗一般需要多长时间？培训的人需要多长时间能达到岗位要求？

经营思维关注的是持续优化：永远没有最匹配的人才，人才管理永远有可以优化的空间。管理思维一般关注守住下限、防控风险，以管理思维进行人才管理，最好的结果是能在既有的管理框架下优化人才管理的效率；但是经营思维关注的是提高上限，从人才管理对公司盈利的影响出发，不断提高人才管理的效能，帮助企业达到高绩效均衡。

人才的敏捷思维

人才也是反复迭代的。人才的敏捷思维借用软件开发领域的敏捷开发，指立足于专业服务，对客户反馈、客户变化及项目范围都是灵活的，在人才管理中允许随时发现问题、解决问题，而不是只能在最后做这些，特别适合应对目标持续变化及资源挑战的情况。

敏捷思维在人才供应链管理模式中非常重要。整个商业社会的变化速度带动内部人才管理的变化速度，比如岗位可能今天还在，明天就不再需要，或者随着新业务的出现会产生一些人才市场上没有的岗位，这些都考验企业人才管理的敏捷程度。在这种环境下，我们需要思考人才管理方式能否快速适应业务发展的需要，人才标准的更替能不能更快，新业务的人才在哪里可以获得，有没有更快、更好的招聘途径等。

第三章

落地人才供应链的四大支柱与十项修炼

第一节　人才供应链的四大支柱是什么

本章将介绍实现人才供应链管理模式落地的途径——人才供应链的四大支柱：动态短期的人才规划、灵活标准的人才盘点、ROI① 最大化的人才培养和无时差的人才补给，如图 3－1 所示。这四大支柱就是关联人才管理工作的各个方面，支撑人才供应链管理模式实现的具体方法和措施。

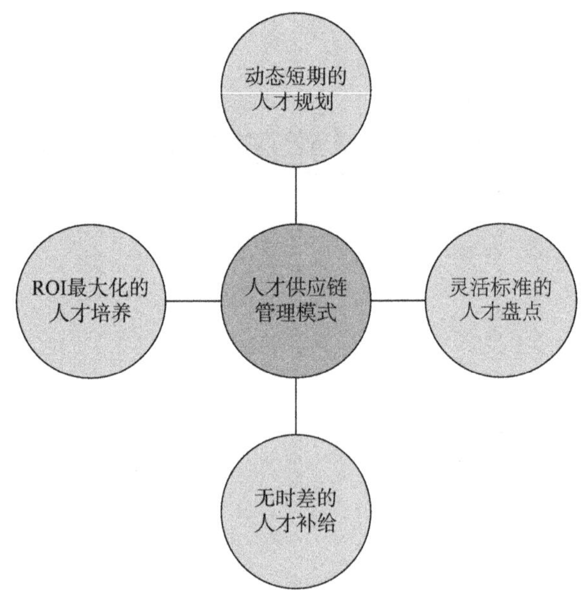

图 3－1　人才供应链的四大支柱

人才供应链建设四大支柱是我们在调研了 650 家国内外企业，第一次系统性研究并提出的。

第一个支柱是动态短期的人才规划，是将外部环境的要求、企业战略发展要求转化成人才供给策略的过程。归根结底，需要建立一种能够快速响应变化和要求的组织能力。要紧密链接企业的业务战略要求，动态地反

① 投资回报率

映到人才供给和管理的要求中。“短期”所关注的是应对外界商业环境的瞬息万变，抛弃过往长期、失效的预测，制定更加灵活的人才规划。

第二个支柱是灵活标准的人才盘点。基于体现战略发展要求的人才规划，从更现实的角度出发，企业首先需要关注的是如何最大化地利用已有的存量人才资源，因此，对现有人才能力、结构、数量的盘点成为关键要素之一。利用灵活、标准化的工具使得人才盘点成为日常管理的手段，并基于盘点的结果相应地进行人才的配置管理。

第三个支柱是 ROI 最大化的人才培养。这是企业人才管理的长期策略：通过人才能力的不断提升来带动组织效能和业绩的不断提升。符合供应链管理思想的人才培养模式应该是关注投入回报率的，即企业人才培养的每一分投入都应该最终反映在组织业绩和效能提升上。

第四个支柱是无时差的人才补给。这是基于人才规划（要求）和人才盘点（现状）之间的差距所规划的短期策略：通过内外部结合的方式确保人才的供应，而人才供给所关注的重点是“零时差”，即一旦业务产生人才的空缺需求，就能够在最短的时间提供“合适数量、合适技能”的人予以补充。

动态短期的人才规划

传统的人才规划是人力资源部门的重点工作，企业的习惯做法是根据历年的人员数量变化数据对当年的人才需求进行规划，然后确定编制，在后续的工作中开展有节奏、有计划的招聘、储备和培养工作。但是，经常有计划赶不上变化的状况出现。业务的动态发展、外界环境的突然变化，都让 HR 的年初规划猝不及防。发展至今，人力资源规划已经成为让企业高管和 HR 又爱又恨的“鸡肋”。

从人才规划的周期可以看出接近一半的企业的规划周期为年度，仅 29.6% 的企业实施短期人才规划（≤0.5 年）。从业务环境的变化来看，几个月外部市场的环境、竞争格局和状况大不相同，业务的预算和策略通常在三个月或者更短的周期内就需要被重新审视和调整。而对于人才的规划，一年才进行定期调整肯定难以动态地反映业务战略对于人才的诉求。

相对而言，40%的知名企业表示其人才规划周期为半年或更短，反映出更多知名企业倾向于对人才规划进行短周期的审视和调整，以适应业务的快速变化，如图3－2所示。

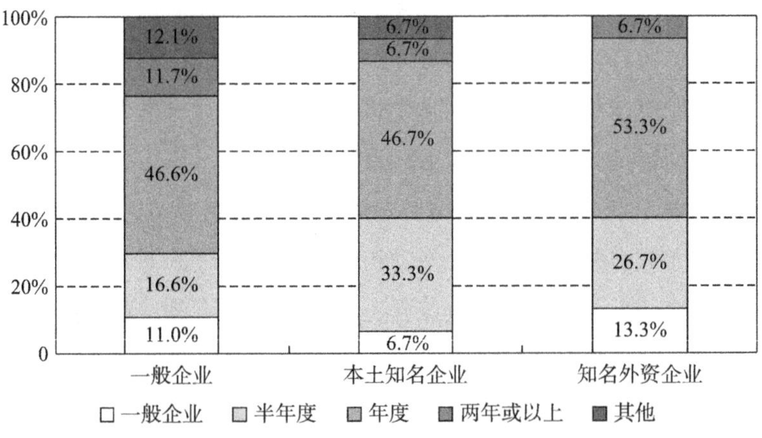

图3－2　不同企业人才规划周期①

动态短期的人才规划是指公司面对复杂多变的业务变化，预测未来提高企业竞争力所需的人才数量、结构、能力要求，并养成短期审视的管理习惯。这是一个动态的、科学的过程，可以有效地避免人员流动的盲目性和人才浪费现象的发生。

人才规划如果能够像制造业的生产计划一样，发挥指挥棒的功能，真正能够帮助实现需求和供给的无缝对接是很多企业追求的理想状态。需要企业在制定人才规划的时候审视三个问题：

第一，如果未来3个月人才管理现状不做任何改变，会出现什么情况？

第二，未来的3个月、6个月、1年，公司的业务发展对人才管理提出什么要求？

第三，如果采用某种人才管理策略，未来3个月、6个月、1年，我们可能面对的风险是什么？

在进行人才需求预测不再有效的情况下，长期的预测变得越来越难，而且实践中也确实验证了长期预测在面对快速变化的环境时成本高昂且无

① 许锋《人才供应链管理模式构建及其在中国的实践研究》

效。动态调整的原因主要有公司战略调整、业务需求变化、经营环境变化和人才市场变化。

企业在对人才规划进行动态调整的时候，超过 50% 的参与企业表示企业战略调整、业务需求变化是促发企业进行动态人才规划调整的关键因素，但很少有企业会在规划调整的时候考虑外部经营和人才供给市场的变化，由此造成大多数企业的规划都是以企业为中心向内看，但是基于外部的环境，规划能否实现、能实现多少，往往关注不够。而 73.3% 的知名企业表示会根据外部经营环境的变化对人才规划进行动态调整，由此可以在某种程度上解释为什么知名企业人才规划能有效实施并取得更好的效果，如图 3－3 所示。

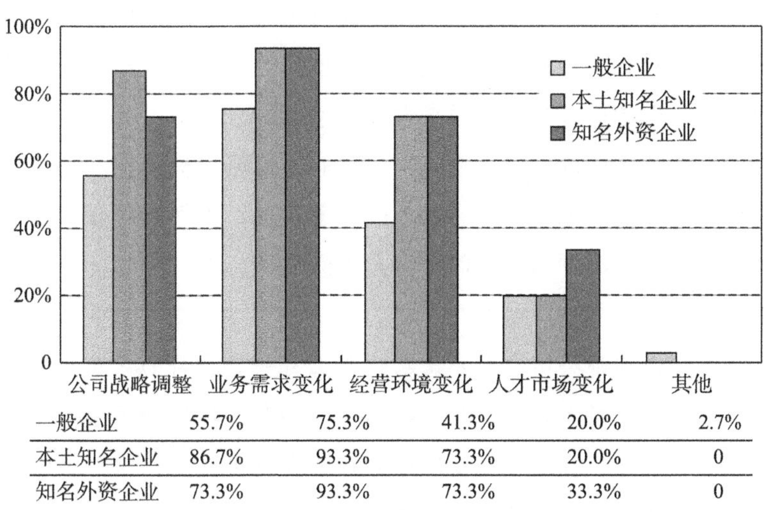

	公司战略调整	业务需求变化	经营环境变化	人才市场变化	其他
一般企业	55.7%	75.3%	41.3%	20.0%	2.7%
本土知名企业	86.7%	93.3%	73.3%	20.0%	0
知名外资企业	73.3%	93.3%	73.3%	33.3%	0

图 3－3　企业动态调整人才规划的原因①

为了适应企业快速变化的业务需求和外部市场环境，年度人才规划的预测显然已经跟不上发展的要求，半年甚至更为短期的方式成为倡导的合适周期。

即使是短期的预测，要强化其有效性，也必须基于对业务发展趋势和重点的准确理解、把握，企业的人才规划不能仅仅是 HR 的精确计算，还

① 许锋《人才供应链管理模式构建及其在中国的实践研究》

要让业务部门参与，让人才规划成为帮助其实现短期目标的重要工具。

在这方面走在前列的企业是陶氏化学（Dow Chemical），他们早已放弃了对人才需求的长期预测，转而采用一种短期模拟方式。经营管理人员向人才计划制定者提交有关哪些业务需求将在未来几年结束的最佳预测，人才计划制定者运用先进的仿真软件告诉他们需要什么样的新人才，然后用不同的假定重复进行这一过程，使得人才预测日益完善。如果相关人才需求太多，经营管理人员通常会决定调整其业务计划。

由于对海量业务、人才信息的跟踪和分析难度较大，借助软件模拟系统的成本又相对较高，在中国尝试纯数据模拟方法的企业不多，但是部分企业已经在借助数据分析的手段来进行人才规划。

企业在进行人才规划时，不应当把企业的战略目标当作唯一的变化因素来考虑，还需要考虑外部市场人才的竞争状况，了解外部获取人才的难度，以及应对这些问题需要如何设置人才梯队等。

美国道琼斯公司在人才需求预测上有一套独特的完整体系。他们在传统的数据预测模式上加入政治环境和商业环境等因素。道琼斯是大型跨国公司，在全球很多地区开设了分公司，所以这些因素又因分公司的所在地而有所不同。更重要的是，其对人才和需求的预测会根据当地人才市场的变动而进行即时调整，当地劳动雇用法律的变动及分公司自身的发展计划等一系列变数都会被加以统筹，将这些数据纳入整理的评估体系。

灵活标准的人才盘点

人才盘点类似于供应链管理的库存盘点，它是一种针对供需关系对现状进行的清点和了解，及时掌握现状和需求之间的匹配程度，帮助做出相应的决策和调整。人才储备如同安全库存，过高则造成公司负担过重；若降低库存量，又要防止供给不及时带来的困扰。不同类型的企业人才盘点的周期如图3-4所示。大部分企业在实施人才盘点时倾向于采取一年，甚至更长的人才盘点周期，而年度人才盘点是市场上最热门的操作，48.3%的一般企业、60%的本土知名企业及46.2%的外资知名企业进行年度人才盘点，因此，未能即时掌握企业现有人才状况是中国企业人才盘点的一个突出问题。值得关注的是，超过50%的知名外资企业选择半年度，甚至季度的人才盘点，可见知名企业更倾向于选用短周期的人才盘点方式以提升人才盘点的灵活性，应对由战略及业务调整引起的变化。

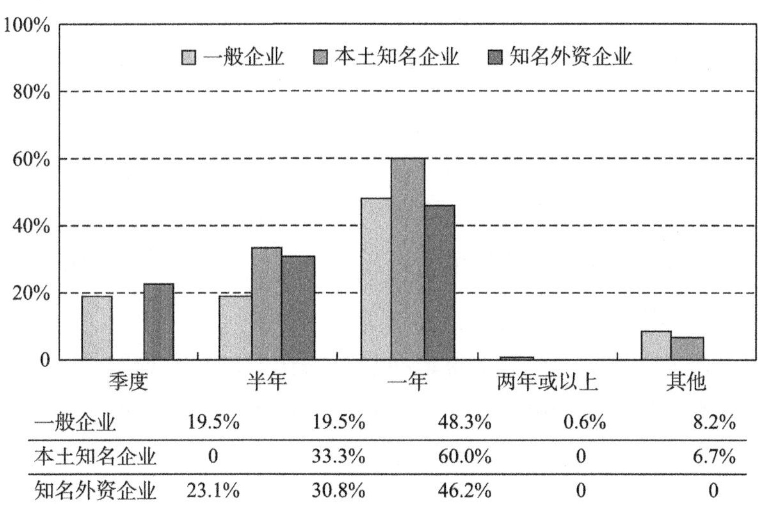

	季度	半年	一年	两年或以上	其他
一般企业	19.5%	19.5%	48.3%	0.6%	8.2%
本土知名企业	0	33.3%	60.0%	0	6.7%
知名外资企业	23.1%	30.8%	46.2%	0	0

图3-4　企业人才盘点的周期①

灵活标准的人才盘点指利用标准化工具建立企业内部测评中心，不以完美的个人，而是以完美的团队作为最终目标，即时盘点人才数量和技能，达到团队组合优化，实现灵活、便捷、及时的盘点。

人才盘点的目的是让各部门掌握公司目前的人才分布状况，以便采取适当的应对措施。在人才盘点的过程中，一方面要知道现有的库存状况（即人才数量、能力等的分布状况）；另一方面要了解未来可能的需求（比

① 许锋《人才供应链管理模式构建及其在中国的实践研究》

如业务的发展对人员能力提出新的要求）。这样业务部门管理人员和负责人力资源的人员才能依据现状盘点和短期预测之间的差距采取相应的人才管理策略，落实人才招募、培养、储备等相关工作。

人才盘点包括对数量配比的盘点、人员技能的盘点，以及人才结构和利用率的盘点。在当前企业的盘点过程中，人才盘点往往流于形式，大多数情况只是对人员编制数量、人员进出状况作相应的统计，却难以真正反映人才现状及其存在的问题。在和很多企业的人力资源部和业务部门负责人沟通的过程中，我发现他们对人才盘点的诉求很高，但存在很多苦恼和困惑。

第一，现行的测评方法，如测评中心，因为其耗时、耗力而使其使用受到阻碍。如何使用标准化、成本低廉的评估工具和市场数据对人才数量、能力和人才利用率进行即时盘点，帮助制定人才管理策略，成为逐步被关注的核心问题。

第二，由于受到培养难度、成本的影响，追求每个个体所有能力的达标越来越不现实。符合供应链的管理思想——低成本、及时匹配业务发展的团队组合优化更加现实。

第三，大多数优秀企业都将定期盘点固化成内部管理流程，通过对人才技能和素质的盘点做出招聘、晋升及人才培养的决策，以便及时掌握现有存量人才状况。

ROI 最大化的人才培养

21 世纪，人才培养经历了一个从非系统化到体系化的飞跃，未来还需要向业务化、战略化迈进。在非系统化阶段，培养模式不完善，定位比较零散，功能比较孤立，学习相对注重过程，而非效果。因此，培训往往变成一种福利。在培训需求的制订方面，我们发现，与一般企业相比，知名企业倾向于及时了解业务部门的培训需求，以满足业务发展需要。如图 3 –5 所示（是否同意人力资源部定期收集业务部门需求并制定差异化培训课程），仅 28. 3% 的一般企业的人力资源部定期收集业务部门的培训需求。相比之下，57. 2% 的本土知名企业、71. 5% 的知名外资企业会定期收集业务部门的培训需求，可见知名企业更注重其岗位培训能够与业务需求相链接，真正起到支撑业务发展的作用。

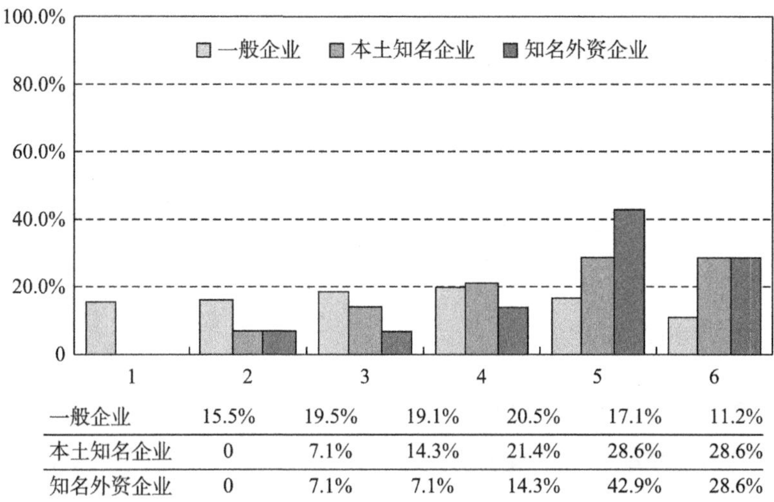

	1	2	3	4	5	6
一般企业	15.5%	19.5%	19.1%	20.5%	17.1%	11.2%
本土知名企业	0	7.1%	14.3%	21.4%	28.6%	28.6%
知名外资企业	0	7.1%	7.1%	14.3%	42.9%	28.6%

图 3－5　是否同意人力资源部定期收集业务部门需求并制定差异化培训课程

注：1 是非常不同意，6 为非常同意。

“人力资源部定期收集业务部门的培训需求，并制定差异化培训课程，有效满足业务发展的需要。”①

ROI 最大化的人才培养是一种体系化的培养机制，可以帮助人才提升能力，并最终落实到对绩效产生正向推动的结果上，它关注人才培养的投资回报。

ROI 最大化的人才培养关注两个问题：

第一个问题是“业务化”。在关注个人能力提升的同时，关注对公司业务问题、员工绩效问题的有效干预，有效衡量培训、培养给公司经营带来的收益。

第二个问题是人才培养的成本。人才培养的成本不仅来自于培训费用，还来自于培训之后相应的薪酬和福利的增长；培养后人员流失的风险

---

① 许锋《人才供应链管理模式构建及其在中国的实践研究》

主要来自脱离工作参加培训的成本，以及培养失败所造成的成本损失。如何实现最大化人才培养的投资回报率成为人才管理的艰难课题。

为了解决这些问题，有几种培养方式可以借鉴：

第一，由学了再做转向在做中学，关注轮岗和行动学习。

第二，小批量、多频次的培养，缩短培训周期。

第三，提前培养通用技能，JIT 培养岗位专业技能。

第四，由“培养后再提拔”转为“先提拔再提供培养以匹配新岗位的要求”。

无时差的人才补给

无时差的人才补给，是指一旦产生人才需求，组织能够有能力快速地供给拥有合适技能的合适数量的人才，并不断提升人才供给的效率，无限缩短供给时间。

如图 3 –6 所示，我们可以看到不同岗位及时补给的比例不一样。其中，层级越高，及时补给的比例越低，但这些岗位对企业发展非常重要。

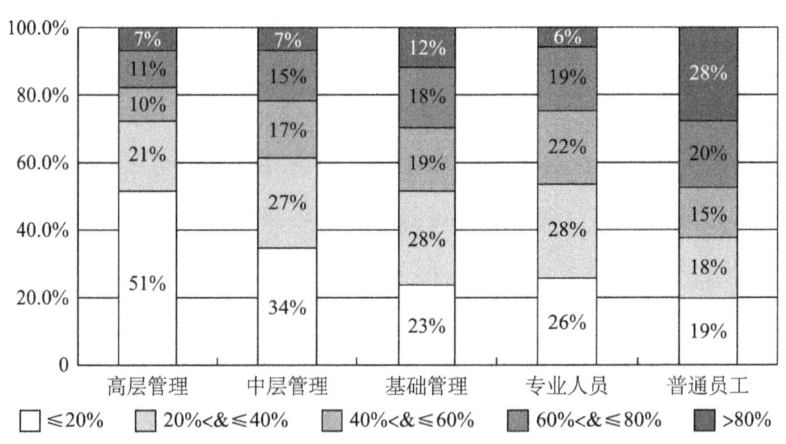

图 3 –6　企业各类人员缺失的及时供给比例——市场整体①

在企业的人才管理实践过程中，采取各种方式达成无时差的人才供给。因为缺乏业务部门参与的人才规划的无效性，越来越多的企业尝试合

① 许锋《人才供应链管理模式构建及其在中国的实践研究》

同工、临时工等灵活用工方式，由提前预测转变为及时填补空缺。

> 微软、惠普等公司都会大量使用合同工，一方面能够以相对经济的形式建立一定的人才储备，确保及时供给；另一方面通过在实践中考查，确保人才供给的质量。实习生计划也是企业面对人才需求变化的有效手段，联想、宝洁等公司每年会从优秀高校中吸纳很大一部分毕业生来企业实习，一方面实际考查了毕业生的基本素质；另一方面保证人才的及时供给。

对于企业的人才管理而言，如何尽可能实现人才的“零库存”模式，同时又不因为人才无法及时供给而影响企业的快速发展，成为很多企业共同面对的问题。这需要在没有职位空缺的时候仍然定期了解外部人才状况以丰富人才库，可以看出知名企业在这一点上比一般企业做得更好，如图3－7所示。

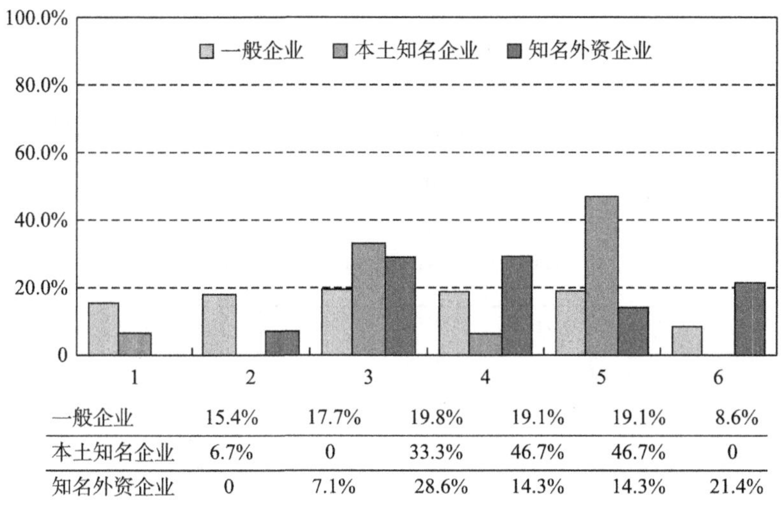

	1	2	3	4	5	6
一般企业	15.4%	17.7%	19.8%	19.1%	19.1%	8.6%
本土知名企业	6.7%	0	33.3%	46.7%	46.7%	0
知名外资企业	0	7.1%	28.6%	14.3%	14.3%	21.4%

图3－7　没有职位空缺时仍定期了解外部人才状况以丰富人才库①

注：1是非常不同意，6为非常同意。

① 许锋《人才供应链管理模式构建及其在中国的实践研究》

借鉴供应链中把库存放在车轮里而非仓库里的做法，人才供应链提倡的是充分整合外部资源，放眼于外部，将人才库建立在企业外部。

（1）学校。校园招聘是大型企业补充新生力量、培养未来人才梯队的主渠道，除了管理培训生计划外，不少企业还针对专业技术类岗位构建外部人才库，采取订单人才培养的模式进行特殊专业类人员的外部人才储备。

（2）竞争对手企业。竞争对手不仅是企业业务的竞争对手，还包括人才的竞争对手，直接从竞争对手那里挖人是越来越多的企业采取的策略。因此，通过行业协会、各类行业活动、猎头、招聘网站不断了解、收集竞争对手的相关人才信息也成为越来越多的企业在追求“无时差补给”时采用的策略。

第二节　人才供应链的四大支柱与高绩效均衡

为了了解四大支柱与高绩效均衡的关系，倍智在2018年进行人才供应链调研，依据调研结果，我们发现人才供应链四大支柱对高绩效均衡有非常积极的影响作用，如表3－1所示。

表3－1　四大支柱对高绩效均衡的影响①

人才供应链四大支柱	对高绩效均衡产生的影响
人才规划	35%
人才盘点	26%
人才培养	22%
人才补给	20%

这个结果是排除了公司的业务决策、员工敬业度之后，单独考虑四大

① 倍智《2018年度中国企业人才供应链管理成熟度白皮书》

支柱对高绩效均衡的影响。结果表明，四大支柱对高绩效均衡有显著影响。同时，我们还发现高绩效均衡的企业与其他三类状态的企业相比，在人才补给上的得分差距最小，在人才规划上的得分差距最大，如图3－8所示。

四种企业分类在人才供应链的管理实践中差异最小的是人才补给，反映了人才补给并非区分企业是否达到高绩效均衡的关键因素。无论是外部招聘还是内部培养选拔，已经成为企业的日常实践和人力资源的基础模块工作，高绩效均衡企业和其他类型企业在这一点上的差距并不大。

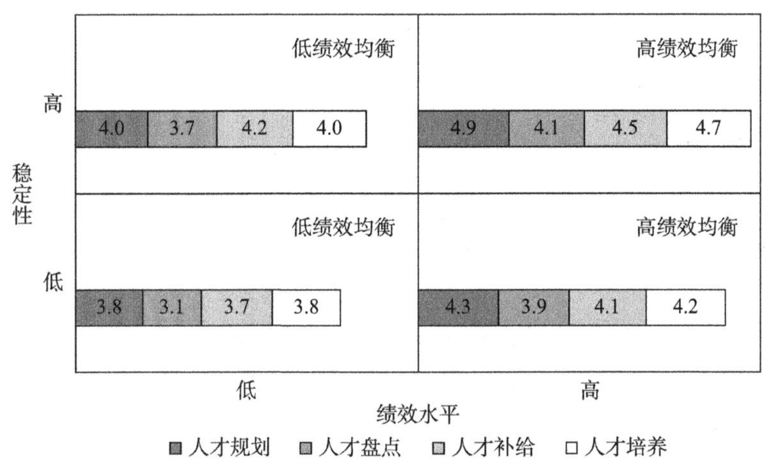

图3－8　四类企业在人才供应链四大支柱上的得分①

高绩效均衡企业和其他类型企业在人才供应链管理实践上得分差距最大的是人才规划，说明人才规划是决定企业能否达到高绩效均衡的重要因素。人才规划能提前预判未来业务开展对人才管理的要求，制定清晰的人才策略，清晰定义所需人才的人才画像，并对关键人才进行专项管理，这些实践活动都与业务发展紧密联系，决定了人才盘点、人才培养和人才供给是否有效，是否能帮助企业达到高绩效均衡。因此，想要打造成熟的人才供应链，达到高绩效均衡，企业就需要迎难而上，关注人才规划的建设，并通过做好人才规划带动人才补给、人才盘点、人才

① 倍智《2018年度中国企业人才供应链管理成熟度白皮书》

培养的提升。

如何更好地实现四大支柱，让企业达到高绩效均衡状态呢?

每一支柱的人才管理优秀实践都是一个长期的工程，我们研究了人才供应链体系建设的标杆企业之后，发现在四大支柱背后的十项关键实践议题。这些实践议题完成的优劣决定了四大支柱能否对高绩效均衡起支撑作用，我们把它们定义为人才供应链的十大修炼，修炼就意味着可以从一个能力较低的水平，掌握关键步骤进行训练，最终达到一个较高的水平。如表 3 - 2 所示，我们下面详细说明这十大修炼。

表 3 - 2　人才供应链十大修炼

人才供应链管理模式四大支柱	人才供应链十大修炼
动态短期的人才规划	1. 三图一表是人才供应链的基础
	2. 岗位人才画像是人才供应链的核心
	3. 人才冗余的风险指数级高于人才不足的风险
灵活标准的人才盘点	4. 利用人才盘点重构组织能力
	5. 打造高潜人才梯队
ROI 最大化的人才培养	6. 测训一体化的人才培养方式
	7. 预测性的方式培养通用能力，JIT 的方式培养专业技能
无时差的人才补给	8. 选比育更重要
	9. 得校园招聘者得天下
	10. 没有今天的无时差，只有未来的无时差

第二部分

人才供应链四支柱之一：

动态短期的人才规划

前面我们介绍了人才供应链的理念，打造人才供应链的目标，这一部分，我们开始从落地人才供应链的四大支柱开始，介绍如何以动态短期的人才规划打造人才供应链。第四章讲解人才规划的制定基础，也是人才供应链建设的地基——三图一表；第五章详细介绍人才供应链的核心——岗位人才画像是什么，如何绘制；第六章说明动态短期的人才规划需要极力避免的一个风险点——人员冗余，帮助企业认识到人员冗余的风险，以及如何避免人员冗余。

第四章

修炼一：

三图一表是人才供应链管理的基础

第一节　三图一表是什么

三图一表是指战略地图、人才地图、学习地图和团队技能矩阵表。三图一表是做好人才供应链管理的基础和保障，通过战略地图的梳理，我们可以看到组织需要什么样的人才（人才地图）、在哪些能力上是有问题的或者缺失的（技能矩阵），并且具有针对性地去加强、补足（学习地图）。企业战略的实现，需要人才地图、学习地图、技能矩阵作为支撑。

战略地图

卡普兰在他的第三部著作《战略地图——化无形资产为有形成果》中，为我们开发了一套标准的战略地图模板，如图 4－1 所示。管理人员可以根据这个模板快速设计战略地图。战略地图可以让企业用通俗的语言来描述或用图标出与战略相关的目标、行动计划、衡量指标、目标值，以及这些因素之间的逻辑关系。

对于人才供应链管理而言，战略地图是 HR 用来管理绩效落地、达成共识的一个重要工具。绩效管理如何做好？首先，通过战略地图对绩效指标达成共识；其次，战略地图告诉我们工作重心及如何层层承接的问题，让人才规划能够将企业战略落地到关键岗位及核心组织能力上。

下面我们通过节选战略地图的部分内容，说明如何借助战略地图这个工具确定组织关键能力及关键岗位，并分析企业关键人才存在的差距，进行人才规划的逐层承接的逻辑关系。

如表 4－1 所示。

表 4－1　通过战略地图进行人才规划示例

财务层面	提高股东价值
	收入增长
	增加新产品和客户收入

续表

<table>
<tr><td>客户层面</td><td colspan="3">通过创新性方案解决客户问题</td></tr>
<tr><td rowspan="2">内部流程层面</td><td colspan="3">产品创新领先</td></tr>
<tr><td colspan="2">产品开发伙伴</td><td>开展应用研究</td></tr>
<tr><td>学习与发展层面</td><td colspan="3">人力资本支持</td></tr>
<tr><td rowspan="6">人才规划</td><td>1. 确定关键能力</td><td>资源整合能力……</td><td>创新突破……</td></tr>
<tr><td>2. 确定战略人才</td><td>企业项目经理</td><td>资深科学家</td></tr>
<tr><td>3. 人才需求预测</td><td>10</td><td>50</td></tr>
<tr><td>4. 评估现有人才状况</td><td>4</td><td>30</td></tr>
<tr><td>5. 人力资本准备度</td><td>40%</td><td>60%</td></tr>
<tr><td>6. 人才获取策略</td><td colspan="2">人才搜寻、人才雇用、人才留用、人才培养</td></tr>
</table>

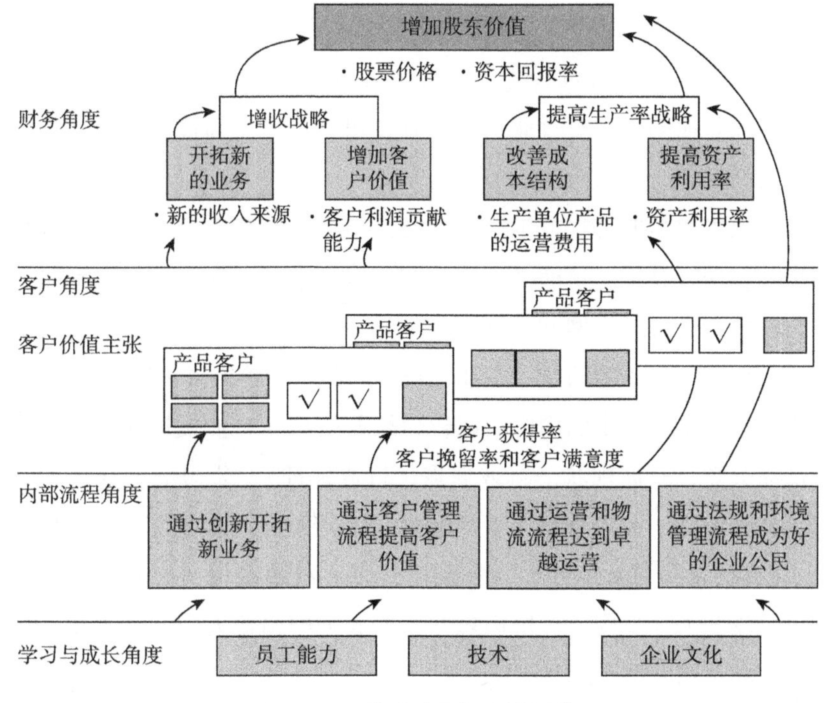

图 4-1　战略地图标准模板①

① 卡普兰《战略地图——化无形资产为有形成果》

人才地图

招聘和培养人才，本质上是招聘和培养附着在这个人身上的能力，无论是显性的还是隐性的，企业需要的都是能力。人才地图就是告诉我们企业需要的能力是什么，需要的人才在什么地方。企业所稀缺的能力项，以及需重点培养和发展的能力项分别是什么，这些能力所附着的岗位是什么，针对这些岗位，企业可以从哪些地方找到对应的人。只有明确了方向，才能有的放矢地挖人和做人才储备。

根据人才所在的地方和类型的差异，人才地图可分为内部人才地图和外部人才地图。

外部人才地图的主要价值是帮助企业系统了解和掌握关键人才所在的行业、公司、组织结构、职位、背景、工作职责、绩效水平、跳槽意愿动机等信息，有效制定外部的人才供给策略。根据外部人才搜寻的目标不同，在绘制人才地图的过程中，有些人才地图是针对目标公司的全部岗位，有些人才地图是针对行业中的所有公司特定目标岗位，或者是特定公司的特定岗位。

绘制人才地图的过程，本质是围绕公司、岗位和人有针对性地开展信息收集和整理的过程。目前信息收集的方法非常多，如线上可以通过企业信用公示系统、公司官网和招聘网站、搜索引擎、专业的人才 mapping 软件，线下可以通过招聘面试、行业论坛、人脉网络等方式开展。

人才地图中绘制中的内容可以包含行业信息（行业发展历程、市场容量、产品分类、发展现状、行业痛点、行业标杆），公司信息（公司发展历程、公司产品、业务分布、组织架构、风云人物、商业行为、近期大事件），人才信息（管理层姓名、管理层背景、招聘岗位情况）等。在人才规划时，绘制人才地图的关键内容在于明确关键岗位人才主要来源于哪些行业、哪些公司及哪些岗位。

某地产公司在进行人才规划时编制的外部精英人才资源分布地如表 4 -2 所示。

表 4－2　某地产公司社会精英人才资源分布地图

战略阶段	2017－2018 年
组织关键能力	资源整合、融资管理、品牌管理、信息管理、投资者关系、企业公民
承载组织关键能力的关键岗位	资源整合总监（地产和非地产行业）、融资管理总监、品牌管理总监、品类管理经理、媒体管理经理、媒体公关经理、投资者关系管理总监、企业公民总监
关键岗位人才的主要来源（所在行业及等同或类似职位）	1. 房地产开发相关上下游产业的资深专家或高级管理人员 2. 大型跨国公司中的整合项目负责人，或战略咨询公司中的合伙人、资深顾问 3. 跨国投资银行融资项目负责人、具有丰富的大型商业银行公司业务经验的负责人、资金密集型行业（汽车）的跨国公司融资项目负责人 4. 快速消费品行业品牌管理负责人、品牌策划人员、品牌公共公司资深项目负责人 5. 大型上市公司投资者关系管理部负责人 6. 石油行业公共关系负责人、公共关系公司的资深负责人

内部人才地图的主要价值是帮助组织明确内部关键人才的整体优势、劣势、发展现状，通常用九宫图，用绩效＋能力或者潜能＋能力两个维度，用高中低来进行人才定位，从而构建不同层次的人才梯队，有针对性地构建培训和发展体系，提高组织效能和业绩。内部人才地图如何构建，我们在后续人才盘点的章节中会重点介绍。

学习地图

战略地图和人才地图都是站在组织的视角来规划人才供应链建设，目的是为组织能力的提升明确方向，而学习地图则是站在员工的视角，帮助员工找到与组织发展相匹配的学习成长路径。学习地图与传统的培训规划最大的区别是：传统的培训规划中，站在组织培训工作开展的角度来规划人才培养项目，工作开展的主体是培训的组织者；而学习地图强调的是员工作为学习发展的主体，对个人的学习成长负责，通过学习地图的指引，找准自己学习提升的方向和最恰当的学习内容、方式及手段的组合，从而协助达成阶段性职业发展的目标。因此，学习地图强调的是“学习”，是一个内驱成长过程。学习地图涉及的内容会更加立体，呈现形式也更加多样化，其本质就是指引个人如何学习成长。

通过学习地图，员工可以找到从一名进入企业的新员工，直至成为公司高层管理者的学习发展路径。通常，学习地图中拥有不同的学习路径，如专业线条学习路径、业务线条学习路径和管理线条学习路径等。在这些学习活动中，既包括传统的课程培训，也包括诸多新兴学习方式，比如行动学习、在线学习、动力学习，等等。具体内容如图 4 -2 所示。

站在组织的角度，帮助员工构建学习地图，一般情况下可以遵循如下核心步骤：

（1）确定核心岗位序列/队伍成长路径。

（2）分解核心岗位能力素质模型。

（3）解析绩优人员关键能力差距。

（4）形成岗位/层级能力学习卡。

（5）绘制岗位学习地图。

（6）确定关键能力培养手段。

（7）注重培训评估，形成岗位人才培养制度。

简而言之，学习地图整合了岗位能力模型、职业发展通道和企业中的学习资源，从而为员工在企业中的学习发展提供导航。

技能矩阵表

技能矩阵表是一种团队建设工具，目的在于弄清楚某个角色和/或小组为了达到团队要求的工作成果需要掌握的知识、技能和胜任素质，是进行技能需求评估的基础，根据当前及将来的工作需要，决定所能完成的任务及由谁去完成。

技能矩阵表是能力的组合表，本质是帮助我们对现有人员的能力进行盘点的表格。根据技能矩阵表，我们会为员工制定相应靶向的、有目的的发展计划。

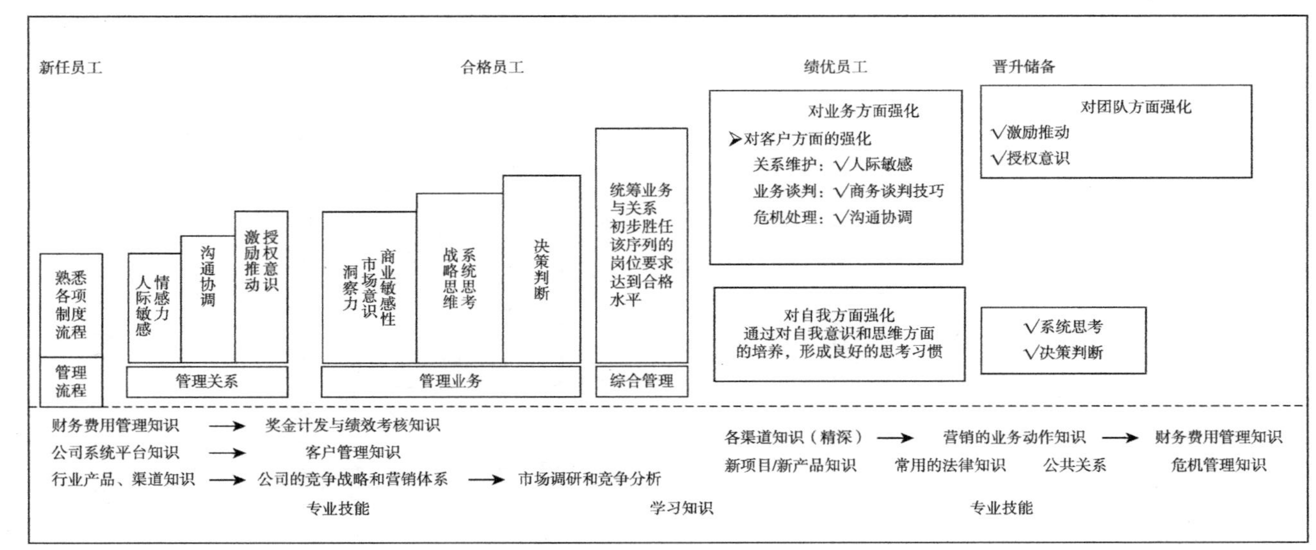

图4-2　某公司××序列业务员学习路径图（节选）

技能矩阵表主要用于员工的晋升参考、团队培训、个人能力提升指引及实现团队能力组合最大化。

表 4－3　某公司某部门团队技能矩阵表

项目大类	知识、技能及素质项目	需求	岗位及成员				技能所有者	技能达标数量	部门能力达标率
			Andy	Bill	Cindy	Davis			
知识项目	绩效管理制度	4	5	5	5	4	Cindy	3	75%
	档案管理知识	4	5	4	4	4	Andy	2	50%
	……	……	……	……	……	……	……	……	……
个人知识达标率		8	100%	100%	100%	0%		5	63%
技能项目	项目管理	4	4	4	4	4	Andy	1	25%
	Office技能	4	5	4	4	4	Bill	2	50%
	……	……	……	……	……	……	……	……	……
个人技能达标率		8	50%	50%	0%	50%		3	38%
素质项目	高效执行	4	5	4	4	4	Andy	3	75%
	沟通协调	4	5	5	5	5	Davis	2	50%
	……	……	……	……	……	……	……	……	……
个人素质达标率		8	100%	50%	50%	50%	—	5	63%
个人能力整体达标率		24	83%	67%	33%	33%	—	13	54%

颜色：实际能力水平：■ 没有达到要求，需参加培训；□ 基本达到要求，但仍需额外培训；■ 达到或超越目标要求

数字：目标能力水平：5 表示可以培训其他人；4 表示自己可以独立完成；3 表示能够和别人一起合作完成

如表4－3所示，我们以个人能力整体达标率指标为依据，Andy的达标率为83%，可以给予晋升；对Bill而言，沟通协调能力还没达到目标能力水平，可以制定个人IDP计划进行有针对性的提升；从部门的达标率分析来看，“项目管理”的部门能力达标情况只有25%，可以就此设计团队学习发展计划。表中的“技能所有者”明确部门中有该项技能的掌握者，确保团队工作任务的有效完成，同时可以基于能力状况合理地分配任务。比如Andy适合项目管理技能要求较高的工作，他的沟通协调能力也能帮助他做好这类任务；Bill有较强的Office技能，他可以独立或帮助团队的其他成员完成一些相关工作。

建立动态、短期的人才规划是在VUCA时代背景下打造人才供应链的首项修炼。为了应对人才规划如何动态匹配战略需求、如何快速反映市场变化、如何有效推动业务开展的三大挑战，在开展人才规划时，我们在策略上应该做到紧密链接企业战略和外部人才市场，动态更新用人标准。同

时，以业务部门为主导，短期预测人才需求，最后要在全面的风险评估下选择供给策略，减少企业不匹配的成本。

人才规划是一项动态的系统工程，以定期复盘组织关键能力，及时匹配企业战略为出发点，预测关键人才需求，通过开展人才盘点找出差距，并制定具体的差距弥补计划。在实施过程中，企业 HR 需要深入理解企业的经营战略，识别落地战略所需要的组织能力，诊断和评估人才风险，制定差距和风险应对策略，完善组织机制和建立动态监控指标体系，跟踪人才规划的落地执行情况。

战略地图、人才地图、学习地图、技能矩阵表，这三图一表是人才供应链管理的机制保障。人才供应链体系好比一座高楼，最终是由基础性的人力资源工作作为支撑。三图一表的地基牢固，人才供应链的搭建才能更稳固持久，内外部的人才供应链才能持续发挥效用，从而推动企业实现高绩效。

第二节　如何结合三图一表进行人才规划

人才规划是人力资源战略的核心，但是企业的人才规划是一项系统性工程，需要整体布局、系统策划，做到有效链接企业战略，反映环境变化，支持业务开展。接下来我们将用人才规划的三大关键策略、核心实施步骤及五项重点工作分析如何以系统的方式构建动态短期的人才规划。

动态短期的人才规划三大关键策略

紧密链接企业战略和外部人才市场，绘制人才地图，动态更新用人标准

人的规划和策略终究是为企业的战略和组织能力最大化服务的。以往传统的人才管理和规划是静态的模式，以流程为导向，按照规划周期按部就班运行。随着经济环境、人才环境的快速变化，一成不变的静态规划模式已经不能满足业务快速发展的诉求，需要建立动态的、紧密链接企业战略和外部人才市场的规划模式。

企业在进行人才规划时，不应当把企业的战略目标当作唯一的变化因素来考虑，还需要考虑外部市场人才竞争状况，了解外部获取人才的难度，以及为应对以上问题需要如何设置人才梯队等。

以业务部门为主导，短期预测人才需求

面对当前中国的转型时期，为了适应企业快速变化的业务需求和外部市场环境，年度人才规划的预测显然跟不上发展的要求，半年甚至更短期的方式成为倡导的合适周期。即使是短期预测，要强化其有效性，也必须基于对业务发展趋势和重点的准确理解和把握，要使规划的有效性提升，企业的人才规划不能仅仅是 HR 的精确计算，还要让业务部门紧密参与进来，让人才规划成为帮助其实现短期目标的重要工具。

由于对海量业务、人才信息的跟踪和分析难度较大，有时需要借助于软件模拟系统。在中国，只有极少数的大型企业进行了人才信息的跟踪与分析，比如平安集团的“HR－X”将传统人事服务线上化、智能化、数据化，由专业的 HR 专家结合最先进的数据画像技术，洞察整个组织 180 万名员工、30 多家子公司、4000 多家机构的人才数据，指导人力资源工作。

基于战略地图对风险的全面评估来选择供给策略，最小化“不匹配成本”

没有一种人才策略是完美的，不可避免地在进行人才规划时都存在一定的风险。因此，企业在进行人才需求预测时必须对企业人才规划中可能存在的风险进行识别和评估，以找出最佳的解决方案。类似于供应链的“牛鞭效应”，人才供应链中也可能存在此类现象。比如前期的预测失败和错误估计可能在后期被放大效应，提高风险，增加“不匹配”成本。企业在进行人才预测时需要进行风险管理和评估，对人员冗余或人员空缺所造成的后期“牛鞭效应”作相应的预计。

在家电零售行业，不同于国美压缩开店数量，苏宁电器始终将扩张门店数量作为战略的重中之重，在未来其新门店的拓展数量也将始终保持在较高水平。针对如此高的拓展速度，人才短缺将会成为苏宁快速区域扩张的最大阻碍。在这样的时点上，人才短缺所造成的风险会比人才一定程度的冗余更有破坏力，因此，苏宁选择了“业务未动，人才先行”的应对策略，开始为区域扩张储备大量的本地人才。针对所要进驻的城市，研究竞争对手的情况和当地人才供给情况，并在业务进驻之前就派驻人员建设招聘渠道，快速储备未来开店需要的人才。在每季度的业务规划会上，人力资源部都会回顾人才规划和储备的状况，以帮助高管规划拓展节奏和策略。正是基于这样“有益的储备”，新开分店的人才配给在开店之前就已经陆续到位，保障了业务的顺利拓展。

动态短期的人才规划核心实施步骤

（1）围绕组织发展愿景，定期（建议半年）复盘发展战略，有效分析组织关键成功因素，推导组织关键能力。

（2）根据组织核心关键能力，动态分析和跟踪企业所需要的不同层级、不同种类的关键岗位与核心人才资源，预测各类人才资源的数量、结构与质量。

（3）季度或半年度实施关键人才盘点，掌握组织现有人力资源状况。

（4）动态分析内外部人才供给变化情况。

（5）及时分析人才资源缺口，灵活制定和调整平衡所需要的人才策略。

上述关键步骤可以归纳为人才规划实施框架模型，如图4－3所示。

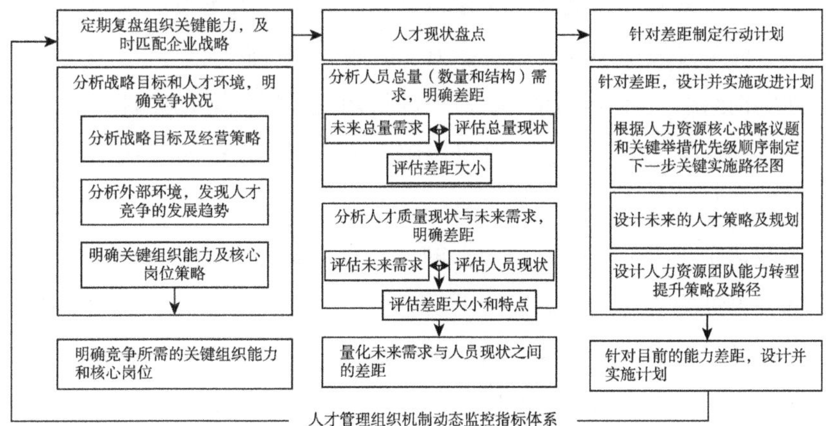

图4－3　人才管理组织机制动态监控指标体系

企业HR开展人才规划的五项重点工作

深入理解企业经营战略

第一，企业HR要界定公司战略，与公司高层沟通，了解公司未来发展的相关事项，包括如何达成及衡量指标。

（1）公司在未来2~5年内主要的目标是什么？

（2）为了达到这些目标，公司的业务单元面临的障碍有哪些？

（3）怎样知道公司的业务单元是否成功？怎样衡量？

（4）促成或者打断公司业务单元的核心因素有哪些？

（5）将成功因素置于风险的重要因素有哪些？

（6）在成长上面，当前和未来的影响是什么？

第二，企业HR需要了解业务单元的状态与公司高层对当前组织状态的看法，准确评估当前业务及组织的状态。

（1）与竞争者相比，公司业务单元的优势（或者劣势）是什么？

（2）公司的这一业务单元是如何帮助公司获得更大的竞争优势的？

（3）公司的主要弱项有哪些？

（4）公司目前面临的最大挑战是什么？

（5）组织员工最近或者预计近期最重要的变化是什么？

第三，重点关注组织战略方面的人才风险。

企业面临的共通风险包括人才市场竞争激烈、关键技能稀缺、关键能力脱节、业务发展亟须补充关键能力、退休潮的来临等。

在突出组织人才风险时，除了可以强调人才资源的动态性，要求企业进行动态短期的人才规划，还可以使用人才数据动态分析来揭示组织特有的公司战略与绩效方面的人才风险。

第四，企业HR要让短期动态的人才规划构建获得业务领导的支持。企业的领导都承受着达到短期经营目标的巨大压力，因此，企业HR需要重点阐述动态短期的人才规划如何缓解这些压力，能够给企业领导带来哪些实惠。这些实惠包括：更好地进行人才决策，发现短期人事决策的长期意义；更好地提前选才，获得更高质量的员工；留住组织的核心员工；尽早识别组织不需要的员工或技能，并通过培训、调岗等措施提前应对，避免未来因过剩而减员。

识别落地战略所需的组织能力

HR 可以向高管阐释战略执行优先需要的能力，并评估基于战略优先的重要性所需的每一种能力，提供所有列出的能力的相关重要性，绘制能力检视表，识别落地战略的核心关键能力，如表 4－4 所示。

表 4－4　能力检视表

	核心战略 1	核心战略 2	核心战略 3	总计
关键能力 1	2	1	1	4
关键能力 2	1	2	0	3
关键能力 3	1	1	1	3

分数说明：2＝需要赢：能力需要超越竞争者；1＝需要发挥：需要行业相关的能力。

在识别组织能力的过程中，企业 HR 要重点分析什么样的能力可以推动长期竞争优势和收入增长？什么样的能力是业务必需的，但能够低成本获得？什么样的能力是组织独一无二的，并且能为客户提供产品和核心服务？什么样的能力不再与组织的战略方向相一致？

全面诊断和评估落地战略可能的人才风险

首先，需要诊断内部人才差距与冗余，识别与现有战略存在明显人才错位的业务领域。其中，哪些领域人才非常关键，但是存在严重的缺口；哪些领域人员为非核心关键人才，但供给过剩，存在严重冗余。

其次，利用人才流失分析矩阵表评估关键人才流失的风险，如表 4－5 所示。

表 4－5　人才流失分析矩阵表

姓名：		人才流失可能性		
		低	中	高
人才重要程度	高			
	中			
	低			

对企业来说，战略型人才和核心人才的重要程度高，而那些非核心人才或者部分必备人才的重要程度较低。企业 HR 可以借助表 4－6 对人才重要性程度进行分类评估。

表 4－6　人才分类矩阵表

战略型人才（高）	必备人才（中）
推动长期竞争优势和收入增长 **特点：**特殊的专业技能或知识；在内外部的优势显而易见；直接影响收入或业务表现	业务必需的，但能够低成本获得 **特点：**无专业技能或知识；对业务的影响有限；无外部客户接触点
核心人才（高）	**非核心人才（低）**
是组织独一无二的，并能为客户提供产品和服务的核心人员 **特点：**对战略或流程的执行是必要的；不能直接转移到其他组织；对于收入的直接影响有限	能力不再与组织的战略方向一致 **特点：**战略升级后变成冗余人员；有限的公司内部或外部接触点

在人才流失可能性评估方面，企业 HR 需要重点关注四个指标的情况：外部市场薪酬支付情况、未来组织内外部的职业机会、个人能力展现的情况、直接上级的评估反馈。

最后，要重视外部人才供给风险的评估。企业 HR 可以通过理解和评估如下要点来判断外部人才供给存在的风险。

（1）关键技能领域中的劳动力规模和市场需求。

（2）企业的战略紧迫度及预期的增长速度。

（3）企业内外部的人才流失率。

（4）人才竞争对手的数量。

（5）薪酬竞争力。

（6）高校学生数量。

（7）过往招聘工作的投入与成果。

制定解决风险及差距的人才策略

企业 HR 在正确理解公司战略，准确把握落地战略所需的组织能力及存在的人才风险的基础上，需要进一步确定资源投入的优先级别，并针对优先解决的问题制定详细的人力资源策略，同时，对相关策略可能存在的潜在障碍进行识别和管理。

建立组织保障和指标监控体系，追踪计划实施情况

为确保人才供应链长期持续健康运作，企业必须建立组织保障，确保相关人员共同维系，不能让人力资源部单枪匹马地完成，直线经理、业务管理人员及高层管理人员也应该视为己任。人才管理的组织分工如表4－7所示。

表4－7 人才管理的组织分工示例

人员类别	主要职责
高层管理人员	1. 传达并解释战略目标、经营重点和绩效衡量的标准 2. 积极、持续地强调人才管理的意义与目的 3. 为实现目标提供资源保证，包括为培训和发展提供必要的资源 4. 同部门经理进行一对一的面谈，讨论并帮助部门经理制定人才发展计划 5. 为部门经理提供持续的绩效反馈与辅导 6. 对相关绩效、晋升等情况进行审批
人力资源部	1. 维护、沟通人才管理的日程安排，对系统进行维护、评审和调整 2. 开展相关培训，确保所有员工对人才发展系统有明确的认识 3. 确保人才计划和其他人力资源系统协调一致 4. 确保各级管理者与所有员工进行了一对一的双向沟通，确保公司的晋升结果、绩效工资、薪酬调整是公正统一的，确保劳资矛盾得到及时公正的化解 5. 组织、指导、检查与监控相关活动 6. 受理员工关于人才发展的投诉活动，并提交相关的调查说明文件
业务管理人员	1. 同员工进行面谈，讨论并帮助员工制定个人发展计划 2. 提供持续的反馈与辅导 3. 定期按公司要求进行绩效及晋升考核资料审核 4. 按时提供书面绩效及晋升管理资料

在明确组织分工保障的基础上，需要建立人才发展指标检测机制，建立动态的监控指标体系；在日常应用及实施中，通过动态跟踪及过程监控的方法，寻求影响人才发展的真正原因并提出改进方案，提高人才管理的质量和效率，建立与战略业务目标的循环。动态监控指标体系如表4－8所示。

表4－8　动态监控指标体系表

主题	核心指标	计算公式	指标类别
提高整体人均效能	人均销售收入	销售收入/销售队伍人数	固定项
	人均利润	利润/销售队伍人数	可调整项
	人均服务效能	销售队伍人数/部门人数	可调整项
	人力成本效能	营业收入/薪酬福利总成本	固定项
完善核心人才供应体系，提升队伍技能发展及培训的质量和数量	核心人才培养计划完成率	实际培养工作完成情况/计划培养计划	固定项
	员工轮岗计划完成率	实际轮岗员工/计划轮岗员工	可调整项
	任职资格达标率	达标人数/总人数	固定项
	人均培训时间	培训时间/［（年初员工人数＋年末员工人数）/2］	可调整项
	年度培训计划达标率	实际培训时长/计划培训时长	可调整项
	员工培训考核通过率	通过考核人数/参与考核总人数×100%	可调整项
提高员工忠诚度和满意度，激发管理人员对核心人才的培养	员工满意度	第三方调研	固定项
	员工敬业度	第三方调研	可调整项
	核心人才比例	核心人才/员工总数	可调整项
	核心岗位人员到位率	核心岗位期末人数/核心岗位总编制数×100%	固定项
	核心员工流失率	核心员工离职人数/核心员工总人数×100%	可调整项

第五章

修炼二：

岗位人才画像是人才供应链的核心

第一节　什么是岗位人才画像

建立清晰的人才标准是人才规划的重要环节，清晰的人才标准在企业中称为岗位人才画像，是对能在关键岗位上产生**高绩效的员工**的精准描述，包括能够直接被观察到的显性特征（如性别、年龄、知识、历练等）和无法被直接观察到的隐性特征（如性格、学习力、动机等）。

企业可以通过构建岗位人才画像来建立各层级或各岗位的人才标准，为后续企业的人才招聘选拔、盘点培养提供指引。

那么，什么是画像？请结合贵公司的情况思考以下两个问题：

问题一：什么样的部门负责人是优秀的？

问题二：什么样的销售人员是优秀的？

这两个问题需要总结梳理在此岗位上表现优秀的人的共同特征，比如智力特征、性格特征、能力特征、绩效特征。每个人在找到自己的另一半之前都想过一些择偶条件，比如希望他/她性格温和，彼此有共同的爱好，他/她聪明一点，长相不要太差，等等。通过这些特征，你的脑海里可能会浮现出一幅画像，虽然模糊但有一定的轮廓。因此，画像是围绕目标以一定标准描述人的特征的标签总和。

我们可以看看过去用得最广泛的两类画像：用户画像和刑侦画像。

用户画像是根据用户的人口学特征、网络浏览内容、网络社交活动和消费行为等信息进行分析而得出的一个标签化的用户模型，以此对个人的偏好、行为倾向等进行预测，并广泛应用于客户筛选、搜索引擎、推荐引擎、广告投放、产品开发等领域。用户画像如图 5 - 1 所示。

刑侦画像是犯罪心理专家在获得犯罪行为信息、目标指向信息、物证信息的基础上对作案人、作案精神状态、行为背景做出分析与判断，帮助执法人员找出作案人。其实，刑侦画像还有一个更常见的名字——犯罪心理画像。刑侦画像 20 世纪 90 年代在我国得到局部运用，但更多地是为前期侦破工作提供参考，而美国 FBI 的犯罪情报分析部已经把行为、人格分

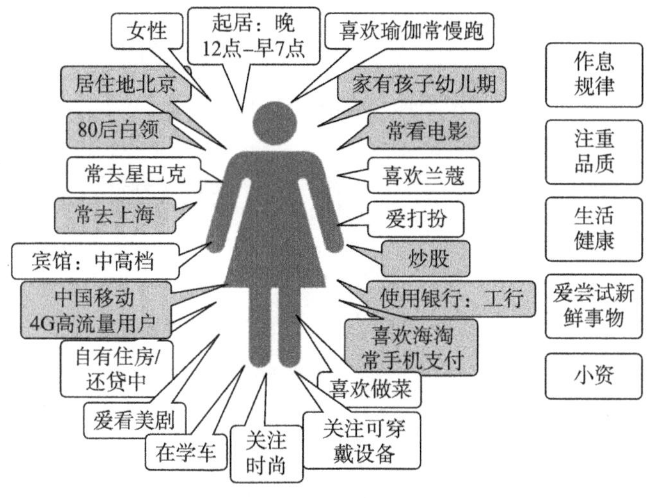

图5－1　用户画像

出指标，建立数据库，运用在反恐和刑侦方面。美剧《犯罪心理》讲述了行为分析师们通过分析凶手的心理和作案特征，在他们再次施暴前预测出他们的下一步行动，协助当地警察捉拿凶手。刑侦画像如图5－2所示。

图5－2　刑侦画像

从用户画像和刑侦画像的应用可以知道画像是通过系统化、指标化、数据化的方式，精准定位人员和有效预测人的行为。系统化指画像的构建不是分散的、偶然的、随意的，而是聚焦的、有目的性的、有计划的。

用户画像通过精准分析和预测客户需求，预测什么样的客户会购买什么样的产品，以便持续地进行产品售卖；刑侦画像通过对犯罪者的动机、行为模式的分析，用于辅助破案及预防新的案件发生；岗位人才画像通过对能产生高绩效员工特征的分析，保证组织的持续高绩效。

基于冰山模型，从显性因素、行为因素和底层因素三个层面，绘制立体、精准、全面的岗位人才画像，如图5-3所示。

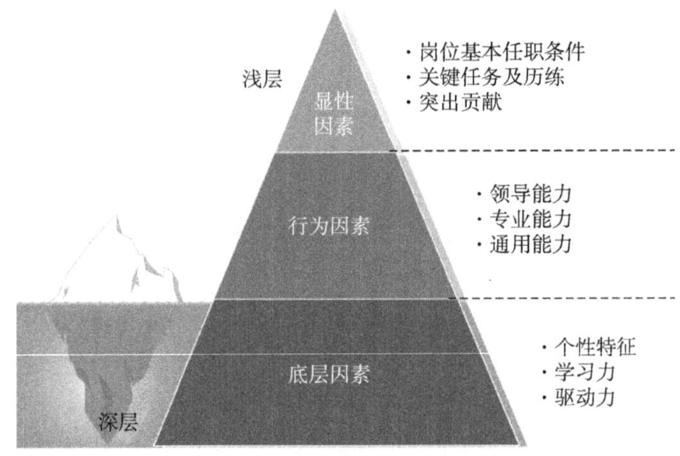

图5-3　冰山模型

我们以高绩效的医药代表为例，看看医药代表的岗位人才画像是什么样的。高绩效医药代表人才画像如图5-4所示。

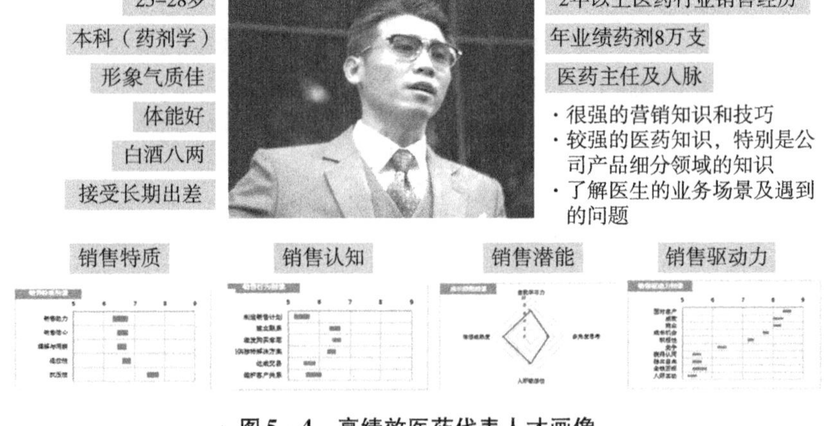

图5-4　高绩效医药代表人才画像

显性因素和行为因素：

- 25~28岁的年轻人，形象气质和体能都比较好，能够接受长期出差。
- 专业与医药相关，掌握一定的医药知识，学习公司产品知识不费劲。

● 有2年以上医药行业销售经验，有很强的营销知识和技巧，了解业务场景。

● 积累了一定的人脉，与医生打交道具有优势。

● 年业绩达到药剂8万支，已经有一定的业绩表现。

● 有一定的酒量，白酒能喝八两，应酬没问题。

底层因素：

● 共同的性格特质：有销售的动力和信心，善于理解与洞察客户的需求，适应性和抗压性强。

● 共同的驱动力：他们都喜欢面对客户、与人互动，希望创造商业价值，做出成就，获得成长机会和金钱回报，充实的工作和竞争环境让他们更有动力，希望得到别人的认同，喜欢独立安排自己的工作。

第二节　如何构建岗位人才画像

这一节讲解岗位人才画像构建流程，并介绍构建过程中可能用到的方法和工具，让我们一起来实践一下如何构建岗位人才画像。

倍智的岗位人才画像的构建方法论是以人才数据分析为核心，以关键人员访谈调研为验证，以画像研讨会为校准的完整构建方法，如图5－5所示。

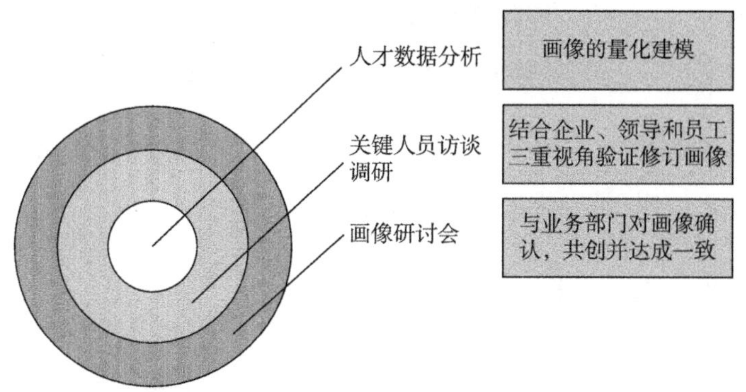

图5－5　倍智的岗位人才画像的构建方法论

首先，岗位人才画像构建流程有四步：

（1）组织分析：组织发展阶段、组织成熟度。

（2）人才数据分析：岗位人才画像的数据量化建模。

（3）关键人员访谈调研：结合企业、领导和员工三重视角验证修订画像。

（4）画像研讨会：与业务部门对画像确认、共创并达成一致。

第一步，组织分析

组织分析需要回答如下两个问题：

（1）组织目前的发展阶段是什么？不同发展成熟度的组织对关键岗位（比如领导）的要求是不同的，如图5－6所示。

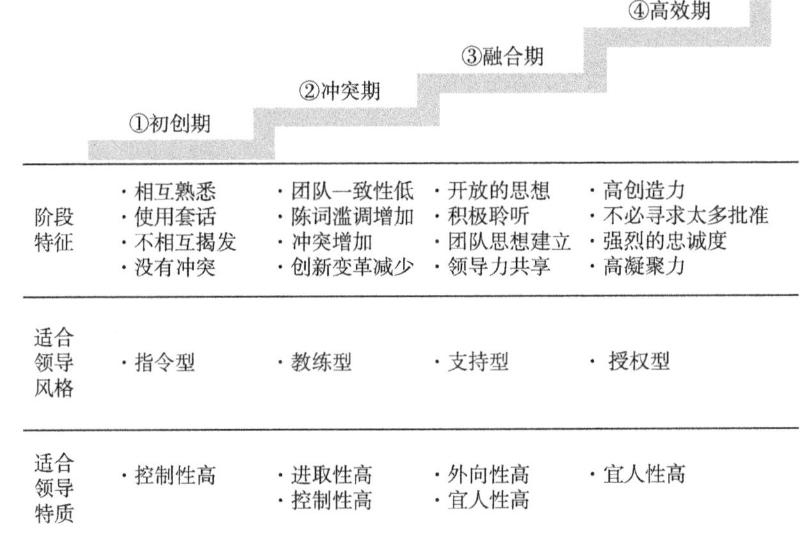

图5－6　组织不同发展阶段的要求

（2）用财务、客户、内部运营、队伍建设四个维度来评估不同组织的成熟度情况，不同成熟维度需要的领导干部也不同。

第二步，人才数据分析

人才数据分析之前需要做的第一件事是挑选合适的榜样

如何选择合适的高绩效客户经理作为描绘岗位人才画像的榜样？首先

问自己两个问题，这两个问题将帮助你定义优秀的客户经理。

第一问：这个岗位上哪些人是最优秀的人？这些人在哪儿？

选择对比的标杆对象，应该从组织内选，还是从组织外选？领导的头脑中是否已经存在一个完美的客户经理？

（1）当组织内有现成的符合要求的优秀人才，可以直接从组织内选择岗位人才画像的榜样，这样获取人员信息和数据的难度比较低，而且优秀的人员具有组织的基因，根据他们的特点总结的岗位人才画像更有利于应用。

（2）当组织内人才不够优秀，或者组织内人才普遍水平较高，从内部无法找到合适的榜样时，可以从外部寻找标杆作为榜样，但获取外部优秀人才的信息和数据的渠道比较少，需要耗费一定的资源。

（3）当上层管理人员对优秀人才定义十分明确，有清晰的标准，则可以整理和总结领导对优秀客户经理的要求，切忌只听取单一领导的要求，可以通过研讨会的方式，引导领导讨论并达成共识，其成果作为描绘岗位人才画像的榜样。

第二问：为什么这些榜样是优秀的？

分析岗位的关键指标，选取能够区分优秀人才和一般人才的指标来衡量是否优秀。可选取岗位的关键指标有两类：

（1）量化指标：质量、数量、成本、完成率等。

（2）非量化指标：领导评价、满意度、360 度评价、能力评价等。

筛选出绩优人员和绩差人员进行测评

明确该岗位对应的关键绩效指标，筛选出绩优人员和绩差人员，各组人数不少于 15 人，进行人才测评，测评的内容主要是大五职业性格①、能

---

① Talent5，大五职业性格测评 TM 是在最权威的性格理论大五人格模型的基础上，经过中国企业大规模数据测试开发而成的。大五职业性格测评通过评估与工作相关的关键性格特质，了解个体的行为、思考和情绪感知的风格，有效预测个体的能力表现。详细维度见附录。

力倾向①和职业驱动力②，它们都属于潜能，是冰山下不易改变、不易观测的部分，如图 5 – 7 所示。

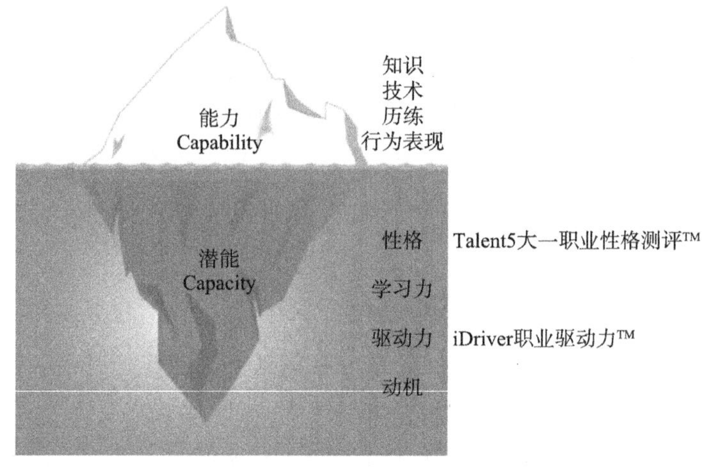

图 5 – 7　测评的内容

然后，通过分析测评结果，提取他们的差异性特点和共性特点。差异性特点是指岗位上绩优人员和绩差人员之间存在巨大差距的能力倾向，这些特点可能是取得优异表现的关键。共性特点是指在这个岗位上，无论绩优人员还是绩差人员都表现得好的能力倾向，是从事该岗位的门槛，如图 5 – 8 所示。

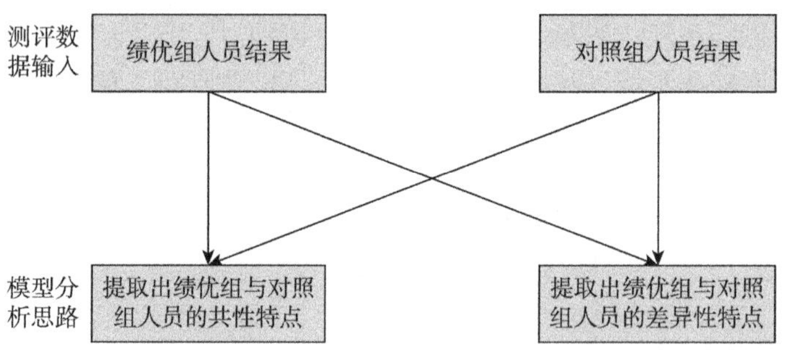

图 5 – 8　分析测评结果

① 基于中国企业人才大数据研究，建立了大五各子维度与能力之间的相关数据库，达到性格测评结果与能力模型的无缝链接。详细逻辑见附录。

② iDriver，职业驱动力测评™基于麦克利兰成就动机理论，结合企业多年研究和实践而开发，从 14 项驱动因素探讨哪些方面对个体具有强激励作用。详细维度见附录。

这个方法具有比较高的实证效度①，能够有效预测个体未来绩效，而且结果都是从数据分析得到的，比较客观，易于内部推广，这些数据也可以积累下来，实现可持续优化和验证效果，如图 5－9 所示。

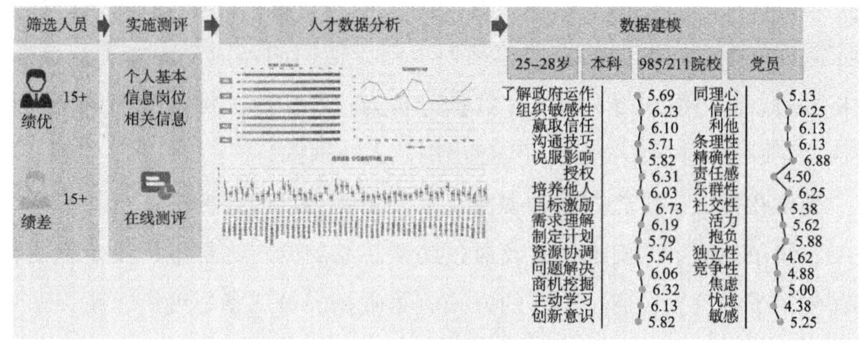

图 5－9　人才数据分析

小贴士：数据收集方式的优缺点

每种数据收集方式都有其优缺点，如表 5－1 所示。比如前面提到的访谈和测评两种方式，访谈的员工、管理者参与度是比较高的，但需要比较多的时间和成本，数据的可量化程度中等；测评的员工参与度高，管理者参与度低，但节省时间和成本，且数据的可量化程度高。因此，我们需要根据具体情况选择合适的数据收集方式。

表 5－1　数据收集方式

方法	员工参与度	管理者参与度	需要时间	成本	可量化的数据
访谈	高	高	高	高	中
测评	高	低	低	中	高
直接观察	中	低	高	高	中
调查问卷	高	高	中	中	高
关键历练	中	中	低	低	低
评价中心	高	低	高	高	高

① 实证效度：一个测验实际能够测量到理论上的构想或特质（比如外向）的程度，或者说它是指测验分数能够说明理论上某种特质的程度。

第三步，关键人员访谈调研

选定榜样之后，他们就成了我们的“研究对象”，我们需要找出榜样身上共同的特点，挖掘的方向包括但不限于他们的知识专业水平、技能、性格特质、能力潜质等，以人才数据分析为核心，以关键人员访谈调研为验证，以画像研讨会为校准，构建出岗位人才画像。

岗位在知识、技能方面的硬性要求，主要会以国家标准或行业标准的证书、岗位说明书的要求，以及通过访谈总结的要求为标准，是定性的信息而非定量的数据；通过测评的方式收集数据，员工参与度高，可以节省时间和成本，数据的可量化程度高。

关键人员访谈调研——三重视角验证修订画像。

以访谈或问卷调研的方式获取企业、领导及绩优员工对该岗位显性因素、行为因素及隐性因素的看法，通过访谈调研和数据分析的交叉验证，获得更客观、立体的人才画像。访谈对象可以是优秀人员本人，也可以访问他们的上级和高层领导，如表 5－2 所示。

表 5－2　访谈调研

访谈对象	访谈内容
访谈优秀人员本人	你觉得什么知识、技能、性格特征对业务最重要 你的工作方法、工作思路，遇到难题如何克服等（BEI 访谈）
访谈优秀人员的上级和高层领导	优秀员工和普通员工在知识、技能、性格特征上有什么差异

小贴士：如何描述知识技能水平

怎么准确描绘知识技能水平？可以参考以下水平分级金字塔，对知识技能的掌握程度分成三个阶段：了解、熟练掌握、精通。知识技能水平如图 5－10 所示。

了解：细分为两个水平，能够回忆起信息是最低水平，仅仅是知道这些知识，可以用“记忆、认识、回忆、复述”等动词描述；能够将知识翻译成自己的语言，达到理解的程度，可以用“描述、解释、确定、指出、分类”等动词进行描述。

熟练掌握：有两个水平，能够将知识应用推广到新的环境，可以用“应用、示范、表现、说明、操作、计划、解决”这些动词描述；分析辨别并灵活运用，可以用“分析、评价、计算、比较、区别、检验、测试”这些动词来描述访谈对象对知识技能的掌握程度。

精通：包含金字塔最高的两个水平，能够综合运用掌握的知识技能，甚至可以根据知识技能的积累来做判断和评估的工作，可以用“创造、管理、组成、构建、设计、组织、建立”描述能够综合使用的水平，以及用“评估、判断、预测、估价、支持”等动词描述最高水平。

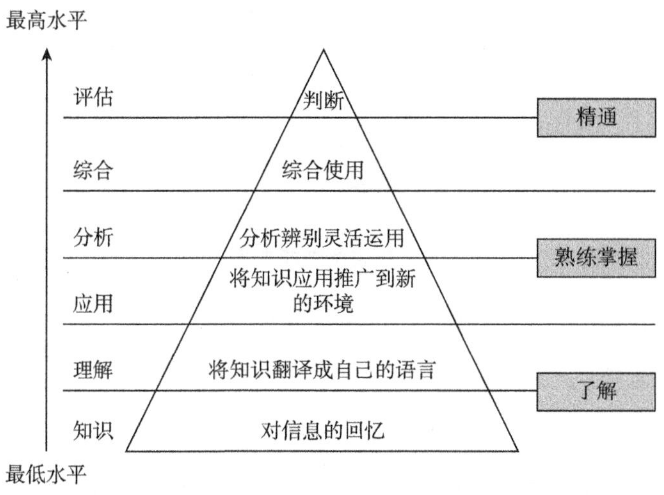

图 5－10　知识技能水平

第四步，画像研讨会——与业务部门对画像确认、共创并达成一致

前三步创建的岗位人才画像要想在公司落地使用，需要获得业务部门的认可，符合战略、文化的调整，还要满足高管对岗位的期待，对于 HR 来说既是很大的挑战，又是一个校准的过程。

画像校准在显性因素上是比较容易达成一致的，比如年龄、性别、知识、技能、关键历练，但是在行为倾向和能力模型上不容易达成一致，比如他的能力模型，所以校准的目的就是在行为指标和能力模型上同业务部门达成一致。

如图5－11所示，首先邀请岗位代表、岗位上级、HR一起组成画像研讨小组，然后带领大家对信息进行回顾与分析、关键任务及历练确认，结合数据分析、访谈的结果，利用能力卡片通过反复讨论挑选合适的能力指标，最后结合企业的文化对模型进行包装，确认优化成果。

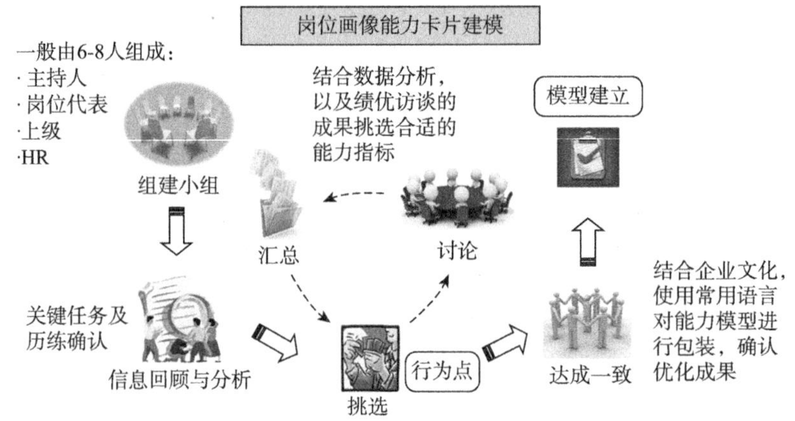

图5－11　岗位画像能力卡片建模

综合组织分析、榜样选择、榜样分析并达成一致这三个步骤得到的结果，尝试填写客户经理的岗位人才画像，完成案例实践。

［案例］名企的岗位人才画像是什么样的

某大型金融集团在人才管理方面一直走在前沿，本次案例的C企业是某大型集团旗下最重要的子公司之一，主营保险业务。他们计划打造一个智能的用人管理系统，积累与存储人才数据，希望实现无时差的人才补给、ROI最大化的人才培养，并为未来的精细化、数据化人才管理打下基础。

智能用人管理系统分为几个阶段实现，第一阶段为干部管理系统，即聚焦于关键管理人才，通过构建关键管理人才的岗位人才画像，定义人与岗位、人与组织之间的关系，计算匹配度，辅助人才决策。从过往的以履历信息看人变为从完整的干部画像看人，提升看人的全面性；从过往凭人脑印象选人变为利用系统数据和规则选人，提升选人的精准度。

构建岗位人才画像框架

从人－岗匹配（P－P）与人－组织匹配（P－O）两大方面切入，通过访谈、研讨、测评的方式构建岗位人才画像，如图5－12所示。

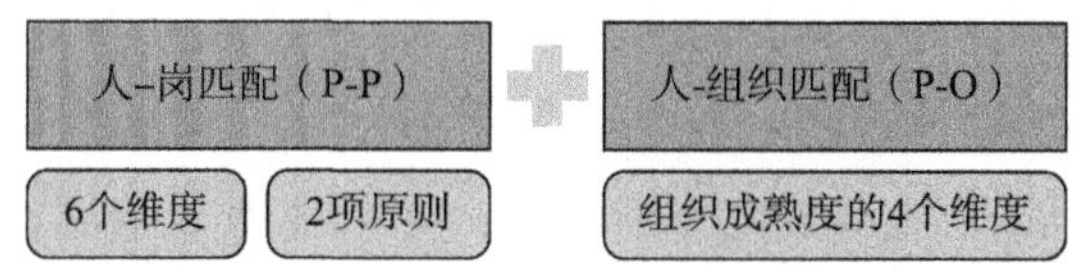

图5－12　从人－岗匹配（P－P）与人－组织匹配（P－O）切入，构建岗位人才画像

人－岗匹配（P－P）的标签可以总结为6个维度和2项原则，都是基于专业理论框架和该企业实际用人场景中考虑的条件制定的。

6个维度：

- 铁律要求：年资、年龄、绩效、处罚记录、亲属回避。
- 专业资质：专业认证、资格证书等。
- 关键经验：总部工作经验、大中小型机构副手经验、大中小型机构一把手经验等。
- 核心能力：基础胜任素质（学习领悟、创新突破……）；岗位胜任素质（商业敏锐、风险应对……）。
- 发展潜力：未来发展的空间（快速学习、多维思考、人际敏感……）。
- 发展意愿：发展、调动的意愿。

回顾一下冰山模型，铁律要求、专业资质、关键经验属于显性因素，核心能力属于行为因素，而发展潜力和发展意愿则属于底层因素。

2 项原则：

- 一票否决原则：不满足铁律要求、专业资质要求和关键经验要求的干部，一票否决。
- 好钢原则：优先将能力水平高的干部推荐到大型和战略型机构中，即好钢用在刀刃上。

由于 C 公司有很多分支机构，管理人员会跨机构调配，在人 – 组织匹配（P – O）时需要考虑调配组织的成熟度，其中包括财务维度、客户维度、内部运营情况、队伍建设四个维度，针对不同的组织特点，优先选择在性格特质、领导风格、经验、核心能力方面更符合组织要求的干部。

财务维度、客户维度和内部运营情况属于机构的业务特征，可以据此推导出匹配的干部性格与关键历练要求。比如在财务维度上，该机构希望提高市场份额增长率和利润，那么他们可以优先考虑找进取性、控制性维度分数比较高的干部。

队伍建设会从能力建设、梯队建设、能力匹配度、关键岗位到岗率等指标来推导。比如有一个团队敬业度水平比较低，人才梯队建设不足，创新突破能力存在短板，关键岗位到岗率低，那么就需要优先考虑找创新突破能力、人才培养能力强，具有指令型、教练型风格的干部。

岗位人才画像与人才画像

得到岗位人才画像后，就可以依据岗位模型人 – 岗匹配（P – P）与人 – 组织匹配（P – O）涉及的维度收集信息和数据，妥善存储，形成每位干部的人才画像。不仅在选人的时候可以调出数据进行计算，HR 还可以从每一个人的画像中找到他们与岗位人才画像的差距，如图 5 – 13 所示。

岗位人才画像的应用

应用一：以岗位人才画像为标准，帮助企业进行人才筛选。

岗位人才画像中标签的数量种类繁多，功能也是不一样的，C 公司在进行匹配的时候，用四层漏斗原则来筛选人才，如图 5 – 14 所示。

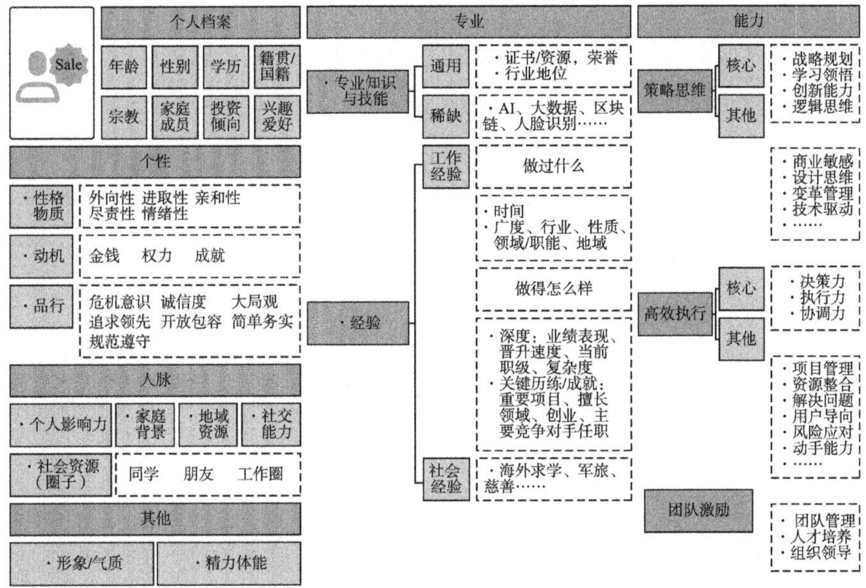

图 5－13　人才画像样例

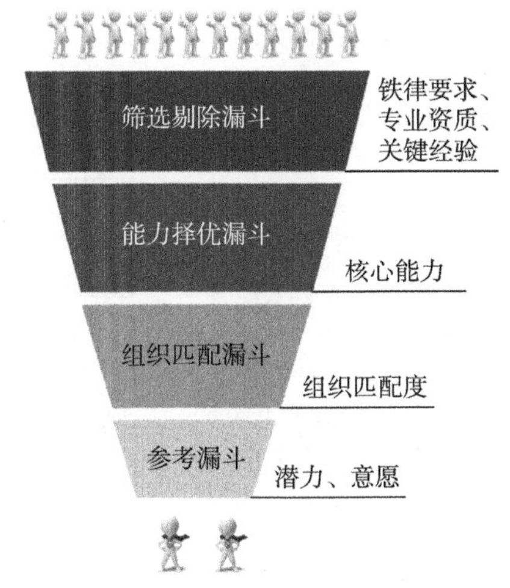

图 5－14　四层漏斗原则

第一层：筛选剔除漏斗。根据铁律要求、专业资质、关键经验剔除不符合要求的人选，也就是一票否决原则。

第二层：能力择优漏斗。根据核心能力的数据，在没有被第一层漏斗剔除的干部中选择能力过硬、最优秀的人。

第三层：组织匹配漏斗。看这些能力优秀的人与组织是否匹配，比如优先将能力水平高的干部推荐到大型和战略型机构中；其次，推荐能力水平相对一般的干部到非战略型、中小型机构中，即干部推荐遵循好钢用在刀刃上的原则——好钢原则。

第四层：参考漏斗。不只考虑当下他们是否胜任，还要考虑他们的潜力和意愿是否适合长远培养和发展，为人才继任做准备。

应用二：依据岗位人才画像绘制个人人才画像。

如图 5－15 所示，依据岗位人才画像可以为每个关键人才绘制个人画像，一页纸展示这个人的综合维度，分析该员工与目标岗位人才画像的匹配程度。C 公司运用了人才数据的系统集成，随着数据逐年迭代，该员工个人画像也能及时更新迭代。

总的来说，C 公司以构建岗位人才画像为基础，打造干部管理系统，建立干部的人才画像，为决策者提供科学选人的依据，为 HR 提供人才培养的方向，积累人才数据，走在行业的前沿，为未来更加精细化的人才管理打下基础，为业务发展提供强有力的人才支持。

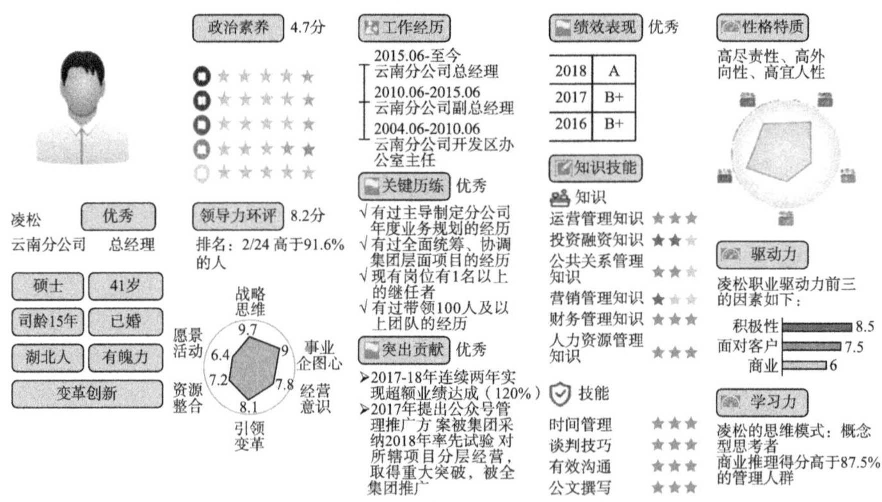

图 5－15　个人人才画像

第六章

修炼三：

人才冗余的风险指数级高于人才不足的风险

依据倍智2018年人才供应链调研的结果，中国企业目前呈现的是结构性缺员的问题：大多数行业存在人才冗余，同时又出现人才供应不足的矛盾。虽然大部分企业重视管理，又有相对完善的人力资源管理体系基础，但人员冗余仍然有比较大的风险，如表6－1所示。

表6－1　人才供应链管理成熟度总体评价

	人才供应链管理成熟度总体评价	得分
最高分	公司管理层重视人才管理	4.7
	公司有相对完善的人力资源管理体系基础	4.4
最低分	公司不存在人才冗余的风险	3.8
	公司的人才供应能够满足业务发展的需要	3.6

“冗余”在汉语词汇里是“多余”“不必要的”的意思。有两层含义：第一层含义是指多余的、不需要的部分；第二层含义是指人为增加的重复部分，其目的是用来对原本的单一部分进行备份，以达到增强其安全性的目的。

人力资源作为企业的核心资源，同样存在“资源冗余”的情况。根据上述推导，人员冗余的含义是指多余的人力资源或重复的人力资源投入，同时组织需要为多余的人力资源投入支付更多的成本。多余的资源既包括数量上的多余，也包括质量上的多余。比如找一个硕士生来担任前台，这就是所谓的质量上的冗余。人员冗余，简单来说就是人员不匹配，包括人员投入跟战略和业务发展不匹配、人员与岗位要求不匹配、人员投入与价值产出不匹配等。

第一节　什么样的员工是冗余人员

在传统的人事管理中，通常以岗位编制为标准，超出编制的人员视为冗余人员，如果某个部门或者岗位存在缺编的情况，往往会被认定为人员不足。在这种管理体系下，HR 部门需要在做年度人力编制的时候，花更多的时间与企业高管及业务部门负责人进行深入持久的沟通，最终确定各个业务单元及岗位的年度编制，并依照年度编制，开展人员招聘、调岗等人才配置工作。

目前，居于岗位编制的人员配置管理是大多数组织和企业正在采用的组织效能管控的核心手段。但很多 HR 负责人反馈，通过编制进行人员管控的时候，会面临许多困惑和挑战。一方面业务部门负责人往往会以业务拓展需要为由，要求企业 HR 调整编制、增加人员；另一方面一旦存在不满编的情况，业务负责人不会有意识地考虑业务开展是否真正受到影响，也不会考虑什么时候引进人员能够实现成本效益最大化，而是会不断催促 HR 快速补充人员，否则业绩不佳，会把原因归结为人员补充不到位，将责任推给 HR 团队。HR 毕竟不是业务人员，不可能比业务人员更了解业务，在编制管控过程中往往比较被动，HR 部门担负着组织的人效指标，却缺乏对指标的有效控制手段和方法，陷入了比较尴尬的境地。

因此，在界定哪个部门、哪个员工是否为冗余人员的问题上，我们需要跳出编制管控的表面，回归本质来评估人员冗余问题。最简单的办法就是分别站在组织的业务视角和人员的个体视角评估人员是否匹配。站在业务的视角，主要是看人员投入产出比是否匹配的问题。而站在员工的视角，主要是评估人员是否与企业的用人标准或者人才标准相匹配的问题。

从业务层面看什么员工冗余

从业务层面评估员工是否冗余，既可以从过程指标来看，也可以从结果指标来看，即从员工的工作状态和员工的工作结果两方面综合评估。

从工作过程的状态来看，我们很容易想到的是如果一个部门存在员工工作不饱和的状态，我们就会说这个员工冗余。比如某公司行政部配备了 2 名司机，但每个司机基本上有半天时间坐在办公室里，并没有出车任务，很显然，存在冗余的司机。员工工作不饱和，一方面表现为在正常工作效率下，完成工作所需要的时间低于企业规定的出勤时间；另一方面表现为员工懒散，存在磨洋工的现象。

如果单一从员工的工作状态看，往往很难准确或者公正、客观地评估员工是否冗余。比如一个员工在工作时间内勤勤恳恳地工作，甚至加班加点，是否就说明该员工的工作是饱和的？另一个员工每天都准时下班，是否就可以推测这个员工的工作不饱和？很多民营企业的老板经常会以员工的加班多少这种表面现象去评判员工工作的饱和程度。

前面提到的编制管理，前提假设是居于员工工作的饱和度管理。很多民营企业或中小企业目前还是没有系统的编制管理，而是采用边走边看的做法，这就很容易导致人员规模在不知不觉中膨胀，或者是工作负荷过大而导致员工流失严重，企业存在长期缺人的两极状态。

也有一些大型企业或国有企业虽然有编制管理，但在做人力资源规划、制定编制的时候比较随意，只是简单地根据历史数据进行测算，忽略了战略、市场变化、组织流程、业务模式等因素的影响，没有深入考虑员工工作量是否真正饱和的问题。一些大型企业，或者是 HR 部门非常强势的企业，一旦编制定下来，只会严格按编制执行，而不会根据员工的实际工作情况深入复盘和审视检查员工的工作量是否饱和。这也是编制管理没有杜绝人员冗余的核心原因。

目前，由于知识工作者、脑力劳动或者非标准化作业的工作越来越多，影响员工工作饱和度的因素也越来越多，单纯从员工工作饱和度来评估员工是否冗余变得越来越困难，越来越不科学合理。因此，**通过过程难以评估的情况下，我们重点还是结合员工的价值产出来综合评估员工冗余问题**。对企业而言，员工的价值产出有显性价值，也有隐性价值。有当下价值，也有长远价值；为了让管理变得简单，这里以组织对员工所在部门或岗位的主要价值定位和劳动产出标准来看待员工的价值产出。通俗来说，也就是通过员工的劳动生产率数据的分析去评定。**冗余的员工，也就是指劳动生产率指标没有达标的员工。**

从整个组织的层面来看，我们通常选择“人均产值”“人均收入”“人均利润”或者“人事费用收入或利润占比”等通用的人效指标来评估一个组织或者部门的人力效能情况。当然，组织或者部门也可以根据行业特性和岗位去选择更有针对性的人效指标。

得出的人效数据可以与行业标杆或者组织的竞争对手进行比较。如果行业标杆数据或对标企业数据选取比较困难，以人效递增为准则，与组织的历史数据比较来评估组织当前的人员配置状态。对于业务类型比较多的组织，则需要根据组织每个业务单元来进行数据测算和对比。

通过上述能效数据的对比分析，我们可以找出人员冗余的组织或者部门，在此基础上，我们再来识别在冗余的组织或部门中，哪些员工是冗余的。接下来的评估要落到员工个体绩效考核达成情况上。如果员工个人绩效数据连续多次低于团队的平均绩效数据，则说明这个员工可能不能胜任当前的岗位，可以认定为不匹配的冗余员工。目前很多企业的绩效考核管理中都设置了末位淘汰制度，对于连续排名居于末位10%的员工进行淘汰，这也是一种有效避免组织人员冗余的机制。

根据绩效考核结果来评定员工的价值产出是否匹配虽然是一种比较有说服力的做法，但这本身要求企业有一套比较合理、完善的绩效考核管理体系。对很多组织来讲，这方面还不够完善。同时，业务线员工的工作成果很容易进行量化评定，但对于职能部门而言，工作结果往往很难量化，因此这些部门也是企业人员冗余的高发地带，需要格外引起重视。

如果没有员工的绩效考核数据，还有一个简单有效的方法评估和找出冗余人员，也就是按照正态分布规律，定期对存在冗余的组织和部门强制要求进行人员排名，且定期淘汰或调整排名靠后的10%～15%的人员。

从员工素质层面看什么员工冗余

从员工素质层面评估员工是否冗余的时候，在人力资源管理实践中，往往倾向于评判员工是否与企业的用人标准相匹配。

关于企业的用人标准，阿里巴巴给出的答案是杀掉“野狗”、淘汰“小白兔”。马云曾经在多个场合的演讲中提到：“做事情一定要有结果，但如果以纯结果为导向，不注重团队和游戏规则，不注重原则，这类员工称为‘野狗’。业绩很好，价值观很差，这些员工是一定要淘汰的。还有一些人，文化水平高，善于帮助别人，但业绩不行，这类员工称为‘小白兔’，也得淘汰。淘汰‘小白兔’，心里特别难受，因为他们都是好人，但是如果不淘汰，就永远不能治理好一个企业。”

阿里巴巴之所以要杀掉“野狗”，主要是因为以前吃过亏。在2001年互联网泡沫泛滥时期与2003年非典爆发时期，阿里巴巴有不少业绩突出的员工纷纷跳槽到竞争对手那边，此举无疑让阿里巴巴雪上加霜。“小白兔”虽然是企业文化价值观的忠实执行者，在团队中也乐于助人，单从这个角度看，他们的存在对团队整体发展是有利的。然而，业务能力的短板使他们的优点完全被抵消了，假如不淘汰这类人，整个团队都不得不把大量的精力浪费在为“小白兔”型员工收拾残局上，没有多余的力气朝着更高的目标发展。

从阿里巴巴杀掉“野狗”，淘汰“小白兔”的人力资源管理实践中我们可以得到启发，所谓冗余人员，**是绩效达不到要求的人员，要有淘汰机制进行淘汰，同时还要从员工素质层面去评估，看员工是否与企业的人才标准相匹配，与企业人才标准不匹配的人员对企业而言，也是某种意义上的冗余人员，也需要定期淘汰**。

这就要求每个企业都要有自己的人才价值观。据了解，当前有不少企业的人才价值观是：“有德有才的人，提拔重用；无德无才的人限制使用；有德无才的人培养使用，无德有才的人坚决不用”。对待“野狗”，大家的处理方法一致，但对于“小白兔”，很多企业家、老板持比较仁慈的态度，然而这种仁慈往往会使企业丧失竞争力。企业人才价值观是一个比较大和深层次的话题，我们在此不再详细探讨。**如果我们发现组织人效越来越低的时候，企业高层就必须反思自身的人才价值观是否与组织发展相匹配**。

除了用企业的人才价值观来对员工的素质进行评判外，还得用具体的选人、用人标准来评估。我们继续看阿里巴巴是怎么做的。

阿里巴巴为了实现人力效能最大化，除了在人员淘汰上有自己的人才标准，在人才招聘选拔上一直坚持“人岗匹配”的原则，强调只找最合适的员工而非最优秀的员工。阿里巴巴在创业早期的时候，从世界500强的高层里面请过很多高手，结果却出现“水土不服”。世界500强的高手习惯了用大公司的资源、渠道及人力来运作项目，而当时的阿里巴巴还是发展中的小企业，没有富余人员支持大项目，组织结构和人员调配必须保持较高的灵活性，员工规模不大，还不需要太规范化的制度。因此，这些高价引进的高端人才起到了相反的作用，造成资源浪费。吸取这些教训之后，阿里巴巴不再一味追求“最优秀的人才”，而是立足于寻找“最合适的人才”。任何人才都需要与企业环境相互适应后才能取得最佳效果，人才与企业不适合的组合可能会导致相互耽误的恶果。

什么是合适的人才？阿里巴巴通过三个方面的考察来确定是否是合适的人才。首先，看这个人有没有胜任岗位的能力或者潜质（关注员工与岗位的匹配）；其次，看这个人是否认同公司的企业文化价值观（关注员工与组织的匹配）；最后，这个人的发展目标与公司的发展目标是否一致（关注员工职业发展方向的匹配）。

因此，在员工的选拔任用过程中，对员工素质把关不严，导致员工达不到用人标准，会导致人员冗余的情况发生。同样，刻意追求高级人才也是人力资源的浪费，某种意义上也是人员冗余。

从员工素质层面评估员工是否冗余，企业关键要有明确的人才标准。通常情况下，企业可以通过建立员工胜任素质能力模型体系（图6－1 企业胜任素质能力体系模型图）、岗位任职资格标准（图6－2 3D＋E 岗位任职资格标准），或者针对核心关键岗位，明确岗位高绩效人才画像的方式，对人才标准达成共识，为人员的任用、选拔和淘汰提供科学的决策依据。

总而言之，评判组织人员是否冗余，一方面要看人员数量是否与企业的战略和业务发展相匹配；另一方面要动态盘点组织的人才质量和结构，审视是否处于一个相对健康的匹配状态。人才超配或者低配，达不到人岗匹配或人与组织匹配的人员，对企业而言，都是冗余人员。在进行人才规划、确定岗位编制的时候，要全面考虑各方面因素的影响，同时要深入分

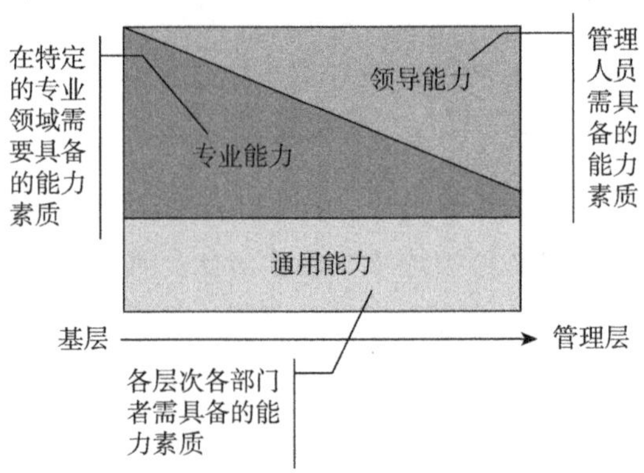

图 6－1　企业胜任素质能力体系模型图

析工作饱和度与工作分配问题。在日常管理中，要通过劳动生成率数据和员工素质盘点的方式综合评估和分辨出具体的冗余人员。

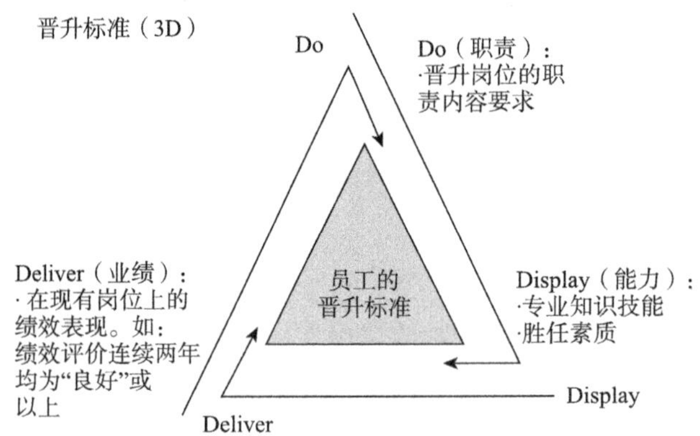

图 6－2　3D＋E 岗位任职资格标准

第二节　人员冗余对组织的危害

关于系统的冗余设计理念，有一个很重要的观点是系统的冗余设计是保障一个系统可靠运行、减少系统故障影响和损失的有效方式。最常见的系统冗余设计，比如飞机都会配置两个以上的引擎，确保其中一个引擎发生故障的时候，备用引擎能够启动工作以减少风险。

企业或者组织也是一个复杂的系统，随着组织越来越大，这个系统也越来越复杂。因此，为了确保组织系统运行的稳定和安全，进行有计划、有目的的人员冗余配置具有正向意义。比如为了确保战略变革或者重点项目的开展，对核心团队或者关键岗位的人员进行有目的性的人员增配，为了梯队建设而开展后备人才培养和接班人计划等。这些有目的性的冗余人员设计主要在时间上和数量上进行合理设计和管控，属于健康状态。我们把这种人员冗余称为战略性或者策略性人才储备。

在本节的讨论中，我们暂且不把这种类型的人员冗余纳入讨论的范围。我们重点关注常见的因战略或者人员管理的随意性导致的人员冗余、人浮于事的现象。从高绩效人才供应链建设的理念角度来看，这种类型的人员冗余就像组织的产品库存管理一样，因为缺乏经营思维和产品思维而导致大量库存积压，严重占用和损耗组织的资源。因此，可以说人才冗余的风险指数级高于人才不足的风险。

人员冗余组织的特点

人员规模越来越大，组织架构变得越来越复杂

人员冗余组织的第一特征表现在人员规模的增长速度超过了企业经营规模的增长速度，组织的管理架构变得越来越复杂。比如一个初创的快消品销售公司原来只有综合管理部、采购部和销售部，人员规模只有 20 多个人，年收入达到 500 万元。一年之后，人数增长到 50 人，收入增长到 700 万元，从原来的 3 个部门拓展到 7 个部门，行政部、人事部、财务部、审计部、采购部、渠道部、销售部，且新拓展的部门以职能管理部门为主。

随着人员规模的增加，组织的管理层级逐步增多，但每个管理人员的团队管理幅度却变得越来越小。组织团队的结构呈现两头小、中间大的橄榄形状态；管理人员的占比、职能部门的人员占比与行业或者同规模企业相比，均比较高；组织架构呈现出臃肿状态，表现在职能管控部门多，职能管控的职责有交叉重叠的现象。

人均效能的正增长缓慢或者降低

前面我们在介绍如何界定组织人员冗余的时候提到重点关注人效指标。对于人员冗余的组织，在人效指标方面，除了低于行业标杆或者竞争对手外，还表现出人效增长缓慢，甚至人效下滑的现象。组织的人工成本支出越来越大，工资支付的压力越来越大。

官僚主义盛行，“办公室政治”严重

人员冗余的组织在组织氛围上表现为越来越注重形式主义，越来越重视事情处理的程序和规则，把更多的精力和焦点放在处理事情的过程是否妥当而非是否达到目标。一个典型的做法便是任何事都需要书面的逐层汇报、逐层传达、各个部门抄送。

人多的地方，“办公室政治”也变得越来越复杂，员工的大部分精力放在迎合领导上，同时越来越区分责任和利益。

沟通协调会议多

人员冗余的组织在管理上的一个显著特点是会议多，特别是沟通协调性的会议比较多。随着组织架构的复杂化、职能部门的职责重叠和交叉、管理层级的增加等，业务流程也变得越来越长。向上、向下及跨部门的沟通需求越来越多，团队之间、部门之间的冲突也越来越频繁，组织需要经常召开各种协调会来处理部门之间的矛盾，整个组织的决策速度越来越慢。

老员工越来越稳定和新人流失越来越严重同时存在

人员冗余的组织在团队人员流动上呈现出老员工越来越稳定，新员工流失越来越严重的两极现象。对老员工而言，工作强度不大，绩效考核压力小，同时，每年工资不断增长，越来越安逸，不愿意主动寻找其他的发展机会；对于新员工来讲，在人员冗余的组织里很难找到或者获得短期内快速展现自身价值的机会，难以获得组织的认同，融入度低而导致流失率加大。

人员冗余对组织的危害

从上面对人才冗余组织的特点分析可以看到人员冗余对组织的危害是非常大的。人员冗余除了直接增加企业的经营成本，造成人力资源的浪费外，会同时加速组织“大企业病”的发生。人员冗余与组织机制僵化、流程烦琐复杂、架构臃肿虚胖等相伴而生，互为因果，让企业进入恶性循环的怪圈，最终削弱组织能力。

人员冗余对组织的危害表现在以下几个方面：

第一，人员冗余会增加企业的经营成本。冗余员工对组织的价值产出不大，但是工资福利等支出会大大增加组织的负担。每增加一个员工，除了直接的人工成本加大外，还会引发其他隐性成本的增长。比如需要办公场地等相关硬件配套的增加，日常办公运营成本就会加大；人员增加，需要增加对新增人员的管理和服务支持的投入，导致组织的管理成本也会相应增大。而这些隐性的相关成本往往会被业务管理者忽略。

第二，人员冗余会直接降低组织的运营效率。一方面人员增加的幅度会导致管理的复杂程度呈指数级增加；另一方面人员冗余会导致内部沟通和协调所需要花费的精力投入加大，降低决策效率的同时，分散了管理者对业务本身的精力投入。

员工的冗余会增加管理的投入，如果是管理者冗余，则对组织的危害更大。苛希纳定律指出：相对于企业组织的生产经营需要，只有数量适宜的管理人员才能产生最大的管理效应。超出企业组织管理需求的人员安排只会导致企业管理人浮于事，效率低下。在管理中，如果实际管理人员比最佳人数多两倍，工作时间就要多两倍，工作成本就多四倍；如果实际管理人员比最佳人数多三倍，工作时间就要多三倍，工作成本就多六倍。在管理上，并不是人多力量大，管理人员越多，工作效率未必会越高。

第三，人员冗余会稀释组织创业时期的优秀组织文化。组织里面出现冗余，会出现人浮于事的现象，大量的冗余人员会造成工作流程僵化，员工作风散漫，凝聚力降低，团队执行力也会降低，使得组织逐步失去狼性和事业精神，员工和组织就失去了活力。

定期检视你的组织是否存在人员冗余现象

组织人员冗余自我检视问卷

说明：通过本问卷可以初步帮助你检视所在组织是否存在人员冗余的

情况，根据下面的问题进行回答，如果答案是“是”的情况越多，说明你的组织存在人员冗余的可能性越大，需要进一步对组织和人才进行全面盘点和评估。

（1）你所在的组织很少主动淘汰或者辞退员工？ 是（ ）不是（ ）

（2）你所在的组织老员工占比比较大？ 是（ ）不是（ ）

（3）你所在的组织总经理与普通员工之间存在3个以上的管理层级？ 是（ ）不是（ ）

（4）你所在的组织的管理团队同时存在1名正职和多名副职的管理者？ 是（ ）不是（ ）

（5）你所在的团队成员大部分时间都在处理本职工作，而不需要花时间去处理兼职工作或者边缘性工作？ 是（ ）不是（ ）

（6）你所在的团队成员大部分人员都能够经常准时下班？ 是（ ）不是（ ）

（7）你所在的组织的职能部门设置比较多或者比较完善？ 是（ ）不是（ ）

（8）你所在的组织各部门都配有助理或文员？ 是（ ）不是（ ）

（9）你所在的组织没有进行严格的编制管控？ 是（ ）不是（ ）

（10）你所在的组织对业务管理者没有人效指标的考核？ 是（ ）不是（ ）

（11）你所在组织员工的整体薪资水平处于行业50分位以下？ 是（ ）不是（ ）

（12）你所在的组织经常发生员工与员工或者部门与部门之间的冲突？ 是（ ）不是（ ）

（13）你所在组织的负责人的管理风格比较随性？ 是（ ）不是（ ）

（14）你所在组织的负责人比较喜欢创新和突变的做事风格？ 是（ ）不是（ ）

（15）你所在组织的负责人性格比较仁慈善良？ 是（ ）不是（ ）

第三节　人员冗余不是一天形成的

网上流传着这样一个虚构的“寺庙加强管理”的段子，虽然是虚构的案例，但从中可以看到不少企业管理中的影子。

一个和尚挑水吃，两个和尚抬水吃，三个和尚没水吃。总寺的方丈得知情况后，就派来了一名住持和一名书记共同解决这一问题。

住持上任后，经过调研发现问题的关键是管理不到位，于是就招聘了一些和尚成立了寺庙管理部来负责制定分工流程。同时，为了更好地借鉴国外的先进经验，寺庙选派部分高僧出国学习取经，还专门花高价请来了天主教堂和基督教堂的神父来寺庙传授经验。

书记认为问题的关键在于人才没有充分利用，寺庙文化没有建设好，于是就成立了人力资源部和寺庙工会等，并开展竞聘上岗和定岗定编。几天后，成效出来了，三个和尚开始拼命地挑水，可问题是怎么挑也不够喝。不仅如此，小和尚都忙着挑水，寺庙里没人念经了，时间一长，来烧香的客人越来越少，香火钱也变得拮据起来。

为了解决收入问题，寺庙管理部和人力资源部开会讨论，决定成立专门的挑水中心负责后勤，再成立专门的念经营业部和烧香管理部负责市场前台。为了更好地开展工作，寺庙提拔了十几个和尚分别担任副住持、住持助理，并在每个部门任命了部门住持、部门副住持和部门住持助理。

老问题终于得到缓解，可新的问题又来了。前台负责念经的和尚总抱怨口渴水不够喝，后台挑水的和尚也抱怨人手不足，水的需求量太大且数量不确定，不好伺候。为了更好地解决这一矛盾，经开会研究，决定成立一个新的部门：喝水响应部，专门负责协调前后台矛盾。为了便于沟通、协调，每个部门都设立了对口的联系和尚。协调虽然有了，但效果却不理想，研究后发现原来是由于水的需求量不准和水井量不足等原因造成的。于是各部门又召开了几次会议，决定加强前台念经和尚对饮用水的预测，以及念经和尚对挑水和尚满意度测评等，让前后台签署协议、相互打分，健全考核机制。为了便于打分考核，寺庙特意购买了几套计算机系统，包括挑水统计系统、烧香统计系统、普通香客捐款分析系统、大香客捐款分析系统等，同时成立香火钱管理部、香火钱出账部、打井策略研究部、打井规划部、打井建设部、打井维护部等。由于各个系统出来的数据总是不准确，并且都不一致，因此寺庙不得不又招了一批和尚负责数据的核对工作……

这虽然是一个虚构得有点夸张的故事，但足以引发我们对组织人员冗余产生过程的思考。从寺庙为了解决一个又一个的所谓管理问题而不断增设机构和人员的做法可以明显看到，这是一个典型的不以客户为导向，不以经营为目的，为了管理而管理的组织。这样的组织必然会导致机构臃肿、人员冗余，最终经营效益越来越差的结局。

组织人员冗余的产生是多方因素长期相互作用而造成的结果。其中主要的原因包括：

1. 组织战略及人员规划之间不合理、不同步导致的人员错配；

2. 组织业务模式或者业务流程调整导致的人员投入与实际产出之间的不匹配；

3. 组织各业务模块为追求单一部门或职能模块工作的精深完美而引发的大量人员投入与组织整体绩效产出之间的不匹配；

4. 企业管理者和人力资源部门缺乏人员动态盘点调整导致的人员配置组合与产出之间的不匹配；

5. 企业缺乏人员激励和考核机制不合理导致的人员成本投入和人才价值产出之间的不匹配；

6. 企业文化及用人价值观导致的人员冗余。

在本节中，我们主要从业务和管理的角度来看人员冗余是如何产生的。

业务原因引起的人员冗余

业务原因引起的人员冗余，具体来看又可以分为两种类型。一种类型是业务模式调整导致的人员冗余。

> 有一个化妆品品牌公司，产品生产和销售环节均采用与相关厂商合作的模式来开展，而这个化妆品公司主要负责产品的研发和品牌的营销管理。团队的人员数量规模不大，整体人工费用支出占比不到5%。但经营一段时间后，这家公司抑制不住扩张的冲动，调整了经营模式，决定自己成立生产企业和开设自营销售专柜，企业总部也因此同步新增更多的职能支持部门来对接生产团队和销售团队的管理，因此人员规模一下子增加了好几倍，但是因为生产和销售管理的经验不足，并没有产生预期的收入，导致人效大幅度下降。经过一段时间的运营产生的问题越来越多，这家化妆品公司不得不取消自行生产的模式，对生产人员进行裁员处理。

另外一种类型是每个业务单元都是从本部门的角度出发，考虑本部门的业务如何更加深入、快速地推进和提升，忽视了整个组织的经营目标或者战略重心。在这种情况下，往往表现为每个部门年初都会深入去反思哪块的工作做得还不够好，需要加大资源投入去改善，有哪些方面还可以突破创新，推行各种各样的变革项目等。最后在年度人力定编的时候，各部门都在提出大幅增员的需求。如果这时候企业的经营管理者对资源管理不够聚焦，对组织目标不够清晰，企业 HR 负责人也很难拒绝业务部门的增人需求，很容易满足这些业务部门所提出的资源需求。然而，**各个业务单元或职能部门工作做深做得完美，往往不能带来组织整体效能的提升，但人力资源已经大量投入。**

管理者原因引发的人员冗余

英国历史学家、政治学家西里尔・诺斯古德・帕金森于 1958 年出版的

《帕金森定律》中得出结论：在行政管理中，行政机构会像金字塔一样不断增多，行政人员会不断膨胀，每个人都很忙，但组织效率越来越低下。帕金森研究了组织人员膨胀的原因及后果：一个不称职的官员，可能有三条出路。第一是申请退职，把位子让给能干的人；第二是让一位能干的人来协助自己工作；第三是任用两个水平比自己更低的人当助手。第一条路等于自杀；第二条路给自己培养对手；第三条路最适宜。两个助手无能，就上行下效，再为自己找两个更无能的助手。如此类推，就形成了一个机构臃肿、人浮于事、相互扯皮、效率低下的领导体系。

《帕金森定律》给我们清晰地描绘出了因管理者无能及个人私利考量引发的组织人员冗余的路径。另外，还有一种情况是有的企业负责人比较“佛系”，过于注重人性化管理，也容易发生组织人员冗余的情况。

广东有一个服装企业的老板，因为设计总监不重视团队管理，她就为他配备了一位设计经理，专门负责配合设计总监开展部门的团队和设计开发流程管理。同时，市场部门经理只擅长媒体公关，不擅长品牌活动策划，又增加一名品牌策划副经理来负责品牌活动策划。同样，在这家服装企业，像这种因为某个岗位员工的能力不足以完成这个岗位的某方面工作，通过增加另外一个人来补足和承担的情况越来越多，最终导致人员规模迅速扩大，对企业经营造成了重大压力，最终不得不进行职责合并优化和精减人员。

与多数企业不同，沃尔玛在遇到这种情况的时候，不是采取增加机构和人员的办法来解决问题，而是追本溯源，解聘失职人员和精简相关机构。沃尔玛前总裁山姆·沃尔顿指出：“没有人希望裁掉自己的员工，但作为企业高层管理者，却需要经常考虑这个问题，否则就会影响企业的发展前景。”

沃尔顿想方设法要用最少的人做最多的事，极力减少成本，追求效益最大化。在20世纪80年代初期，山姆·沃尔顿在拥有了15家沃尔玛超市、18 家富兰克林超市的情况下，其沃尔玛总部仍然只有沃尔顿和 2 名中层领导以及 4 名执行人员。在沃尔顿的带领下，沃尔玛的员工经常起早贪黑地干，工作卖力尽责。结果，沃尔玛用的员工比竞争对手少，但所做的事情却比竞争对手多，企业的生产效率当然比对手高。在沃尔玛发展到拥有全球 2000 多家连锁店进入世界 500 强后，沃尔顿却一直不改变过去的做法：将管理成本仍旧维持在销售额的 2% 左右，用最少的人干最多的事。沃尔顿说："只有从小处着想，努力经营，公司才能发展壮大！沃尔玛能有今天的成功，自始至终坚持低成本运作这一点功不可没。"

在沃尔顿看来，精简机构与反对官僚作风密切相关。他非常痛恨企业的管理人员为了显示自己地位的重要性，在自己周围安排许多工作人员。他认为，**工作人员的唯一职责就是为顾客服务，而不是为管理者服务。凡是一切与为顾客服务无关的工作人员都是多余的，都应该裁减。**

有目的、有计划的人员冗余设计具有积极的战略意义，但在企业实践中更多展现的是人员管理的随意性导致的人员错配，在增加企业经营成本的同时，还会引发一系列的大企业病。为了解决人才冗余问题，要加强动态短期的人才规划和人才盘点，同时要不断关注组织诊断和结构优化，定期对企业进行瘦身。

第三部分

人才供应链四支柱之二：灵活标准的人才盘点

人才规划确定了未来对人才的需求和人才的标准，接下来就需要灵活运用标准的人才盘点，梳理人才现状，重构组织能力。本部分着重讲解如何通过灵活标准的人才盘点进行能力的分解和组合重构组织能力，通过识别高潜力人才搭建人才梯队。第七章讲解如何盘点人才，如何利用人才盘点重构组织能力；第八章讲解如何发现高潜力人才，搭建高潜人才梯队。

第七章

修炼四：利用人才盘点重构组织能力

第一节　人才盘点能解决什么问题

中国企业的人才管理困境是人才盘点成为目前最薄弱的环节。虽然近十年人才盘点的普及率已经显著提升，对经营者及 HR 来说耳熟能详，但是中国企业在人才盘点实践上的有效性和成熟度远远不足。

白皮书研究揭示，在人才供应链四大支柱中，**人才盘点实践的得分最低，反映出很多企业无法切实把握自己的人才情况，人才盘点已经成为中国企业人才供应链管理最薄弱的环节**，如图 7－1 所示。

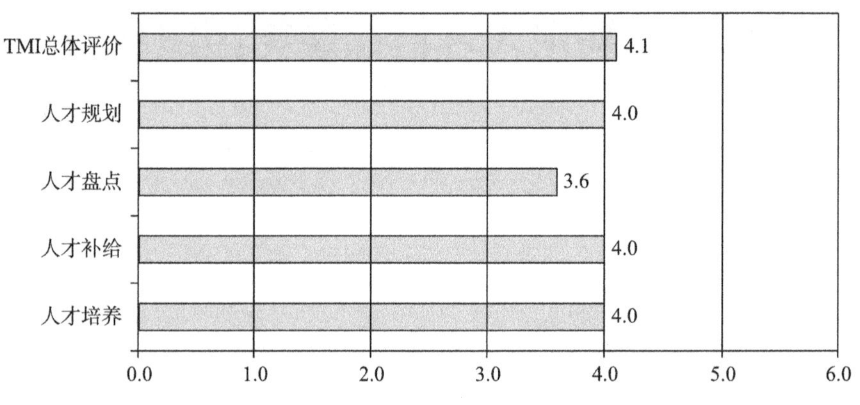

图 7－1　企业人才供应链四大支柱的得分情况

这一结果的影响范围是广泛的，在人才供应链的整体运作中，人才盘点通过揭示人才现状，为人才培养和人才补给指明方向，进而保证培养和补给工作的有效性，但在企业人才盘点实践的有效性和成熟度不足、人才现状把握不准确的情况下，必将使人才培养和补给工作变得分散且缺乏规划，最终降低它们对组织绩效的作用，导致事倍功半。

那么，突破口在哪里？为此，我们对企业低分的人才盘点行为进行分析，为企业列出人才盘点实践中最需要被改善的五大行为，如表 7－1 所示。

表7－1　人才盘点最低分五项行为

人才盘点最低分五项行为	得分
公司构建了自己的人才测评师队伍（通过内部或外部渠道）	3.2
业务线的管理者被邀请参加人才测评师的培训或认证	3.3
公司构建人才评价机制（或评价中心），使用统一的人才评价工具和方法	3.6
公司通过人才盘点积累内部人才数据档案，并进行有效的挖掘分析，指导人才管理	3.6
各级管理层能够通过人才盘点获得有效的人事决策依据	3.6

归纳起来，中国企业人才盘点实践的短板主要集中在：企业进行人才评价的能力缺乏、人才数据的管理缺乏、人才盘点结果应用的有效性不足。换句话说，要对这些薄弱环节进行有效改善，需要聚焦以下三个问题：

（1）如何从经营及业务的角度厘清企业开展人才盘点的目的，以便人才盘点的成果能够为最终目标服务。

（2）如何根据不同的目的匹配盘点流程和评价工具，准确有效地反映人才现状，并积累人才数据。

（3）如何通过人才盘点提供有效的人才管理依据，促进结果应用，打通最后一公里。

为什么要开展人才盘点？

当我们接到任务，要开展人才盘点的时候，是否马上忙于设计盘点流程、筹备相关的人员物资，而忘了最应该提出的问题：为什么要在这个时候开展人才盘点？想要解决什么问题？

要解答这个疑问，必须回归到人才盘点这一动作的本源，并从经营者的角度出发考量人才盘点的意义，摆脱为盘点而盘点的误区。

解决这个难题的首要条件是了解人才资源的现状，开展人才盘点，目的就是要让公司掌握目前的人才分布状况。因此，在人才盘点的过程中，一方面要知道现有的库存状况（即人才数量、能力等的分布状况）；另一方面要了解未来可能的需求（如业务的发展对人员能力提出的新要求），才能根据现状盘点和短期预测之间的差距，有依据地采取相应的人才管理策略，如人才招募、培养、储备等相关工作。

本质上，人才盘点是一个检视性的动作，其核心目的是为人才管理决策提供充分、到位的诊断依据。从工作的本质和核心目的出发，我们就不难理解为什么真正支撑人才供应链实践的是“**灵活标准**的人才盘点”。

在 VUCA 时代，企业战略规划的关键是“敏捷”，从外部经营环境的多变性和战略落地的灵活度出发，传统静态的人才管理模式已无法满足或适应当前企业能力建设的需求，必须调整为动态、短期的。因此，**人才盘点必须转变成“灵活及时”的盘点**，以满足业务发展的个性化需求。同时，企业要建立标准的工具，助力人才盘点的科学有序开展，让人才盘点真正成为方便企业“拿起来用”的工具。

人才盘点可以按“评价的数据来源（直接/间接）”和“谁来汇报/谁对评价结果负责（业务管理者/HR）”两个维度进行分类。如图 7－2 所示。

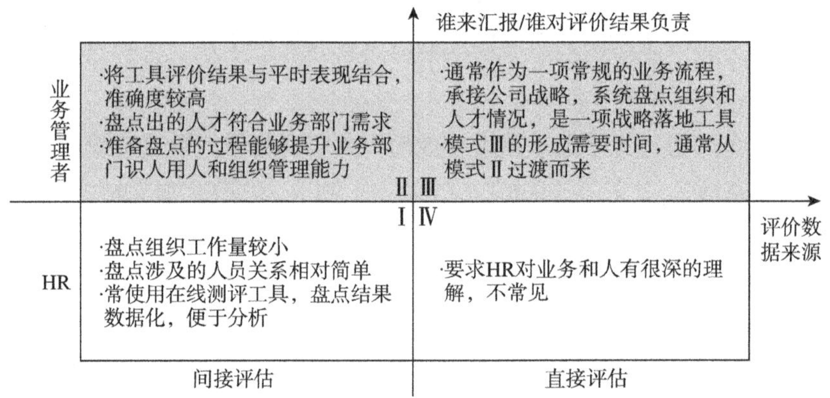

图 7－2　人才盘点分类

这一分类比较全面地总结了人才盘点的实施模式，对于了解人才盘点实施的蓝图具有不错的参考价值。但**在这一节中，我们强调的是从经营和业务的视角去理解和掌握人才盘点，以终为始地看待人才盘点在企业经营和人才供应链打造中的作用。**

这意味着先于人才盘点的设计和实施，我们首先立足于从经营及业务出发的需求分析。

从多年的实践经验出发，我们把企业开展人才盘点的需求/目的按“发起的定期性（定期开展/不定期开展）”和“对人才要求的侧重性（面向当下的岗位胜任要求/面向未来的发展胜任要求）”两个维度进行分类。根据这两个维度，我们分别列举一些典型的需求，如图7－3所示。

	定期人才盘点	不定期人才盘点
面向当下	■ 效能提升需要：组织能力提升 ■ 业务生产需要：匹配当前业务岗位需要	■ 人员情况摸底：新领导上任、人员冗余、班子搭建
面向未来	■ 人员流动需要：继任、人事调动、人员流失、离退休	■ 新业务拓展需要：高潜人才梯队 ■ 战略变革需要：组织架构调整、人员变化

图7－3　人才盘点的需求

- **效能提升的需要：**这类盘点往往是出于人效提升的目的定期发起的，对当下的组织能力进行检视，明确目前的组织能力能否支撑企业的战略诉求和适应外部的市场变化。相应地，其盘点结果往往链接到相关的能力发展机制，以便及时、有质量地满足业务发展的需求。

- **业务生产的需要：**这类盘点更多是瞄准容易受业务规模扩大影响而产生较大人才缺口的关键业务岗位，通过定期检视目标岗位的人员匹配现状，指导相关人员补充及替换工作，保障目标岗位有足够数量的胜任人才，保证绩效不受影响。

- **人员流动的需要：**为应对日常人员流动（尤其是关键岗位的人员流动）所产生的人才缺口，企业需要掌握能及时进行调任、补充的人才资源。这类盘点往往以发展的眼光评估后备人才的储备量和在新岗位上的准备度，其结果主要应用在继任计划等人才池的建设及管理工作上。

- **人员情况的摸底：**在新领导上任、组建新班子或需要优化人员冗余等情况下，企业需要马上掌握特定范围的人员情况，以便对后续的人事决策提供更全面的依据。这类盘点为后续的人事决策服务，涵盖定期盘点未能覆盖的人员或内容。

- **新业务拓展需要**：当企业要开辟新的业务领域的时候（尤其是对整个市场，也是前沿的业务领域），不一定有外部的成熟人才可供引进，这时企业需要通过人才盘点，选用高潜人才，组建一个有强大适应能力和学习能力的新队伍去探索新市场并站稳脚跟。
- **战略变革的需要**：当企业战略发生变革、业务进行重整优化的时候，往往伴随着组织架构的调整和人员的重新调配，调整后的部门和岗位往往对人员提出了新的要求。在此情况下发起的人才盘点往往以新的要求对人员进行评估，以便给出后续的人员变化建议。

当然，上述场景只是抛砖引玉，并未穷尽所有的人才盘点需求，大家可以从自身经验与思考出发，对更多的人才盘点场景进行补充和延伸。从经营和业务的角度出发，对人才盘点进行需求理解是必备的技能，也是必经的步骤，因为它将决定盘什么、怎么盘的问题。

第二节　如何实施人才盘点

如图 7－4 所示，人才盘点的实施全局可以从以下三步理解：

第一步是人才盘点的准备。主要目的是针对盘点的目标、流程、分工与高管、关键业务管理者及 HR 等达成一致，并安排好有关的人员和物资。

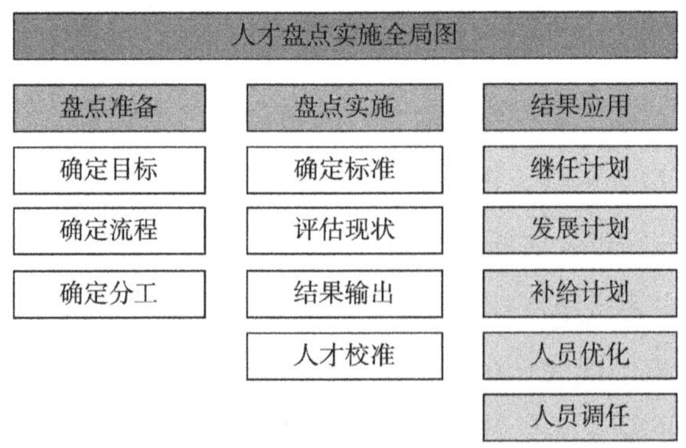

图 7－4　人才盘点实施全局图

第二步是人才盘点的实施，这是盘点的主体。包括人才标准的确立、人员评估的实施、人才校准的开展及盘点结果的输出。

第三步是盘点结果的应用，主要是盘点结果与后续动作的链接，以便最终服务于盘点目的。

第一步，人才盘点的准备

人才盘点并不是一个技术问题，而是一个“政治问题”，需要各方达成共识。人才盘点准备工作如图 7－5 所示。

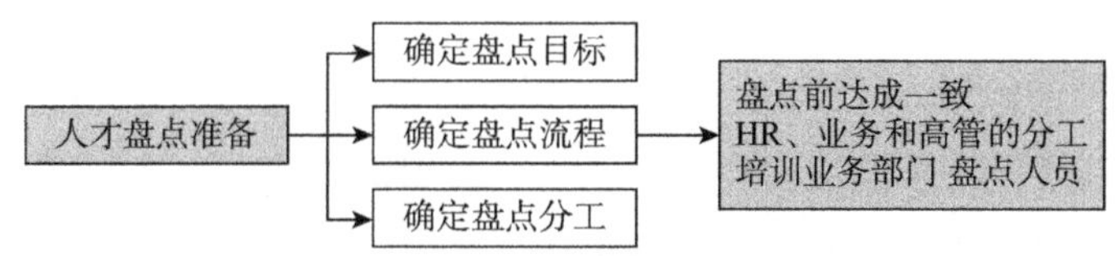

图 7－5　人才盘点准备工作

人才盘点准备工作的第一要义是以终为始，首先是盘点目标的厘清与共识。人才盘点的目标通常由高管基于战略而设定，但在盘点开始前，HR 作为人才盘点工作的主要推动者，有责任让高管和关键业务领导对人才盘点的目标理解一致，这是人才盘点的第一个共识。

第二个要义是人才盘点的流程。虽然不同企业人才盘点的实施细节千差万别，但人才盘点的核心步骤不外乎四个：确定标准、评估现状、结果输出和人才校准。企业的关键工作是根据盘点目的，确立重点关注的盘点内容，进而对实施的关键环节进行设计。

人才盘点的内容核心为人才的结构（年龄比例、层级比例等）、人才的数量和人才的质量。其中，从不同的目标出发，对人才的质量的要求又可以分为面向当下的岗位胜任要求和面向未来的发展胜任要求。因此，并非所有的人才盘点都要对上述的内容进行评估，根据盘点目标的不同，盘点内容可以有所侧重。图 7－6 是不同场景下人才盘点内容侧重点，大家也可根据其内在的逻辑，在人才盘点实践中进行有针对性的设计。

值得留意的是：内容侧重不同，尤其是对人才质量要求侧重的不同，盘点所使用的标准及评估工具都会发生相应的变化。这会在后面人才标准

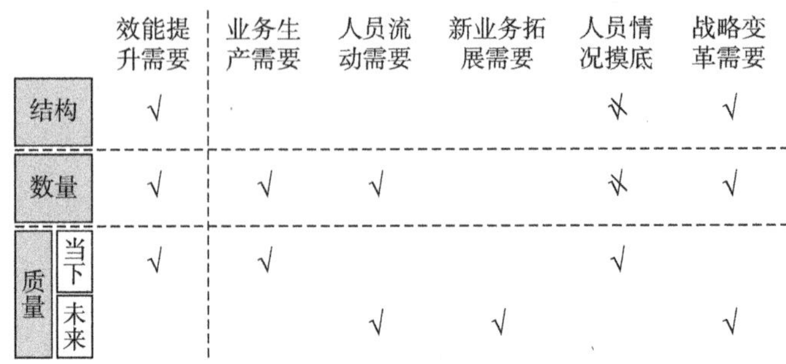

图7-6 不同场景下人才盘点内容侧重点

确定及人员评估实施的内容中进行讨论。

第三个共识是人才盘点分工的共识，一次成功的盘点离不开从高管、关键业务领导到HR的通力合作，在人才盘点的四大关键实施流程中，高管、业务领导和HR需要对自身承担的角色与职责提前达成共识，才能各司其职，形成合力，推动人才盘点的落地。除了内部的关键角色，在企业人才盘点体系不成熟、关键领导缺乏盘点经验的时候，也可以邀请外部顾问作为第三方提供协助，完成具体的专业环节，外部顾问的分工与角色也需要在盘点准备阶段设计清楚。我们整理了四大环节中内外部主要关键角色的典型职责分工，以供参考，如表7-2所示。

表7-2 内外部主要关键角色的典型职责分工

环节	高管	关键业务成员	HR	外部顾问
确定标准	参与制定通用人才标准	参与制定本序列的人才标准	收集人才要求并系统化输出	收集人才要求并系统化输出
评估现状	/	在HR或顾问的辅助下评估员工现状	提供方法、工具、流程、绩效等，并负责评估的赋能	提供评价工具，实施人员评估
人才校准	参与高级别员工的人才校准会议	参与直属或各级下属的人才校准会议	组织及主持人才校准会议	从外部视角参与人才校准会议
结果输出	听取盘点结果，推动下一步决策	与HR一起参与关键的结果反馈	组织成果汇报，跟进成果应用	评估成果汇报

第二步，人才盘点的实施

确定标准

在人才管理的实践中，企业往往关注人才标准的落地性。人才标准要在人才盘点中顺利落地，关键在于两点：一是易用有效，即能够区分出真正的胜任或高潜人才，方便稳定使用；二是内容达成共识，即宣贯充分，大家理解一致。

确定易用有效的人才标准。目前企业在人才管理中使用的人才标准有多种形式，最具代表性的是岗位画像、任职资格、能力模型及硬性条件，这四种形式在内容涵盖、灵活度和易用性等方面各有不同，在日常的人才管理实践中，需要企业基于目前的管理成熟度、对人才要求的深度和实施应用的难度，选择适用于当前目的的人才标准形式。若回归到人才供应链打造的原则上，岗位画像能形象、全面地刻画人才要求，且易于迭代，维护成本低，最符合“灵活”“标准”“有效”的三高要求。如表7－3所示。

表7－3　人才标准

人才标准类型	内容涵盖	迭代难度	易用性	适用场景
岗位画像	可涵盖显性因素、行为因素、底层因素，并包含定制化内容	迭代灵活	描述形象，定制程度高，工具链接度高	选拔、发展
任职资格	标准化程度高，含显性因素、行为因素、部分底层因素	迭代较难	适用面广，但不易传播，应用要求成熟度较高	选拔、晋升、发展
能力模型	行为因素及部分底层因素	迭代灵活	易于传播，定制程度高	选拔、发展
硬性条件	聚焦业绩、年限等显性胜任条件	迭代灵活	易于量化，易于使用	选拔、晋升

关于岗位画像的构建，第五章已经详细阐明，而其他类型的人才标准构建方式在此不再赘述。根据盘点目的的不同，盘点的性质可能倾向于检视与岗位的匹配程度，或对下一个岗位的准备度，对于不同的目的，要选择是用当前岗位的胜任要求还是下一个岗位的胜任要求来考查被评估对象。如图 7 –7 所示。

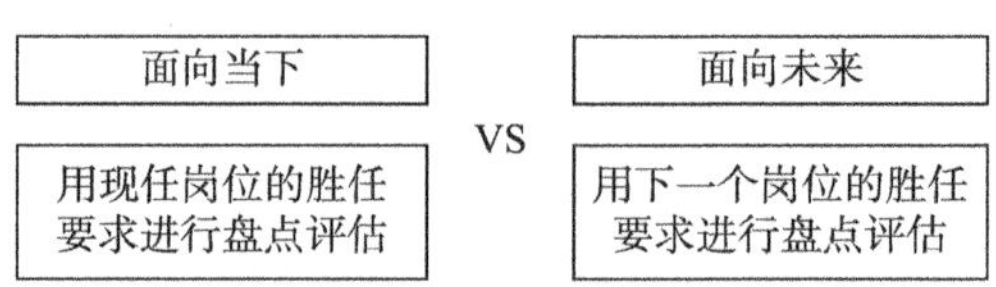

图 7 –7　根据盘点目的选择岗位胜任要求

人才标准达成共识：人才标准的宣贯一直是很多企业的老大难问题，企业制定的人才标准往往昙花一现，然后就被束之高阁，起不到应有的规范及牵引作用。

要做到人才标准达成共识，并不是指到了人才盘点的时候才达成一致，而是应该在企业日常管理场景中积极宣导并形成统一的认识。对此，大家可以参考我们整理的建议，如表 7 –4 所示。

表 7 –4　人才标准共识建议表

环节	共识建议
确定标准	高管、业务人员要深度参与人才标准的制定，人才标准的细节要经过仔细推敲，通过研讨会等正式场合达成一致
评估现状	一方面是测评工具所评估的维度与人才标准一致，避免对结果产生怀疑，影响标准落地；另一方面要在评估和校准中统一使用，加深评估人员对人才标准的理解
人才校准	

评估现状

实施人才评估的时候，除了人员数量和结构的评估外，最昂贵、对质量要求最高的部分就是如何结合测评工具实施人才质量的评估。面对市面上林林总总的测评工具和评估方案，相信大家都想问这样的问题：

遵循什么样的原则，可以让我们的评估全面、有效？

用什么样的逻辑可以帮助我们挑选和组合测评工具？

要全面地评估一位人才，我们需要同时考虑他的能力素质、发展意愿、业绩贡献，而对于高层级人才，我们还需要关注他的任职风险。对此，我们提出了3C/R人才评价模型，如图7-8所示。这一评价模型指出理想的人才评估维度，并与目前所有的主流人才标准互相融合，在多年的实践中展示出非常优秀的指导能力。

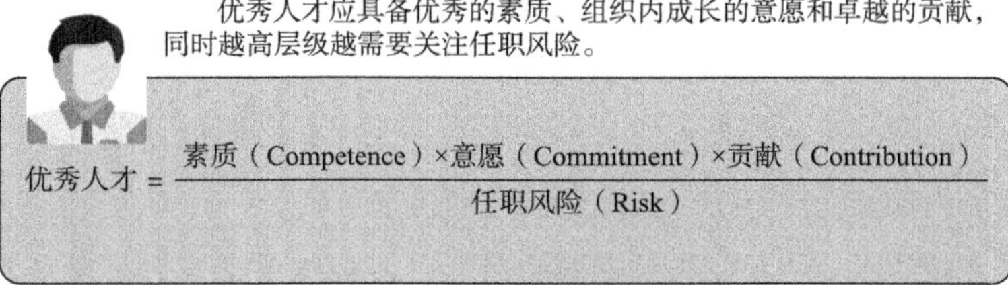

图7-8　3C/R人才评价模型

Competence，**素质**：胜任力素质，包括胜任能力素质（行为、经验、知识技能）及潜能素质（性格、驱动力、学习力）。

Commitment，**意愿**：在组织内成长的意愿，如敬业程度、愿意在组织内晋升/流动的意愿、保留度（离职风险）。

Contribution，**贡献**：在组织中的业绩贡献，主要包括绩效及其他突出贡献。

Risk，**任职风险**：可能会影响其在岗位上的胜任表现的因素，主要来自性格底层的风险因素，对于某些特殊岗位，可能还包括心理健康因素。

以3C/R人才评价模型为指导，我们可以非常清晰地为人才标准中"冰山上"的显性因素和"冰山下"的底层因素匹配测评工具（图7-9的匹配测评工具以倍智测评工具为例）。

当然，3C/R呈现的是一个理想化的全面蓝图，同时使用这么多的工具对于企业来说实施成本非常高，给被评价人造成的负担也很大，只有在非常关注盘点的信效度（即准确度和有效性）的时候（如带有选拔性质的高级/核心人才盘点），才需要如此严格地遵循3C/R原则。在企业的实践

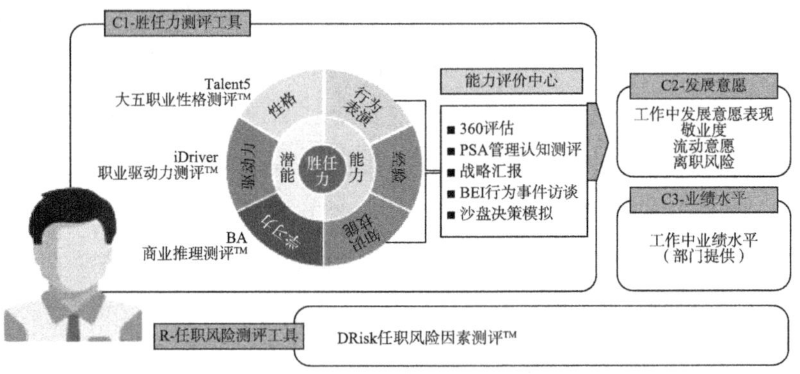

图 7-9　匹配测评工具

中，更多的情况是根据盘点的目的和关注的人才标准维度，结合预算、实施难度、内部接受度等实际情况定制化地挑选工具。

在之前的内容中我们谈到不同的盘点可能会侧重于当下或未来的胜任力，在挑选测评工具的时候，除了要考虑测评工具对人才标准的覆盖程度，还要考虑该工具是否适用于“面向当下”或“面向未来”。

结合工具的测评维度、面向性和实施方式等，人才盘点主要的测评工具梳理如表 7-5 所示，供读者参考（具体内容介绍详见附录二）。**△代表推荐程度一般，○代表非常推荐。**

表 7－5　人才盘点主要的测评工具梳理

评价维度	测评工具	理论基础	测评用时	实施方式	测评应用价值	面向当下	面向未来
性格	Talent 5 大五职业性格测评™	大五人格理论基础	15 分钟	手机/电脑	加强自我认知：评估关键性格特质，帮助了解干部的行为、思考和情绪感知的风格 辅助人事决策：将性格链接到能力倾向，了解潜在的能力优劣势，选好人，用好人 团队班子建设：发现团队短板，有针对性地提升，引入优势者弥补不足，合理搭配班子	△	○
驱动力	iDriver 职业驱动力测评™	麦克利兰成就动机理论	15 分钟	手机/电脑	人－组织匹配：识别干部个人价值观与企业文化是否匹配 个人和团队激励：识别干部个人和团队的激励点，进行针对性管理	△	○
学习力	BA 商业推理测评™	库伯学习风格理论	30 分钟	手机/电脑	预测学习力，提高筛选精准度：可以预测人在面对真实商业问题时可能的表现，面对新领域时的快速学习能力，提高筛选的精准度 识别推理风格，合理搭配团队：了解干部推理风格及团队分布情况，识别团队优势和不足	△	○

续表

评价维度	测评工具	理论基础	测评用时	实施方式	测评应用价值	面向当下	面向未来
能力表现经验知识技能	360 多源评价	360 多源反馈技术	15 分钟	手机/电脑	采用 360 多源反馈技术，即由与被评估对象有密切工作关系的人（包括自己、上级、同事、下级等）对被评估人进行综合评估，从而全面、客观地搜集被评估人在工作中行为表现的相关信息	○	△
	PSA 管理认知测评	情景判断测评	30 分钟	手机/电脑/纸笔作答	针对管理岗位特点设计开发，模拟实际工作场景与工作事件，考查个体在实际工作情景下对解决问题的方法的认知程度	△	○
	公文筐	线下情景模拟技术	1 小时	纸笔作答	针对管理岗位特点设计开发，模拟实际工作场景与工作事件，考查个体在实际工作情景下对解决问题的方法的认知程度	△	○
	战略汇报/案例分析		每个人 1 小时提前准备，1 小时作答	提前 1 小时准备，现场面谈	能够全面考核候选人分析思维、问题解决、市场意识、行业远见、战略决策，以及从复杂的材料中提取有用信息的能力	△	○

续表

评价维度	测评工具	理论基础	测评用时	实施方式	测评应用价值	面向当下	面向未来
能力表现经验知识技能	沙盘决策模拟		45 分钟/人	现场面谈	面试中收集到的信息与职位所需的胜任力有较高的相关度，同时保证了各位被评估者就同样的问题进行回答，便于进行客观比较，降低了面试官的主观性	△	○
	BEI 行为事件访谈	行为面试技术	1 天	现场参与	既考查小组内部的合作，又考查小组之间的对抗，考查与人互动与处理事务的能力，同时考查个性特征和行为风格	○	○
	测评后一对一反馈	测评反馈技术	45 分钟/人	一对一面谈	顾问结合线上及线下测评结果，一对一给予学员能力发展反馈，加强学员对能力优劣势的认知	○	○
	管理者自我觉察工作坊 TM	引导式工作坊	0. 5 天	现场引导师授课	深度觉察自我性格特点和能力优劣势，系统分析和理解他人性格与能力特点 ，制定个人 IDP	○	○
任职风险	DRisk 任职风险因素测评™	Alder、Horney 的人际互动理论	15 分钟	手机/电脑	降低任用风险：领导干部选拔中，可以筛选出具有较高风险的后备干部，降低任用风险。领导力发展：识别潜在风险，提前进行领导力辅导，更好地适应未来岗位的要求	△	○

结果输出

在评估实施完成后，需要对评估结果进行整理输出，在人才盘点的实践中最常用的是测评矩阵、人才九宫格和继任计划表。

（1）测评矩阵

评估矩阵是专门针对使用了多种测评工具的情况，分配了各类测评工具在评估结果中的权重，以便最终得出人才指标的综合得分。权重的设定原则：效度越高的工具占比可更高，更贴合盘点目的（面向当下/面向未来）的工具占比可更高，不适合测评某指标的工具在该指标上不占权重。以面向未来的人才盘点为例，其测评矩阵的设置如图 7－10 所示。

	胜任力测评						潜能测评			
	能力指标	外部视角（权重50%）				内部视角（权重50%）	自我视角			
							性格		学习力	驱动力
		PSA管理认知测评	战略汇报	BEI	沙盘决策模拟	360多源反馈	大五性格特质	任职风险		
二级正副职后备干部盘点	追求卓越	10%	30%	40%	20%	100%	个性特质情况	脱轨因素影响领导力发挥的风险	解决问题的能力及偏好方式	工作中看重的激励因素
	战略传导	10%	40%	30%	20%	100%				
	策略经营	10%	30%	40%	20%	100%				
	资源协同	10%	30%	40%	20%	100%				
	客户导向	10%	30%	30%	30%	100%				
	团队打造	20%			80%	100%				

图 7－10　面向未来的人才盘点测评矩阵

（2）人才九宫格

人才九宫格最常见的是由能力、绩效两个维度交叉构成，基于在能力和绩效所处的水平，被评估对象会处于 9 个不同的位置，形成不同的梯队。基于盘点目的的不同，九宫格也可以由潜力、绩效两个维度交叉构成，或能力、潜力两个维度交叉构成，甚至由能力及能力合格率构成。下面以最常见的情况为例，展示九宫格所反映的人才梯队，如图 7－11 所示。

第一梯队（右上区域）：具备提拔的条件，可以重点培养，或作为关键岗位继任的优先人选。

第二梯队（白色区域）：需要发展的对象，根据具体情况提供培训辅导或是岗位调整，争取培养后进入第一梯队。

第三梯队（左下区域）：与岗位要求有差距，要积极进行干预，对于负面影响较大者，要及时进行调任或解雇。

人才九宫格在应用上还要关注两个细节——**综合性**和**整体性**。综合性

	待提升	合格	优秀
高	石中隐玉 没有奖金 及时调整职位 提供培训及发展计划	明日之星 较高的激励 提供发展与培训 培养后可提拔	战略猛将 最好的激励 提供发展机会与资源 可提拔
中	起落不定 没有奖金 调整职位及提供培训 严重者警告	维稳大将 提供一定的激励 提供培训及发展计划	后起之秀 较高的激励 提供发展与培训 培养后可提拔
低	滥竽充数 没有奖金 调整岗位或解除合同	勤勉耕耘 一定的激励 提供培训、辅导反馈	经验丰富 较好的激励 提供培训、辅导反馈

绩效

图 7－11　九宫格反映的人才梯队

指的是要进一步区分人才的时候，可以考虑九宫格外的一些指标，比如根据 3R/R，我们还可以考虑其敬业度、任职风险、发展意愿等。整体性指的是除了要关注盘点的关键人群（如要选拔的高潜人才、要优化的后进员工），还应该综合考量目前组织的整体人才分布，帮助更多的员工进入理想区域，提升组织绩效。

（3）继任计划表

在安排继任计划的时候，主要候选人是九宫格里第一梯队的人才，并按其准备度进行划分（现在可接任、短期培养后继任、长期培养后继任）。

如同在九宫格应用的时候需要考虑综合性和整体性一样，在评估继任人选准备度的时候，还要考虑其发展意愿、离职风险、是否具备组织需要的关键经历等。另外，在配备人选的时候要通盘考虑，兼顾人员的横向调动和空缺性。若组织内没有足够胜任的继任人才储备，则需要列出人才补给的需求，一并呈现在继任计划表中，如图 7－12 所示。

人才校准

人才校准是人才盘点必备的一个流程，它的目的在于对人员评估的结果进行校正，避免人事决策失误，营造公平公正的用人氛围及制度，最终对人才盘点的关键结果达成共识。一般情况下，人才校准会的筹备、流程、角色分工如下：

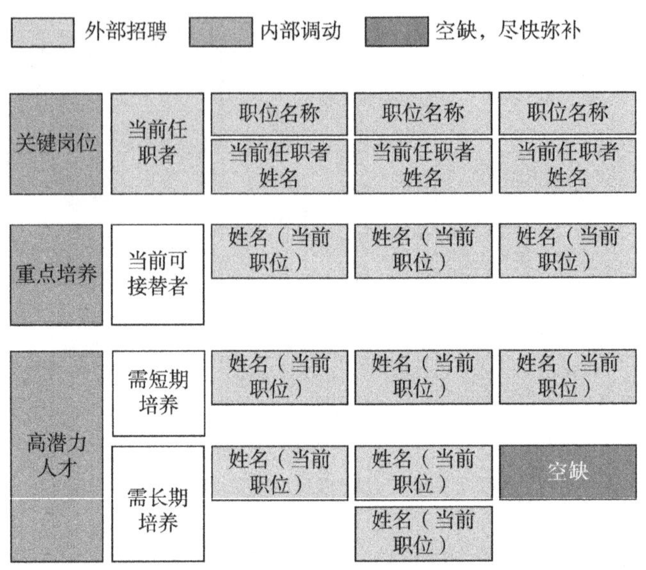

图 7－12　继任计划表

会议筹备：

• 完成对被评估人在九宫格位置的初步确认，并挑选出需要在校准会议中进行校正的员工。

• 拟定会议目标、流程及每个流程所需的时间。

• 邀请正确的人参加校准会议，通常包括被盘点对象的直属上司、直属上司的同级及上级管理层。

• 确保会议是线下举行，准备相应的场地、材料。

会议流程：

• 会议主持人发言（一般为 HR），阐述召开会议目的、流程及注意事项。

• 回顾人才盘点实施情况。

• 评估人（业务主管或外部顾问）介绍被评估人的盘点结果，对于需要校正的员工，各参与者可以就该被评估人的情况各抒己见，并以事件案例作为佐证。

• 对高潜员工、关键岗位继任者名单达成共识并确认。

• 对可能涉及的人员补充、人员调整、员工发展、继任者计划等达成共识并确认。

- 主持人或高管总结发言。

角色分工：

角色分工如表 7 –6 所示。

表 7 –6　角色分工

参会人	角色分工
HR 或业务部门 HRBP	• 会议主持人引导讨论 • 流程把控者 • 争论调解者 • 提供意见及思路
被盘点对象的直属上司或外部顾问	• 被盘点对象的主要评估者 • 提供行为事例 • 基于盘点目的提供人员发展、人员优化等建议
与被盘点对象直属上司同级的管理者	• 了解其他团队的人才情况 • 基于部门协作中的观察给出评价和建议
被盘点对象的隔级上级	• 了解隔级下属的人才情况 • 对被评估人的能力表现水平及潜能水平提出校准意见
其他业务部门负责人	• 若参加，可便于处理员工跨部门调动问题
高层管理者	• 通常是出席高级别员工的人才校准会 • 宣导企业的人才观 • 了解关键人员的后备情况 • 基于盘点目的提供人员发展、人员优化等建议

人才校准会的质量非常关键，是否办好一场人才校准会直接关系到人才盘点工作是否切中企业的痛点。要举办一场成功的人才校准会，我们建议落实以下几个细节：

- 在会议开始阶段重申本次盘点目的、企业用人观念和人才标准的细节。

- 保障参会人可以畅所欲言，但给出的能力/潜力校准意见要附以行为事例做证据（符合 STAR 原则）。

- 会议中需要有角色一直发挥专业性，发挥促动和纠错作用（可以是HR，也可以是外部顾问）。

第三步，盘点结果的应用

基于盘点目的不同，人才盘点的结果可以应用到人才供应链的多个方面，最终重构并提升组织能力。在此，我们整理出最典型的几个应用场景，并列出要达成从盘点到应用的链接所需的关键盘点成果，至于详细的相关实施内容将会在本书的其他章节进行讨论。

人才数据积累

定期的、规范化的人才盘点将会为企业沉淀大量的人才数据，人才数据的有效管理和应用大家可以从两个方面思考：一是岗位画像的更新迭代，二是人才数据库的建立。

对于盘点中收集到的绩优人员的测评数据（如绩优人员的能力表现水平及优势项），及随着业务变化而提出的人才需求（如新的知识技能要求、更强的自我驱动力、新的关键经历等），企业可以进行系统的整理分析，放入岗位画像对应的内容中，做到画像内容常用常新。

我们建议人才数据库从人才个人档案的建立开始，逐步整合成组织的人才数据看板。人才档案的内容应该除了人才基本信息、履历等要素，还应积累了人才的盘点评估结果，直接链接人才标准，如图7－13所示。

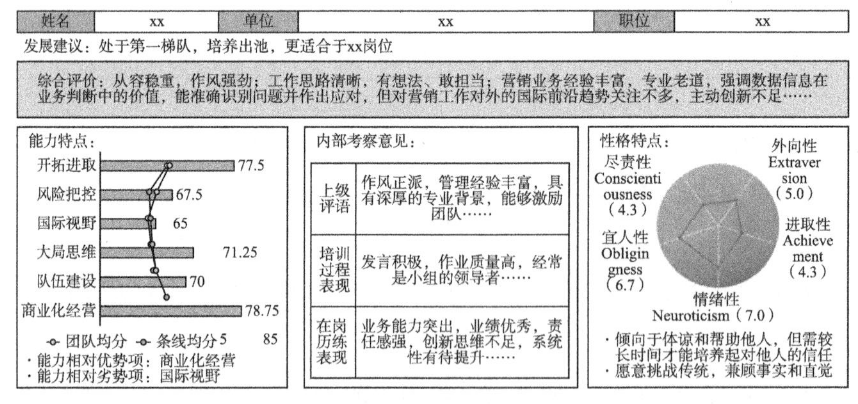

图7－13 人才档案

当人才档案有了相当的积累之后，我们可以从整体、班子、个人三个层次构建人才数据看板，协助企业清晰快速地把握人才状况，如图 7－14 所示。

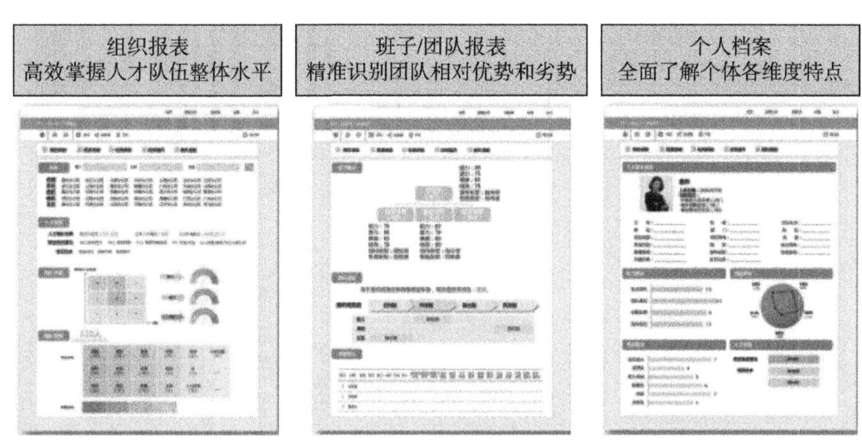

图 7－14　人才数据看板

企业可以根据盘点的结果把握人才的能力分布情况，有针对性地设计适合的培训发展计划，对于不同梯队的人才，可以对其进行合适的反馈，明确个人职业规划。

针对能力发展，人才盘点除了九宫格，还要给出团队能力情况分析，确定能力长短板，如图 7－15 所示。

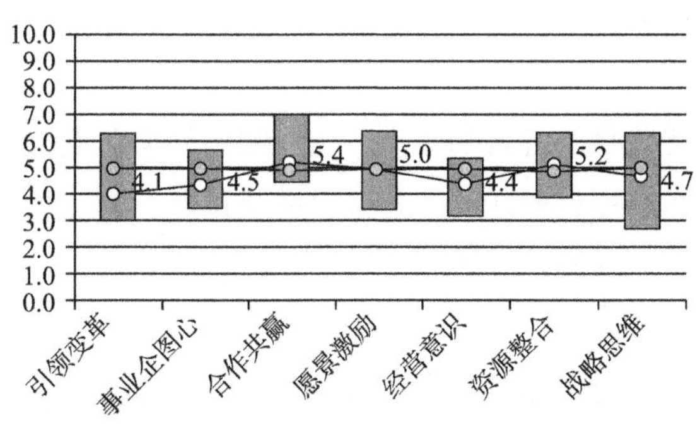

■处于胜任水平的三项能力项为“合作共赢”“愿景激励”和“资源整合”；
■处于待发展水平的四项能力项为“引领变革”、“视野企图心”、“经营意识”、“战略思维”

图例说明：○ 团队得分　○ 胜任基准线　■ 总体得分区间

■注：待发展：[0，5]；胜任：[5，8]；优秀：[8，10]

图 7－15　团队能力情况分析

针对专业型组织，出于专业技能的发展而实施盘点的时候，需要给出团队在技能矩阵上的达标情况。比如 EDS 公司通过技能矩阵实现灵活及时的盘点，帮助业务负责人进行动态的人员优化配置。如图 7－16 所示。

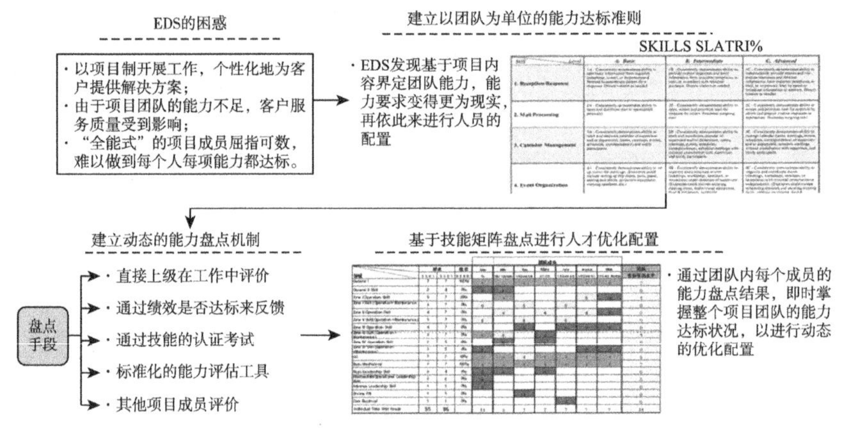

图 7－16　EDS 人才盘点实践分享

人员继任

企业可以根据人才盘点所得出的继任人选情况，通过内部选拔及外部补充，建立对应的继任梯队人才池，开展必要的继任人才培养工作。

人员补给

对于盘点中发现的明显有人数缺口和能力缺口的岗位，企业可以根据盘点结果明确招聘需求，进而启动相应的人才补给工作。

人员调整

针对人员调整或人员优化目的进行的盘点，企业需要根据盘点得出的人岗匹配度，把胜任人才进行适合的匹配，并对后进及冗余员工（主要集中在九宫格的第三梯队）进行优化。

人才规划

作为人才供应链中重要的检视动作，人才盘点的结果为企业的人才规划提供了重要的信息输入，协助企业从数量、结构、质量等方面进行人才规划，最终实现健康、高效的人才供应。

[案例] 面向当下的人才盘点和面向未来的人才盘点

面向当下的人才盘点

某大型能源集团直管干部后备人才盘点案例

该大型能源集团基于集团发展的需要，希望通过领导力模型构建和盘点帮助管理层明确目前管理者的领导力水平，并为后期人事决策、人才发展与绩效改革等提供参考依据。对集团来说，关键是面向当下，明确目前中高层管理人员的领导水平。因此，盘点的关键是识别集团对不同序列中高层管理人员的能力要求，明确目前不同序列中高层管理人员的领导力水平，并将盘点结果进行有效应用，链接后续人才发展和绩效管理。

项目整体分为建标准、做盘点、促应用三个模块。

建标准

本次项目的盘点对象为中高层管理人员，采取的人才标准形式为 N + X 能力素质模型，同时兼顾通用领导力要求及专业序列能力要求。在建模方式上则采用访谈 + 建模研讨会双渠道，如图 7 – 17 所示。

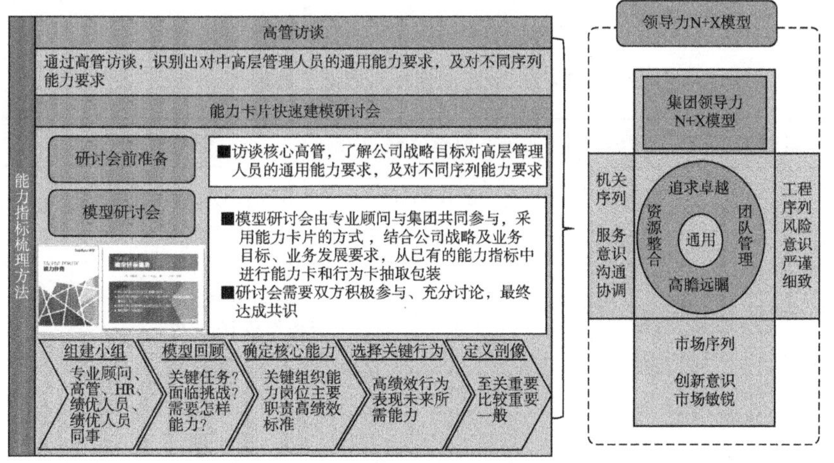

图 7 – 17 N + X 能力素质模型采用访谈 + 建模研讨会双渠道

高管访谈：从战略要求、企业文化及岗位期望出发，收集及识别对中高层管理人员的通用能力要求及对不同序列的能力要求。

建模研讨会：开展于高管访谈后，由专业顾问与企业关键管理人员共同参与，采用能力卡片研讨建模的方式，结合公司战略及业务目标、业务发展要求，双方积极研讨并对能力要求达成共识。

做盘点

本次盘点的目的是对现任中高管的领导力水平进行盘点，关注面向当下的胜任水平，在测评工具组合上以现有表现为主，发展潜力为辅。

管理者越是处于高层级，其性格特质与行为倾向对绩效结果的影响越大，而其领导风格对整个团队的绩效也会产生重要作用。因此，在对高层管理者的盘点中，性格特质与领导风格是盘点的关键内容之一。

管理者在工作中能力的胜任状况最终体现在其过往的工作行为、处理事务的方式上。因此，通过行为事件访谈法能够充分考查其过往行为状况，而360测评则能从多元的视角反馈其工作中的行为展现情况，为测评盘点提供重要信息。

对于中层管理者，一方面我们要关注其在工作中展现出的能力状况，另一方面我们关注其未来向上发展的潜质。因此，我们将同时关注其工作行为展现与职业性格倾向，识别出一批高层管理者后备人才，如表7－7所示。

表7－7　中高层领导力测评工具组合

盘点对象	领导特质	领导风格	领导才干	
高层	Talent5领导特质测评	360领导风格测评	BEI面谈（行为事件访谈法）	360
中层	大五职业性格测评		BEI面谈（行为事件访谈法）	360

促应用

基于盘点目的，本次项目从干部差异、团队特质、发展建议等方面出具了实用性强的盘点报告。

干部差异：分析干部管理类型，结合不同人员特点，给出人员任用建议；提供针对性强的个人报告，全方位展示个人能力状况、优劣势、个性特质、领导风格等，如图 7－18 所示。

干部分类	经过综合评定，将干部分为成熟均衡型、专业突出型、持续历练型三类，有利于后续提供针对性培养

将干部按照通用能力表现、专业能力表现，并结合工作经历、管理年限、管理成熟度等因素综合评定，将干部分为三类。
■成熟均衡型管理干部：体现出较强的综合素质，并具备相应的管理经验，能够较好、较快地胜任高层管理岗位；
■专业突出型管理干部：精通于某一专业领域，但在通用管理能力方面存在不足，在提升个人短板后可胜任高层管理岗位；
■持续历练型管理干部：具备较好的管理潜质，但目前工作的高度和复杂程度不足，尚未具备更高层级岗位所需要的管理经验，在经过一定时间的管理历练和培养后，可作为高层管理岗位后备人才。

图 7－18　干部差异

团队特质：利用能力得分矩阵识别团队整体优劣势，深入了解干部间的能力水平差异及互补情况；分析团队个性特质、领导风格的互补情况。相关内容如表 7－8 所示。

表 7－8　团队特质

企业家精神	负责担当	合作共赢	经营管控	团队感召	精益运营
7.3	7.0	6.6	6.8	7.4	7.1
7.1	7.5	7.1	6.8	6.5	6.6
7.1	7.4	6.4	7.1	6.9	6.9
6.9	6.9	6.6	6.6	7.5	6.9
6.9	7.3	6.6	6.9	6.7	7.1
7.1	7.1	6.5	6.5	7.1	7.0
7.0	7.5	6.8	6.6	6.5	7.0
6.9	7.1	6.8	6.9	6.5	7.3
7.1	6.8	6.9	6.8	6.6	6.9
6.4	7.3	6.5	7.1	6.9	7.0
7.0	7.0	6.3	6.4	7.3	6.5
6.6	6.6	6.5	6.8	7.0	6.8
6.6	6.6	6.6	6.5	6.8	7.3
6.5	6.8	6.5	6.5	6.9	6.8
6.9	6.5	6.6	6.5	6.4	6.9
6.8	6.6	6.4	6.6	6.5	6.9
6.9	6.8	6.4	6.5	6.3	6.9
6.5	6.6	6.3	6.5	6.8	6.9
6.5	6.5	6.3	6.9	6.4	6.9
6.3	7.3	6.8	6.6	6.5	6.7
6.5	7.0	6.4	6.6	6.8	6.7
6.8	7.0	6.4	6.8	6.3	6.5
6.8	7.0	6.3	6.5	6.5	6.5
6.8	6.6	6.3	6.6	6.3	6.8
6.6	6.5	6.4	6.6	6.6	6.5
6.5	6.5	6.4	6.8	6.5	6.5
6.4	6.9	6.5	6.5	6.4	6.6
6.4	6.6	6.4	6.5	6.5	6.4
6.3	6.6	6.4	6.6	6.5	6.5
6.6	6.8	6.3	6.3	6.4	6.6
6.4	6.6	6.3	6.5	6.5	6.8
6.9	6.8	6.4	6.3	6.0	6.6
6.3	6.6	6.5	6.4	6.4	6.5
6.3	6.1	6.8	6.4	6.6	6.4
6.3	6.6	6.4	6.5	6.3	6.3
6.3	6.8	6.3	6.3	6.5	6.4
6.4	6.9	6.4	6.1	6.0	6.3
6.5	6.8	6.1	6.1	6.3	6.4

发展建议：结合能力测评的结果，对干部的能力提升从内容到组织层面的机制保障均提出建议，如图 7－19 所示。

合作共赢

转变意识：通过内部组织民主座谈会等方式，了解自己的特点，同时，通过这样的自我认知了解自己的行为偏好，他人可能的特点以及更容易接受的沟通方式。

提升技能：通过案例分享、微课堂、培训课程等方式，让后备干部团队更清晰地意识到在日常管理工作 中，除了事情，还要关注人的层面，提升人际敏感性，使沟通更有效。

保障机制：在工作之外，为后备干部创造沟通机会（如life mapping等方式），使后备干部在互动中加深了解，建立信任；在沟通协调技能方面，对后备干部进行能力的提前储备；对沟通协作机制的回顾，识别达成合作的过程中可能的阻碍，确保沟通协作过程在机制上的畅通、高效。

团队感召

转变意识：后备干部通过与下属一对一谈话方式，了解他们的工作兴趣、对职业发展的想法，并进行相应的记录、规划和帮助。

技能提升：通过培训课程等方式，使后备干部学会如何对下属的表现进行反馈和辅导。

保障机制：对后备干部需要与下属谈话内容的基本框架进行固化，指导后备干部如何对下属进行跟踪培养。将后备干部对下属情况的反馈 进行常态化、制度化（如要求每季度一对一反馈、每周现场辅导等）。对于下属培养效果较优（如被提拔下属人数、后备干部培养等具体指标）的后备干部予以相应的激励。

图 7－19　发展建议

面向未来的人才盘点

某头部券商后备干部选拔培养

某头部券商近年来佣金率持续下降，自营业务取代经纪业务成为行业第一大收入来源，然而在自营业务上各券商业务同质化严重，券商之间竞争逐渐加剧。同时，行业的人才市场竞争激烈，对于证券行业转型所需的复合型管理人才，外部供给严重匮乏，企业内部后备人才不足，尤其是分支机构负责人缺口明显。因此，本项目从提升内部造血能力出发，旨在以盘点及培养为起点，进一步建立起完整的干部培养机制，为未来干部管理提供持续支持。

项目规划

本次项目带有选拔性质，是面向未来的人才盘点选拔，对于选拔效度的要求比较高，为了精准选出合适人选，针对项目的整体实施做出了多阶段的规划。

盘点准备：整理出零售业务系统××名管理级员工的相关信息——除总部部门负责人及分公司负责人，确定盘点对象及范围。

第一次盘点：以年龄结构、业绩经验为主的盘点，对人员进行第一次筛选。年龄要求：男性50岁及以下，女性45岁及以下；工作经验：10年以上证券行业工作经验，3年以上大型营业部负责人经验；绩效要求：前三年绩效考核结果均不低于B，且必须有A或S。

第二次盘点：以人员质量为主的盘点，通过赋分权重计算、领导评审小组评议、分支机构意见征集、公司领导审议，进一步筛选后备干部进入培训测评环节。

第一阶段培养：开展后备干部培养的同时，与专业测评公司配合，把能力测评融入培养活动中，最终结合候选人过往业绩和能力表现，以及第三方专业公司的评测结果，精选出综合排名前15~20名的人员进入“分公司负责人继任人才库”，并进行第一批集中培养及跟踪评价。

第二阶段培养：根据分公司负责人岗位实际空缺情况，同时考虑人才的准备度，选定急需接任的3~5人进行任前定向培养。

正式继任：对接任干部进行出池考查，胜任者继任到目标岗位，如图7-20所示。

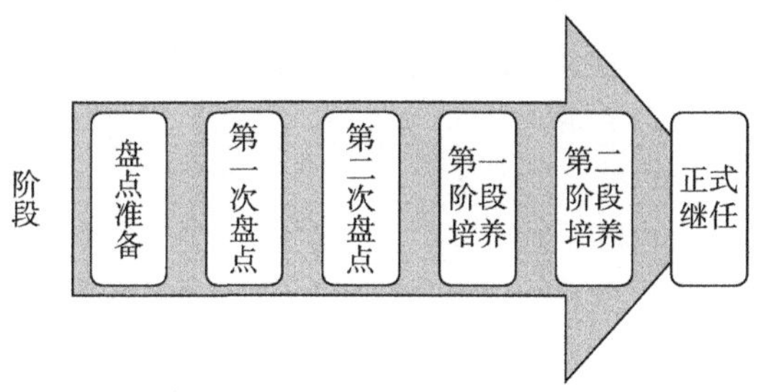

图7-20　项目规划

人员质量盘点解决方案

本次项目整合了倍智人才评估的3C/R模型，以“三力”出发进行高潜继任人选的选拔，如图7-21所示。

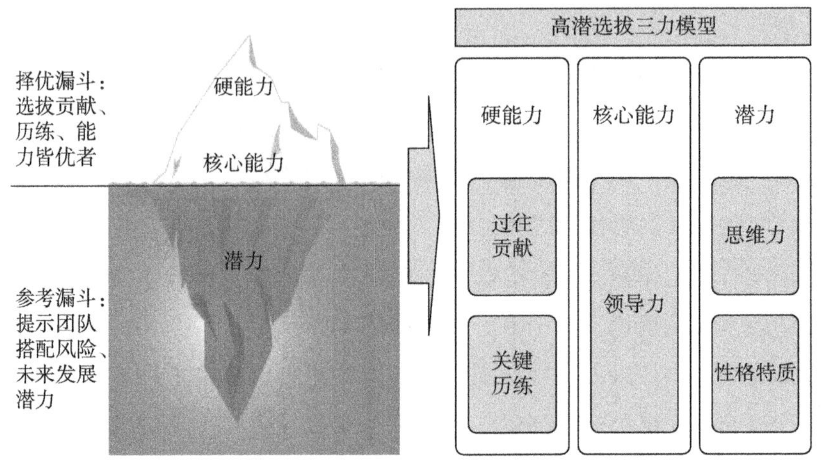

图7－21　高潜选拔三力模型

硬能力：员工的过往贡献及关键历练达标情况。

核心能力：员工在目标岗位领导力要求上的表现水平。

潜力：员工适应更高层级工作的学习能力及性格特质。

从“三力”及面向未来角度出发，在该项目中，人员择优环节采用了三种工具。其中，管理情境测评考查管理认知、经营管理实战沙盘和战略汇报考查未来情境中的行为展现，BEI 面谈侧重考查过往行为展现。管理认知占比 10%，过往行为展现在大部分指标上占比 50%，未来情境中的展现占比 40%。参考上则以商业推理测评主要考查思维力，低于 4 分提示未来发展的潜力风险（不计入能力得分），用大五个性测评主要考查个性特质，用于人－组织匹配参考（不计入能力得分），如表 7－9 所示。

表 7－9　人才盘点测评矩阵

	能力指标	择优					参考	
		外部视角（权重 100%）				内部视角（权重 100%）	认知视角	自我视角
		管理认知	未来情境中的展现		过往的行为展现			
		管理情境测评	经营管理实战沙盘	战略汇报	BEI	360 反馈	商业推理测评	大五个性测评
分公司负责人能力模型	追求卓越	10%	40%		50%	100%	考查思维力	考查个性特质
	战略传导	10%		40%	50%	100%		
	策略经营	10%	20%	20%	50%	100%		
	资源协同	10%	20%	20%	50%	100%		
	客户导向	10%	20%	20%	50%	100%		
	团队打造	10%			90%	100%		

第八章

修炼五：

打造高潜人才梯队

第一节　组织为什么建立人才梯队

人才梯队建设就是在现任人才正在发挥作用时未雨绸缪，培养现任人才的接班人，做好人才储备，以便及时补充。企业会对现任人才进行培养，也会对未来的接班人进行培养或锻炼，这样就形成了不同水平的人才，仿佛梯子一样，有低有高，人们形象地称之为人才梯队。

人才梯队的建设对企业的人才供应链有重大意义，总的来说，它解决了企业产生关键少数、确保人才无断层、营造积极的人才文化三大问题。

产生关键少数

人才供应链建设的一个关键点就是要聚焦能为企业创造巨大价值的关键少数。芝加哥大学经济学家舍温·罗森（Sherwin Rosen）的观点是：在一个行业内，如果一小部分人占据了相关领域内很大比例的产出，就可以被定义成明星员工或者超级明星。此处的产出有多种含义，包括一个人的绩效、收入或影响力等。要保障企业内部能够产生关键少数，必不可少的就是充分运作的人才梯队，如图 8 - 1 所示。

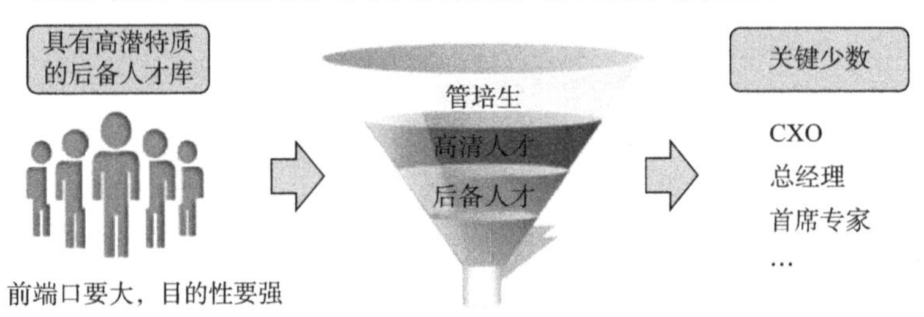

图 8 - 1　产生关键少数

确保人才无断层

当公司内的某个职位由于业务变动，或者人员升迁、离职等原因出现空缺时，组织的人才梯队可以保证有两三名的合适人选接替空缺职位，确保业务不受影响。进一步而言，经过有效选拔和培养的接班人甚至可以胜过前任人才，加快整体业务的开展，并为企业成长提供充足的后劲。

营造积极的人才文化

在打造人才梯队的过程中，企业的人才观能够切实落地，并形成积极向上的组织文化。优质的人才梯队既是企业发展的储备力量，也是员工职业发展的实现通道，同时还是公司雇主品牌的有力体现，能够为公司吸引更多的优质人才，形成人才供应的正循环。

第二节　组织需要什么样的人才梯队

理想的人才梯队要在数量、结构、质量、流动性四个维度上处于良好水平，即**有足够数量可供调用的胜任人才**，如表 8 - 1 所示。

表 8 - 1　理想的人才梯队

数量合理	储备人才的数量是否充足，是否有足够数量应对流失等风险
结构合理	储备人才的年龄、知识、性别结构等是否符合企业需求
质量合理	储备人才的胜任水平如何，是否能在适当周期内接任目标岗位
流动合理	储备人才是否保有合理的流动性，是否有恰当的出入池管理

要达到这个境界并不容易，在一项调研中发现 97% 的公司声称已经正式实施了人才梯队项目，但只有 54% 的公司表示企业的人才梯队足以为他们提供足够的未来领导者①。

同样，高达 73% 的人才梯队项目无法达成预期的结果，实施人才计划的企业中，有 46% 的企业没有系统化的人才识别流程，人才梯队计划的不

---

① 《培养高潜人才的五个步骤》翰威特

满意度超过60%，现实与期望大相径庭①。

从源头上讲，这一困境归结为一个问题：要有足够数量可供调用的胜任人才，这些胜任人才应该从哪里来？

答案其实早已达成共识，那就是锁定高潜人才。

哈佛商业评论指出：选对人永远是企业的头等大事，而潜力必须是第一标准。我们进一步提出，在人才供应链的打造中，人才梯队的打造以高潜为第一标准（第一标准非唯一标准）。人才梯队建设是一项面向未来的工作，是一项投资行为。因此不难理解，我们首先应该考量的是人才的成长力、适应力、增值力。

之所以人才梯队建设工作的现实与期望偏差较大，并非大家不懂其中的道理，而是在两个关键要素上存在偏差：高潜人才识别的偏差和人才梯队建设工作系统性上的偏差。

第三节　哪些人是高潜人才

高绩效不等于高潜。

人才梯队建设的第一个偏差是高潜人才识别的偏差。伯乐之所以为伯乐，就是因为他能通过外观、声音、颜色等信号去辨别一匹马的优劣，而不是看它会不会拉车。遗憾的是，千里马常有，而伯乐不常有。许多企业管理者认为高绩效的员工就是高潜人才，这就陷入了唯绩效论的误区。他们往往会基于特定岗位和职责，以特定的目标来对员工在现有岗位展现出来的能力进行评估，并以此作为衡量一名员工是否为高潜人才的标准。实际上，这只会让他们识别高绩效人才，而这其中真正拥有高潜质的人可能并不多。图8－2是业绩分布曲线图，我们可以看到，在高绩效区存在三类人群，第一类是绩效和潜力的双高人群，他们是公司的重点发展对象，而且贡献突出；第二类是单纯高潜力人群，他们虽然绩效还未无可挑剔，但

① 《高潜人才：兑现承诺，降低风险》CEB调研研究

潜质非常好；第三类是单纯高绩效人群，他们的绩效优秀，但可能潜质不好，在持续的、跨岗位的尺度评估的时候，他们的预期表现可能有所不足。经过调研分析发现，高绩效人才中只有29%的人是高潜人才，而高潜人才里面，有高达93%的人能够实现高绩效。这就意味着**高绩效不等于高潜力，但高潜力却能造就高绩效。**

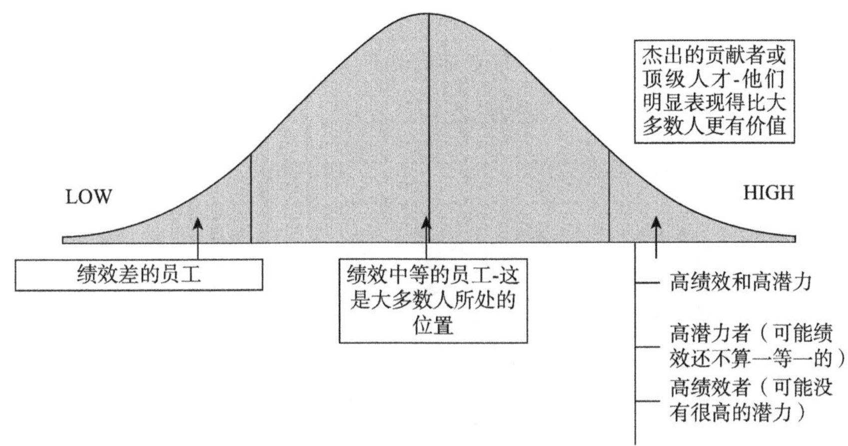

图8－2　业绩分布曲线图

因此，对于高潜人才的识别更应该是一个持续的、跨岗位、跨职责的过程，是基于每个人的个人特征和行为的整体评价，是对个体能否胜任未来岗位和职责的一种判断。总的来说，它应该是对个体能力长期表现的评估。

影响绩效的因素很多，大到个人和组织面临的外部环境，小到个体自身的各方面素质，都会对最终的绩效造成影响，而潜力是其中的一环。当环境变更，或者时间推移，部分高绩效员工可能无法再维持他们的高绩效表现，沦为平庸，那么这部分人就不是我们想要的“千里马”——高潜人才。真正的高潜人才是能够快速适应变化的，他们的杰出表现不会因为外界因素的变化而改变。他们就像海绵，能够不知疲倦地吸收新的知识、新的事物。高潜人才灵活而充满弹性的特质使得他们在面对未知变化时处之泰然，这也是我们一直说“高潜人才是一个组织最重要的财富”的原因。当一个组织拥有的高潜人才储备越充足，这个组织就越有可能走得更远。

高潜人才能够持续地为组织带来高绩效，我们平时说的“优秀是一种习惯”，用在他们身上正合适。对他们来说，高潜的特质更像是一种天赋，一种很难通过培养而获得的素质。

高潜人才的标准那么高，什么样的人才算是高潜人才？我们通过大数据分析，总结出了高潜人才所具备的两大特征：高潜因素及高潜驱动力。其中，高潜因素指的是个体的潜质水平，在这些指标上得分越高，越有机会胜任更高阶段的岗位；而高潜驱动力指的是个体是否具备迎接挑战的意愿及意愿的强度，如图 8－3 所示。

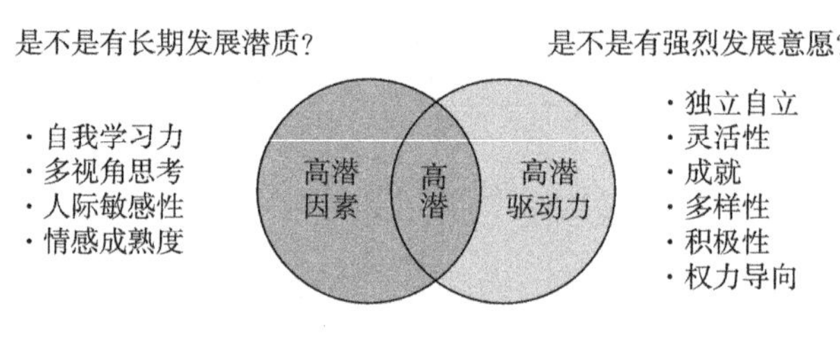

图 8－3　高潜因素

高潜因素是个体面临未知、不确定的环境和新的挑战时解决问题的能力，能有效预测个体发展的长远性，包括自我学习力、多角度思考、人际敏感度和情感成熟度。

- **自我学习力**。高潜人才对新鲜事物有着强烈而持续的好奇心和学习愿望，有很好的学习能力和学习习惯。他们能自发地驱动自己去探索未知世界，乐于承担未知的、挑战性的风险或岗位，而非把自己局限在现有的本职工作中。他们遇到问题的时候第一时间想到的不是回避，而是尝试用不同的方法来解决。

- **多视角思考**。他们考虑问题从来不会只从自己的角色、自己的岗位或者自己的部门出发，恰恰相反，他们能从多个角度、多个领域进行信息搜集和观察分析。他们有很强的主人翁意识，能超越本岗位而用更高岗位的广阔视角去思考复杂问题，“像老板一样思考”，并以一种创新和有效的方式解决问题。

- **人际敏感性**。人际敏感性也可以理解为“情商”。高潜人才对自我和他人情绪、人际关系的认知准确、到位；他们能够尊重他人，主动并准确地理解他人的经历和观点，仔细聆听他人的观点并澄清问题的关键所在，更多地看到他人的优点和长处，并善于从他人的经验和反馈中学习。因此，高潜人才在组织内部的表现应该是能力强，又能与大部分人合作愉快，他深知自己的成长和提高离不开身边环境的滋润。

• **情感成熟度**。高潜力人才的情绪通常是稳定的。他们能在不熟悉的岗位、面临新任务及高度挑战性的环境中持之以恒，在困境下保持情绪的稳定性，愿意接受他人的批评并从中学习如何改进和提高，很快从挫折或失败中恢复和成长。

高潜驱动，体现的是个体在意愿上的积极性，是激发潜力的重要内在因素，决定个体心态上是否将挑战视为机遇，其自身是否真正愿意向上发展。相比一般性人才，高潜人才有其独特的驱动力因素，包括**积极性、成就、多样性、权力导向、灵活性和独立自主**。

高潜驱动力包含以下六点：

• **独立自主**。他们希望工作能够以适合自己的方式开展，喜欢并且有能力独立思考、独自规划。

• **灵活性**。他们希望工作环境是灵活、不受规则约束的，只有这样，他们的想象力才能得到发挥。

• **成就**。他们喜欢克服挑战，通过努力实现目标，尤其偏爱能够充分发挥自身才智的工作。

• **多样性**。他们喜欢具有多样性、趣味性和刺激性特点的工作，一成不变的工作并不能激发他们的工作热情。

• **积极性**。他们不惧怕压力，能够在压力下工作，在短时间内处理多项任务能让他们更有成就感。

• **权力导向**。他们喜欢在工作中行使权力、承担责任，更好地发挥自己的影响力。

高潜因素和高潜驱动力缺一不可、相辅相成。高潜因素决定了一个人有没有潜质在未来取得更高的成就，而驱动力则决定了他愿不愿意发挥潜质。通过数据分析发现，在4项高潜因素和6项高潜驱动力上均处于高分水平的人，在企业中取得较大发展的人数占到了76.3%。反之，高潜因素、驱动力都低的人，只有6.8%的人取得了较大的发展，“双高”人群成才率是“双低”人群的11.2倍。① 同样培养一批人，高潜人才更容易成才，而非高潜人才的培养相对较难，或者在目标领域比较难培养。在企业选拔高潜人才的实践中，我们通常建议企业在评估高潜因素和驱动力的同时考虑个体的业绩贡献，因为只有兼具高潜因素和高潜驱动力，同时在当前岗位上表现出了高绩效，才能说明一个人是充分发挥了自己的才华，即这个人才“用对了地方”。

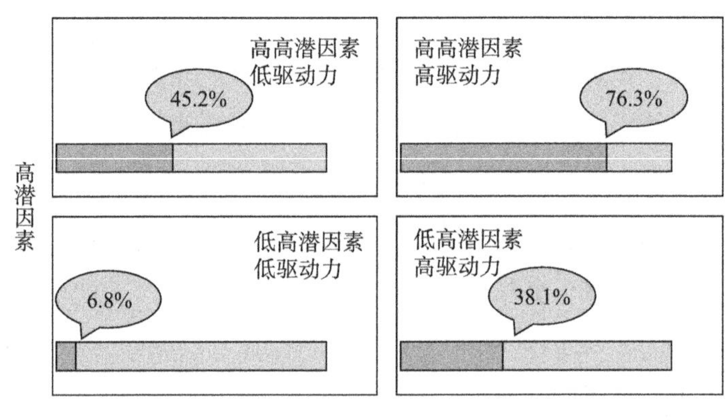

图8-4　高潜因素和高潜驱动力决定企业成才率②

第四节　如何搭建高潜人才梯队

人才梯队建设的误区

人才梯队建设的第二个偏差是系统性的偏差，人才梯队建设缺乏整体性的规划，没有把控好关键环节，最终导致人才梯队建设收效甚微，甚至是亏本投资。根据我们近十年服务于企业的经验，企业的人才梯队建设常见的误区有四种：

---

① 《2018年度中国人才供应链管理成熟度白皮书》

② 倍智人才研究院《2016-2017高绩效领导力白皮书》

有名无实：企业启动了人才梯队计划，入池员工多了高潜后备或储备人才的头衔，但企业在日常管理中没有任何变化，没有相关的发展措施或晋升计划，在高潜人才的保有上也没有更多的政策，最终储备人才的积极性渐渐被削弱，甚至觉得公司搞的是空壳工程，对公司的人才管理体系产生怨言。

质量参差不齐：人才梯队的组建没有把控好甄选环节，甄选标准缺乏，识别因素不明朗，或者是选拔工具效度不足，最终导致入选梯队的人员虽然数量充足，但质量参差不齐。企业投入了大量的资源，储备人才产生的绩效推动作用却不佳。

产能失调：储备人才的质量和胜任能力也许没有问题，但由于企业缺乏对业务情况的判断，在供应上缺乏对人才数量的合理规划，造成人才输出不足或输出过剩，增加了公司补充人才缺口或处理人才库存的成本。

成才不足：人才梯队建设的最终产品是胜任人才，这意味着除了原材料要对（高潜人才），生产过程要对（培养发展），还要有质检的过程，也就是出池管理。如果缺乏对储备人才的出池考察，当储备人才不能胜任新岗位的时候，人才梯队依然没有解决企业的用人问题，而且有可能造成池内人才相对懒散的情况。

高潜人才梯队搭建体系

从人才供应链理念出发，结合多年的咨询及标杆案例，我们把高潜人才梯队的建设蓝图按高潜识别与获取、高潜培养与保有、胜任力考察的内在逻辑进行梳理，如图8－5所示。

甄选入池

甄选入池环节的关键是如何在把握好高潜标准的情况下，完成高潜人才的识别与获得。高潜人才的标准在上一节已有讨论，企业要避免唯绩效论的误区，真正的高潜人才是潜力、动力、绩效这三者高。

高潜人才的精准识别需要有效的考察工具，根据高潜人才的维度，企业可以选择的评估工具如表8－2所示。

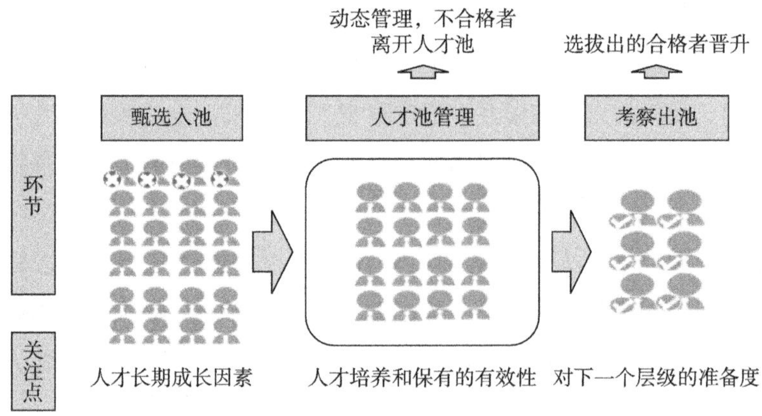

图8-5　高潜人才梯队的建设蓝图

表8-2　高潜人才的评估工具

高潜因素	专业的高潜人才评估工具，评估自我学习力、多视角思考等因素
高潜驱动力	职业驱动力测评、敬业度评估、离职风险评估等
业绩贡献	履历考察，2~3年绩效分析等

高潜人才的获取有内部和外部两个渠道。内部渠道根据企业的储备周期和紧迫性，可能会利用定期/不定期的人才盘点进行甄选。在进行高潜人才内部获取的时候，企业需要注意的是：给人才充分表现和进步的机会。员工在企业里逐渐成长为中流砥柱或明星的成长周期长短不一，因此，需要企业通过周期性的考察及时发现他们，并纳入人才池中。通过外部渠道获取高潜人才也是人才梯队建设的一个重要工作，主要表现在招聘端，尤其是校园招聘上，比如很多知名企业的管培生计划都是以校园招聘为开端的高潜人才梯队建设。获取渠道的选用可以参照图8-6。

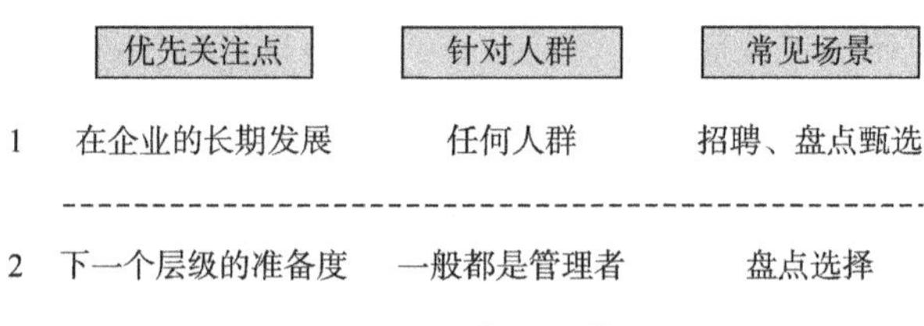

图8-6　获取渠道

人才池管理

当高潜人才被识别并选入储备人才池之后，下一步的工作就是协助高潜人才蜕变成下一层级的胜任人才。在蜕变的过程中，培养是核心，但人才保留和人才流动的措施依然不能忽视。

首先从核心谈起，在人才盘点章节说过，没有检视清楚人才质量状况的情形下，人才培养往往是分散而无规划的。根据胜任能力的短板进行针对性发展，是 ROI 最大化的人才培养的基本原理。

企业的任务就是要让进入人才池的高潜人才坐上胜任力发展的高速快车，而且是符合他们个人发展所需要的列车。我们结合实践于顶尖企业的经验，把人才能力加速发展的可选举措总结如表 8 –3 所示。

表 8 –3　人才能力加速发展的可选举措

高层管理者	• 外部高管教练的辅导 • 专属的人才发展项目 • 发展性工作任务 • 内外 CEO 的接触交流 • 流动性高的特殊任务，培养更广泛的管理能力
中层管理者	• 专属的人才发展项目 • 进入特别的业务项目/业务团队 • 公司内部跨职能、部门及地域的轮岗 • 结构化地拓宽平级人脉网络的机会 • CEO/高层管理者的接触交流
基层管理者	• 专属的人才发展项目 • 进入特别的业务项目/业务团队 • 公司内部跨职能、部门及地域的轮岗 • 发展性的工作任务 • 内部培训

人才培养往往需要公司资源的倾斜，需要公司投入大量资源（可见和不可见）。对公司来说，需要及时检视增值回报；对个人来说，要预防散漫、自满等不良心态。因此，企业要对储备人才开展相关的跟踪考察。

根据企业的实际情况，跟踪考察的内容可能是绩效、敬业度、能力素质达标率等，但不论是选择什么考察内容，其优先目标是通过优胜劣汰保证人才池的质量，尤其是关键岗位的人才梯队，宁缺毋滥。

而在人才机制更完备的企业中，人才池的流动管理可以同时包括优胜劣汰和补充人员，优质人才可以通过自身的能力成长和绩效贡献进入人才池，保证人才池的数量和质量都处于健康良好的状态。

在人才池的管理中，人才保留往往是容易被忽视的一环。根据翰威特开展的2015年风险管理调研，未能保留关键人才是企业面临的五个首要风险之一。培养好的储备人才一旦流失，不仅流失了企业对人才的投资，对现阶段的储备人才也是一种打击。

根据调研，顶尖企业最常用的员工保留措施主要有以下两类：

具有区分度的报酬：财务奖励对于保留员工十分重要，对于为企业带来高价值的高潜人才，在薪酬和激励上需要做出优化，如工资提升、绩效奖励、股票期权等。

有吸引力的工作机会：为高潜人才提供培训和发展机会是顶尖企业保留人才的重要策略，最常见的是提供发展性的工作机会和晋升。

考察出池

高潜人才的出池考察主要关注的是高潜人才的准备度，基于3C/R人才评估模型，我们可以把人才准备度的标准进行划分，如表8－4所示。而针对指标进行的评估，则可参考人才盘点一章中人才评价有关的内容。

表8－4　人才准备度标准划分

人才准备度			
能力素质达标率	知识技能达标率	业绩达标率	发展意愿契合度

根据考察结果，高潜人才可以有三个流向：

晋升：准备度优秀，可以接任下一层级的岗位。

回炉：准备度不足，继续接受培养跟踪，然后重新考察。

落选：因为业绩交叉或发展意愿不符等原因离开人才池，不再接受培养。

第四部分

人才供应链四支柱之三：ROI最大化的人才培养

人才规划和人才盘点是人才培养的前提，在前面的章节我们了解了如何依据公司战略进行人才规划，盘点高潜力人才，找出目前能力有欠缺，无法立即胜任岗位的员工，以及如何针对这些员工采取下一步行动。这一部分，我们将基于人才盘点的结果，了解如何从人才供应链的角度看待人才培养，达到ROI（人才的投入产出比）最大化。

ROI最大化的人才培养有两大关键议题。第九章讲解如何达到培训目标，即测训一体化的人才培养方式；第十章讲解如何提高培养效率，即预测性的方式培养通用能力，JIT的方式培养专业技能。

第九章

修炼六：

测训一体化的人才培养方式

第一节　为什么要测训一体化

传统的人才培养方式的问题

经过人才盘点之后，我们就能知道公司内部谁行、谁不行，这个人哪些地方行，哪些地方不行，传统的人才培养的做法是开始制定计划，设计课程，找培训老师，但是这样做往往会掉进坑里，碰到人才培养的四个典型问题。

问题一：在培训定位上，对培训的作用定位不清晰

对培训的作用定位不清晰，有时对培训的期望值过高，舍本逐末。培训是知识、理念的灌输，但是灌输不代表能直接产生价值，若想通过培训提升员工的绩效水平，仅仅从培训知识技能方面做改善，不考虑组织流程体系的改进，培训效果会大打折扣。提升员工工作绩效应先进行前期绩效诊断，发现现状与目标的差距在哪里，造成这种差距的根本原因是什么，才能有的放矢、对症下药，然后有针对性地开展干预措施，如培训、流程改善、激励制度设定、企业文化改革等，循序渐进，逐步达到组织员工绩效提升的目的。

问题二：在培训内容设定方面，缺乏系统的培训需求调研

很多企业对培训需求分析手段单一，需求调研缺乏系统性，针对性不强。问卷调研是最常见的调研方式，但大部分情况是培训负责人随便发一份问卷让员工填，至于员工填了什么，为什么有些地方不填，发问卷的人根本没有用心看，就直接转给培训师，课程设计依然没有针对性。

为什么会出现这样的状况？一方面调查问卷的问题设计需要很强的业务能力，只有精通业务才能提出有效问题，这方面需要同业务部门协作，获取有效指导；另一方面调查问卷只反映了个体对培训的需求，但反映不了整个业务存在的问题。培训是为了解决问题背后的症结，这时仅仅依靠调研问卷解决不了问题，需要通过与上级和当事人访谈、事件观察、问卷调查三种手段结合进行系统的需求诊断，才能得出相对准确的需求判断。培训需求分析是培训工作最关键和最基础的，做培训不进行需求分析，就不知道培训什么内容，不能确定培训对象，导致培训效果事倍功半。此时培训计划就是一种摆设，是为应付上级检查而做的计划，是为计划而计划。

问题三：在培训课程的选择方面，单纯上大课，或者过分依赖老师，对学员缺乏学习内驱力的引导

很多企业在员工学习内驱力引导方面没有下太多功夫，除了用学分要求、考核要求、名师激励外，并没有做太多的工作。

一方面培训没有经过系统调研，内容没有太大的针对性，不能直接解决岗位当下面临的问题，员工感觉不到自己需要补充这方面的知识，所以培训对学员的吸引力不够；另一方面很多企业认为培训就是上大课，这种思路较为传统，忽略了企业所面临的越来越复杂多变的发展环境，以及新生代员工的学习习惯、学习效率，忽略了知识更迭速度快的特点，使用传统的培训手段已然不能够满足员工多元化的发展需求。

有效的培训能够激发学员提升自我能力的意愿和兴趣，进而努力吸收新知识。而传统的培训在这方面做得不够，即便有新颖、有趣的内容，很多学员仅限于在课堂上听到时有些触动，但是回去后就会抛在脑后。究其原因，就是培训课程没有从根本上激发员工学习的内驱力。

问题四：在培训的规划方面，缺乏系统性的规划，没有后续的跟踪和考核

第一，培训缺乏系统性的规划，有的企业天天培训，而有的企业常年不培训，在培训频次和周期上没有把控，导致培训不规律，成果难以预见。

第二，有的企业培训没有分层分级，同一种属性的岗位一起培训，一个班级多到上百人一起上课。这时学员听课就像是听演讲，老师只能在课堂气氛上多做一些设置，让课堂尽量“鲜活”起来，却无法关注到大部分学员的吸收程度。上完课，老师问学员学到了什么，他们可能只会记得人挺多，挺热闹，有的人甚至觉得讲的东西他都懂，没有什么特别的，而真正受益的人不超过20%。

第三，培训是知识、理念的灌输，但是灌输不代表能直接产生价值，哪些知识消化了，消化后能否转化成具体行为，行动中又产生何种问题和结果，这些都是需要跟踪的。只有在培训后进行跟踪、分析，才能为下一阶段的培训工作提供更科学的参考依据。

从上面的问题可以看到，传统的人才培养模式是一种为培养而培养的方式，更多的关注培养的形式，比如有没有做需求调研，上课是什么形式，请的老师是不是大咖，课堂氛围是不是热烈等，而不是关注培养的效果。特别是培养完成之后，这个人的绩效如何？如何知道这个人的能力是否得到了提升？投入的培养费用能获得多少回报？回报如何衡量？这些都需要重新以人才供应链的思路设计人才培养模式，即测训一体化的培养模式。

什么是测训一体化的培养模式

测训一体化是集建标准、做评价、精培养于一体的培养模式，特点在于整体连贯，过程即时反馈、环环相扣。优秀的测训一体的人才发展项目通常具备以下特点：

第一，测评结果指导发展：把人才测评和人才发展结合起来。

第二，高层及直系领导直接参与培养过程：核心人才发展项目是一把手工程，项目的开展需要得到相关领导的重视和参与。高层领导及学员现岗位的领导应重视、支持、参与学习项目，在启动、总结、分享等关键节点给学员提供引领作用，也可作为师傅参与带徒弟的过程。经实践证明，领导的重视程度和培养的效果有直接联系。

第三，采用混合式多元化的教学设计：学习内容满足721原则，不仅有课堂培训，还应设计轮岗实践、行动任务、师傅带徒弟等内容，给员工提供在岗位中学习和向他人学习的环境。

第四，培训课程激发学员内驱力：使用建构思维进行学习内容设计，使培训课程能够充分激发学员的内在学习动机，从而调动学员的参与热情和兴趣度。

第五，培训内容跟业务场景结合：进行系统性的内容设计，并且分层分级和业务场景结合，这样学员学完后能学以致用，学习成果能支持经营，也能更好地巩固学习成果。

倍智的测训一体化的培养模式是如何设计的

我们结合测评结果设计针对性培养方案，能靶向提升岗位胜任力，达到关键岗位有人干活且能干好活，并提出包括界定能力短板、融合业务场景等在内的测训一体靶向提升胜任力的9D模型，如图9－1所示。

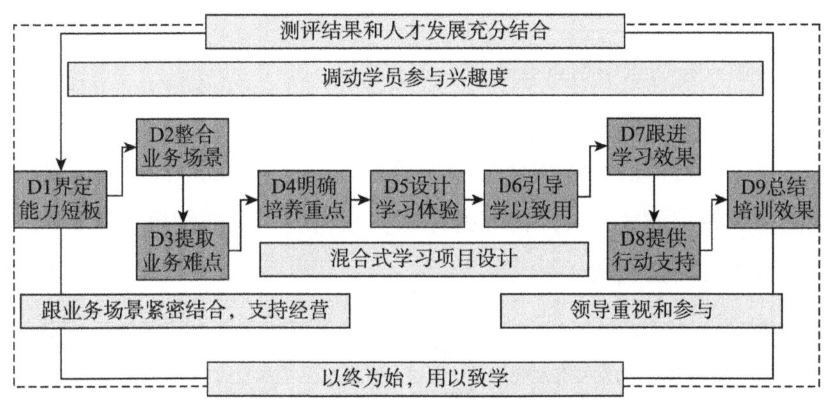

图9－1　测训一体化项目设计9D模型

9D模型是基于经典的6D学习项目设计模型而提出的测训一体的学习项目设计模型。9D分别是：D1－D4的部分是确定培养重点的过程，D5－D9的部分是混合式学习项目设计的过程。

测训一体9D模型——D1－D4

识别能力短板是进行靶向提升的前提，但是提升能力的最终目的是为了提升员工的岗位工作绩效。因此，针对短板能力提升一定要聚焦与能力相关的业务场景，挖掘在具体的业务场景中阻碍能力发挥的难点或挑战点。而解决这些难点或挑战点，才是能力培养的目标，如图9－2所示。

能力短板如何发现？多数企业在进行人才发展项目时会进行人才标准创建。基于标准进行人才能力现状评估和团队能力分析，从而找到团队共性的能力短板。此能力短板的靶向提升是后面培训开展的重点，而能力短板的提升也将还原到具体的业务场景。后期课程匹配、研讨主题及实践内容的选

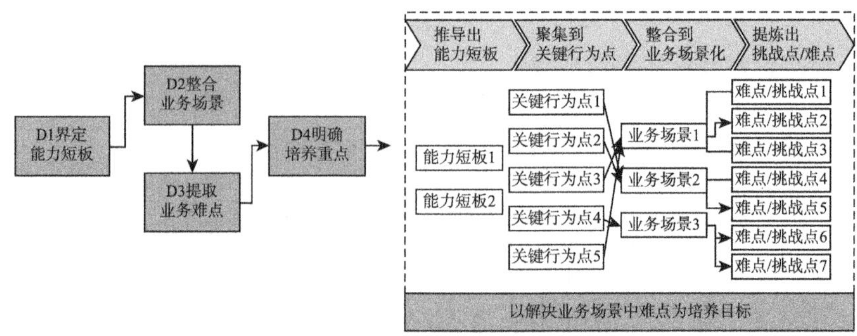

图 9－2　9D 之能力短板业务场景化

择也将聚焦业务场景中难点或挑战点的解决。

测训一体 9D 模型——D5－D8

聚焦培训目标后，将结合学习项目设计的主题化原则、721 原则匹配不同类型的授课方式，设计精准的课后实践内容，训战结合，弥补能力短板的同时提升岗位绩效。

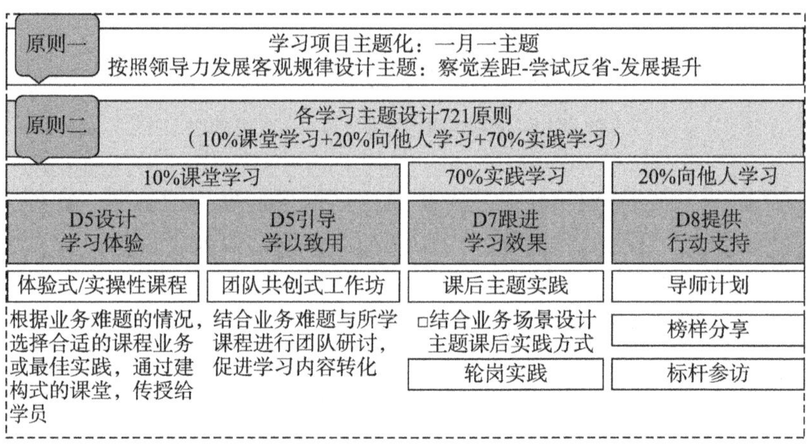

图 9－3　9D 之多元化学习项目设计

第二节　测训一体可以解决人才培养的什么问题

测评与培训的关系

经常有客户问我："测评公司还有培训，你们是要业务多元化吗？"每当听到这个问题，我都会告诉客户：“作为一家测评公司，我们是最有资格发展培训业务的。”原因有以下几点：

首先，从测评的作用谈起，测评的最大作用是提供一把科学、公正、客观的尺子，用这把尺子可以进行员工诊断，安排针对性的培训项目，同时作为评估培训效果的工具，测评系统可以帮助员工分析自己的能力、动机、个性等特性，进而协助员工解决职业适应、定位及发展等问题，帮助其进行职业生涯规划。因此，没有哪个企业是为了单纯的人才测评而测评，而是关心个人和团队的优劣势、任用建议、能力发展建议等，这是人才测评能够为培训带来的价值。

其次，测评对培训的促进作用，不仅体现在结果上，还体现在测评实施的过程中。

大部分人才测评在开始前都会有建标准这个环节，标准的建立是将人才评估标准划分为三个部分：Performance—过往的绩效、Present—现在的素质能力、Potential—未来的潜质。这样建立起来的标准，基本上就是组织希望有的样子，而我们进行培训就是希望员工接受阶段性、系统性的培养后，能够把活儿干好，能够成为企业想要他们成为的人。我们构建的模型就是一个标准，是培训成功后员工应该达成的状态，即“成功时候的样子”。

我们在进行人才测评的时候，会依照评估标准对现有的人员进行评价，并对受测者个人及群体做出评估反馈，而评估结果就是他们现在所呈现的状态，有好也有坏，但是基本上不会超过所设立的标准。人才测评后的样子就是待培训人员“现在的状态”。

人才标准代表着培训成功时候的样子，人才测评结果代表着待培养人员现在的能力状态，两者之间存在的差距就是培训设计的路径，即为“靶向能力培养”——让待培养人群能够通过人才培养提升短板能力，成为组织期望他们成为的样子（符合人才标准）。

这就是测评和培训之间最强的链接关系，测评为培训提供标准和评估现状，培训是缩短差距，达成人才标准的路径。

加了测评是否就是测训一体

测评提供标准，明确差距；培养缩短差距，靠近标准。现在很多培训机构为了提高培训的有效性，也会有前置测评的动作，是不是加了测评就是测训一体，加了测评就能够有标准呢？答案是否定的！

真正的测训一体是集建标准、做评价、精培养于一体的连贯整体。仅仅在培训前加一个测评，但是测评结果和后面的培训内容没有链接，是不能称为测训一体的。为了更清晰地展示测训一体，我们把测训一体每个步骤的内容和流程展示出来。

首先，发展测训一体有几个前提：

第一个前提是测训一体的培训模式适合企业中的核心关键岗位和管理岗位，我们始终认为选比育更重要，组织要实现高绩效均衡，起关键作用的是企业中20%的核心关键岗位和管理梯队。好钢用在刀刃上，测训这样精细化的培养模式需要用在核心关键岗位和管理岗位及高潜员工身上。

第二个前提是测训一体的培养模式是结合个人充分自我认知和行为改变的理论而设计的，它的理论基础是人才发展的3A理论及领导力发展通道理论。

人才发展的3A理论认为，个人在充分认知自我的基础上，才能基于自身能力现状针对性地实现能力提升。因此，能力提升的前提条件是自我觉察，只有觉察到自身能力的长短板，并且觉得自己确实需要提升，才能采取针对性的行动，如图9－4所示。

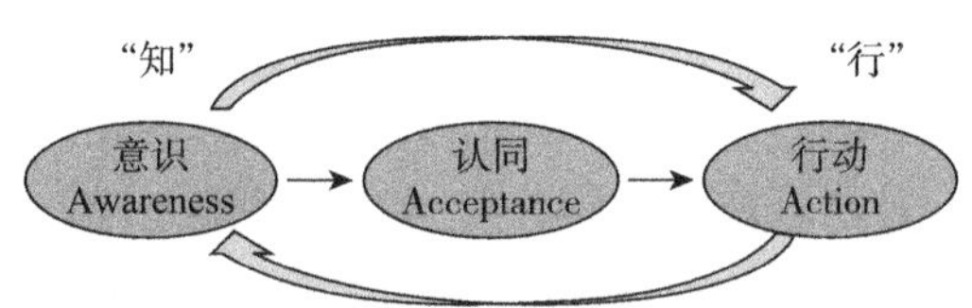

图9－4　人才发展的3A理论

领导力发展通道理论认为，一项能力的提升，需要在充分觉察的基础上针对能力短板进行补充学习和有针对性的发展实践，而后才能内化为外显能力。而要加速员工成长，需要快速让其觉察到能力短板，靶向学习专项技能，而后通过针对问题解决的岗位实践来提升能力，如图 9－5 所示。

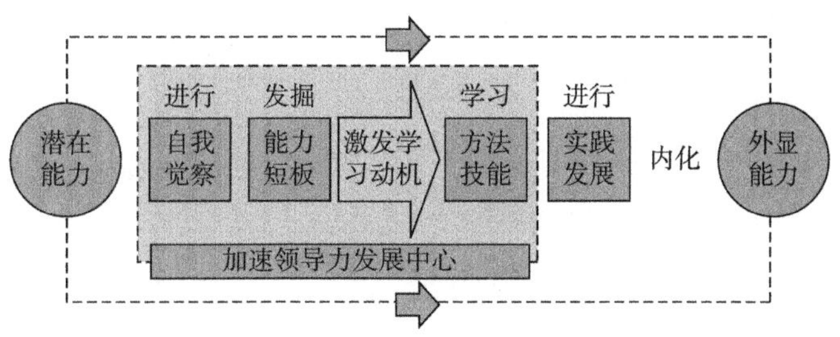

图 9－5　领导力发展通道理论

第三个前提是测训的标准要以高绩效人才画像为依据，结合能力现状不断细化，如图 9－6 所示。

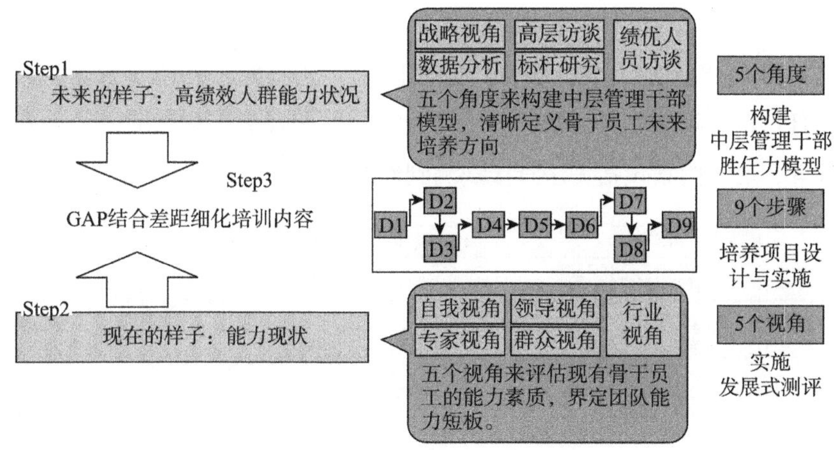

图 9－6　结合差距细化培训内容

在建标准环节，会从五大视角创建模型：战略视角、专家视角、标杆视角、高绩效视角、数据视角，所构建出来的岗位高绩效画像或者干部画像是企业高绩效的代表，代表企业现在最优秀的样子和未来要努力成为标准化的样子。而测训的关键点在于标准创建的过程中，不同的视角所采用的研究方法不同，在萃取画像的过程中，会综合萃取出图 9－7 的内容。

显性因素、行为因素、底层因素方面内容越精准，对培训发展的指导作用越强，尤其是行为因素，他们对培训的支撑度主要体现在岗位所需要具备的关键经验背后是该岗位需要完成的核心任务。核心任务的完成依赖

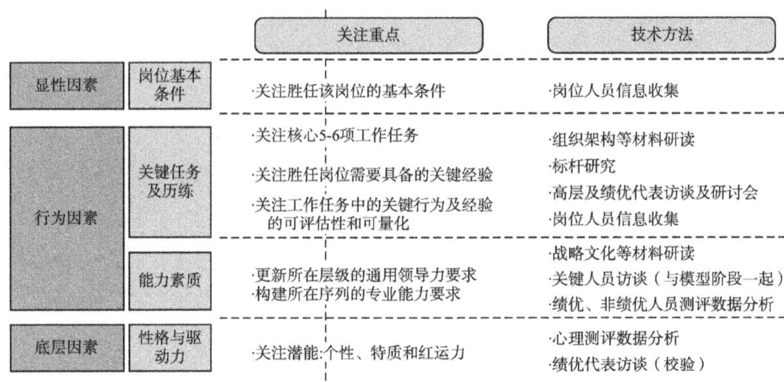

图 9－7　萃取画像的因素

于关键行为的支撑，关键行为点背后是知识、态度、技能的支撑，而关键行为也是我们进行胜任力模型能力指标萃取的依据之一。

如图 9－8 所示，某金融公司管理岗位人才画像，显性因素是个人档案，且可以直接观察到的特征；行为因素包括曾经的工作经验、能力行为展现等；底层因素包括无法直接观测到性格和驱动力因素。

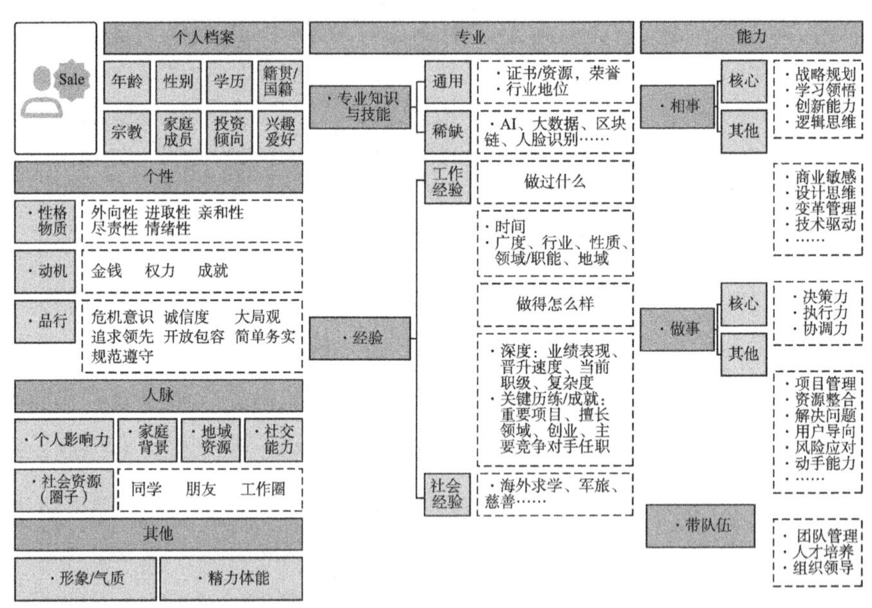

图 9－8　某金融公司管理岗位人才画像

我们在人才测评过程中除了基于他们的能力项的情况进行观察外，还会通过访谈和观察明确他们能力项的短板在哪里；在能力指标下面的行为点方面，是哪个行为点出现短缺，这些行为点是在哪些核心任务场景里面出现的，而组织这些行为点在核心业务场景里面进行展现的阻力是什么？核心任务场景完成中遇到的挑战点是什么？解决这些挑战点就是我们在进行绩效改进，以及培训的时候所需要解决的关键点。

所以，建标准的过程是厘清战略发展、组织绩效对员工所提出的要求的过程，而人才测评的过程是盘点员工能力现状与战略、绩效间差距的过程，且差距的查找不是落在能力项上，而是落在明确该项能力在组织内提升的具体方向上。即测训一体的整个作用过程为：能力短板——场景化聚焦到行为点——着眼于具体的业务场景——找到核心任务场景无法开展的挑战点和困难点（困难点即为阻碍能力提升的关键所在）。

培训是为了解决用人问题，但是培训要同时兼顾员工、利益相关者和组织的要求。对员工而言，让他们愿意全情投入和参与，并获得成长；对利益相关者而言，培训要有效果，能够快速解决用人问题；对组织而言，人才培养和发展能够向上承接战略，向下促进绩效达成。而测训一体建标准－做评价－精培养三位一体的模式，能够完美促进以上三个方面目标的达成。

测训一体怎样解决现有培训模式中存在的普遍问题

第一，在培训定位上，三位一体解决对培训应用的定位不清晰问题。

测训一体的前提是：选比育更重要，精细化的培训资源要聚焦关键少数，即组织内的核心关键岗位和管理岗及后备管理岗的选拔及培养。测训一体的真正目的是帮助企业解决关键岗位的用人问题，通过建标准－做评价－精培养三位一体的模式，明确用人标准和培养标准，评估人员现状，为员工规划能力快速提升的通道，找到绩效制度、文化等方面的问题，为后期进行绩效改进提供方向。

测训一体不仅仅是能力培养提升，还有阻碍员工能力有效发挥的组织内问题的诊断。基于此，测训一体目标更明确，即基于企业关键核心岗位用人问题而展开的建标准、做评价、促发展于一体的过程，会帮助企业解决存在于组织中用人问题背后的根本原因，帮助员工找到个人能力提升过程中存在的问题及未来的发展方向。

测训一体是能够三位一体解决组织、个人、利益相关者核心诉求点的，而不像很多企业把培训这个单一的知识输入过程当成救命稻草。测训一体的培养模式可以让人力资源管理者以三位一体的模式形成一套标准化的识人、用人、培养人的模式，以及从组织角度解决用人问题，对组织绩效改善提出合理化建议。

第二，在培训内容设定方面，多调研手段解决系统的培训需求调研问题。

测训一体开端是建标准，建标准从战略视角、专家视角、标杆视角、绩效视角、岗位视角所构建的企业未来对岗位人才的要求，是培养成功时候的样子，而通过人才测评所得到的是待培养人群的能力现状；缩短现状和成功时候的差距，培训就是其中的路径之一。建标准和做评估的过程就是针对该岗位系统化的调研过程。这样的调研使用多种手段，包括高绩效访谈、数据分析、标杆比对、战略演绎等，使调研结果能够全面反映员工的能力现状、关键业务开展的难点和挑战点，以及与之相关的制度和文化可能存在的相关问题等，结果的指向性更强，进而有利于通过培养和绩效改进提升关键岗位员工绩效。

第三，在培训课程的选择方面，基于人才发展的3A理论和领导力发展通道理论助力解决学员的内驱力问题。

测训一体是基于人才发展的3A理论和领导力发展通道理论提出的，这两个理论的基本出发点都是人只有充分觉察到与个人发展相关的能力短板，或感知到自己能力与组织要求的能力之间存在具体差距，才有动机去改变。

对成年人来说，学习是“非刚需性”活动，只有个人意识到了能力短板会阻碍自己的发展，才有可能投入精力去学习提升。测训一体的培养模式会建立标准，也会针对个人在硬实力、行动力、潜力等方面进行测评和解读，会让学员对自己有更深入的理解和认知，学员也会觉察到能力短板对自我发展的限制，通过对目标岗位标准的解读和对比，了解自己能力上需要提升的方向。

测训一体的项目在做完标准和评估后，会建议客户为学员提供一对一的报告反馈或者群体反馈（比如大五自我觉察工作坊——针对性格和潜能的反馈，以及人才画像觉察工作坊——针对岗位能力要求进行的反馈等），反馈的过程就是带着学员觉察的过程，可最大化激发学员的学习内驱力。

培训内容的选择和培训形式的选择都是企业针对学员能力短板而设计的，指向性强，并且课程内容的选择是基于解决核心业务场景中存在的难点和挑战点，内容高度业务场景化，课后实践部分的策划也是基于积累的岗位所需要的关键历练而设定的。总之，培训内容靶向性强，培训方式多元化可落地，课后实践务实有效，这些都是激发学员全情投入、产生自我更新、自我学习的内驱力的有力保障。

第四，在培训的规划方面，进阶式培养和跟进全面解决培训体系的系统性规划问题。

测训一体针对能力短板的提升，会结合能力不同的分类、不同能力类别发展的难易程度，合理安排能力培养的优先次序，形成进阶式培养方案。所谓进阶式的培养，就是先难后易、培训内容连贯有逻辑，培训过程分阶段，让学员在过程中稳步提升。

对能力的分类是管理自我类能力、管理团队能力、管理业务类能力、管理人际类能力。从难到易的顺序是管理自我、管理团队、管理业务、管理人际，而这四个部分能力发展呈现个人—团队—组织的逻辑关系，如图9－9所示。

管理业务		管理人际	管理团队	管理自我
TCF-B1分析能力	TCF-B10了解组织动作	TCF-R1亲和力	TCF-T1组建团队	TCF-S1积极主动
TCF-B2问题解决	TCF-B11资源配置	TCF-R2换位思考	TCF-T2识人用人	TCF-S2激情
TCF-B3前瞻思维	TCF-B12行动力	TCF-R3聆听他人	TCF-T3愿景激励	TCF-S3独当一面
TCF-B4商业敏锐度	TCF-B13结果导向	TCF-R4关心他人	TCF-T4激励他人	TCF-S4成就导向
TCF-B5风险意识	TCF-B14流程管理	TCF-R5善于社交	TCF-T5培养辅导	TCF-S5学习能力
TCF-B6客户导向	TCF-B15创新意识	TCF-R6沟通表达	TCF-T6分工授权	TCF-S6适应能力
TCF-B7制定决策	TCF-B16创新管理	TCF-R7说服影响	TCF-T7监督反馈	TCF-S7抗压能力
TCF-B8制定计划	TCF-B17变革管理	TCF-R8谈判能力	TCF-T 8管理魄力	TCF-S8坚持不懈
TCF-B9确定轻重缓急		TCF-R9赢取信任		TCF-S9认真负责
		TCF-R10信息分享		TCF-S10严谨细致
		TCF-R11团队合作		TCF-S11公平公正
		TCF-R12冲突管理		TCF-S12坚持原则
		TCF-R13开放包容		

图9－9　管理的四类能力

管理自我类能力跟原生家庭、成长经历等息息相关，是长年累月形成的个性和价值观的体现。这部分能力的提升相对较难，我们倾向于选择已经具备此方面能力的人进行培养。如果确实要培养此类能力，就要把培养周期拉长。也就是说，在此岗位的长周期培养期限内，管理自我的能力培养要首先进行且要不断地培养观察反馈，贯穿培养周期的始终。管理自我的能力与个性相关度较高，有效的培养方式是充分觉察，榜样力量指引、企业文化熏陶，最终形成个人独树一帜的价值观。

管理团队、管理人际、管理业务能力大部分情况下是和具体场景相关联的，可以按照 721 原则设计培养方案：10% 进行知识灌输，70% 设计岗位实践任务，剩下 20% 结合学员表现进行正向反馈。在这个原则的指导下，结合前期的测评制定培养方案，可使该部分能力得到比较好的提升，如图 9 – 10 所示。

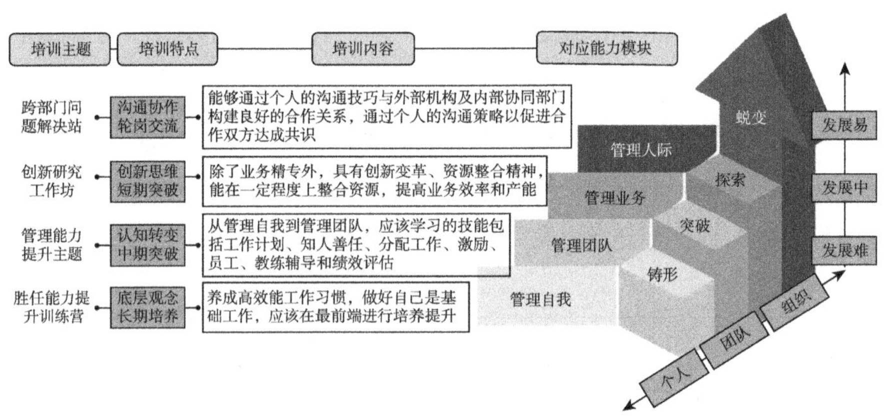

图 9 – 10　培养方案

[案例] 某金融机构测训一体化案例

互联网时代的进一步发展给各个行业带来了一定程度的冲击，为持续保持行业领先优势，某银行信用卡中心也在不断地进行业务创新与快速扩张，拟筹建大批异地的分中心，公司盘点了人员情况，发现最大的短板是总经理层级岗位的人才供应严重不足。

该中心作为“二次创业”的前沿阵地，在机构迅速扩充、银监会加强监管的情形下，总经理层人才供给与储备的紧迫性更加突出，区域势能还有很大的发挥空间。

为解决这个问题，我们与客户共同制定了解决方案：选拔测评、培养出池及闭环发展的测训一体化方案。

选拔测评

传承过往“总经理培养计划”能力素质模型，根据竞聘岗位能力素质模型的特殊要求，对第一期选拔人员做复盘，优化匹配线上、线下测评工具，实施全面考察反馈，达到选拔中培养的目的。

培养出池

根据测评结果，做一对一反馈。一方面为竞聘决策提供依据，另一方面可以链接后续人才培养发展，对个人提供能力发展建议。

闭环发展

加强选拔后期培养追踪反馈，形成人才闭环培养链条；通过积累两期总经理计划干部测评培养经验，寻找差异，绘制人才画像，为人才发展决策提供建议和方向，如图 9 – 11 所示。

第一步要解决的是分中心的负责人到底应该培养什么，也就是建标准的过程。按照 9D 测训一体化的培养方式，我们首先梳理了具体的业务场景和难点，保证培养的内容与绩效提升紧密联系。

具体做法：对第一期培养的优秀干部进行访谈，了解具体业务场景，同时进行高管访谈和战略分析，保证培养的前瞻性，如图 9 – 12 所示。

在经过深入分析和研讨之后梳理了总经理的能力素质模型，包括通用素质（成就导向、责任担当、突破创新、运筹决策、生态共赢、团队领导力）和专业素质（计划与政策类、协调与商务类、业务与运营类），计划选拔培养项目将侧重于专业素质的考察，突出业务与运营类能力项，如图 9 – 13 所示。

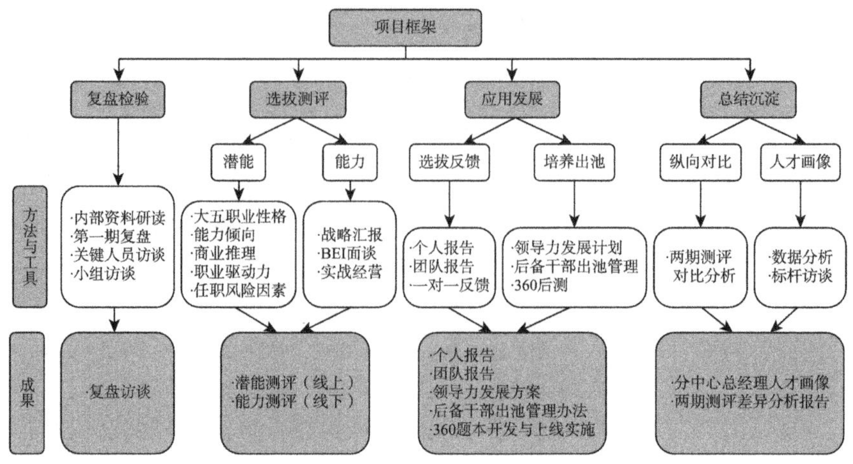

图 9－11　人才闭环培养链条

第一期优秀干部访谈/座谈

□通过重点干部访谈或小组座谈的方式，了解培养体验与感受，实战中应对的主要问题/场景，项目测评培养建议

高管访谈

□高管战略访谈，了解对第一期项目成果的反馈和建议，以及公司2019年对管理人员的新期望

战略分析

□对卡中心发展战略资料进行研究研究，分析对总经理能力要求的变化，对焦2019年的项目目标

复盘重点：
·深挖干部上岗后的实战场景，提升2019年选拔培养的实战 落地程度
·将2018年公司战略布局和对干部新能力素质项要求融入到新一期选拔培养中

总结与优化

由倍智出具访谈的总结报告，作为第一期“总经理培养计划”的总结沉淀。在此基础上，对第二期选拔培养项目的实施环节、题本设计、培养发展等进行优化和创新，确定新战略发展要求下分中心总经理重点能力项要求

图 9－12　人才培养内容

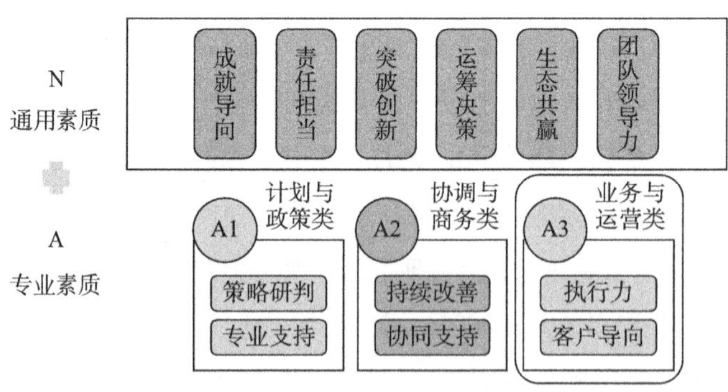

图 9－13　总经理能力素质模型

第二步，标准建立之后，开始运用两重漏斗，分三轮进行筛选，如图 9－14 所示。

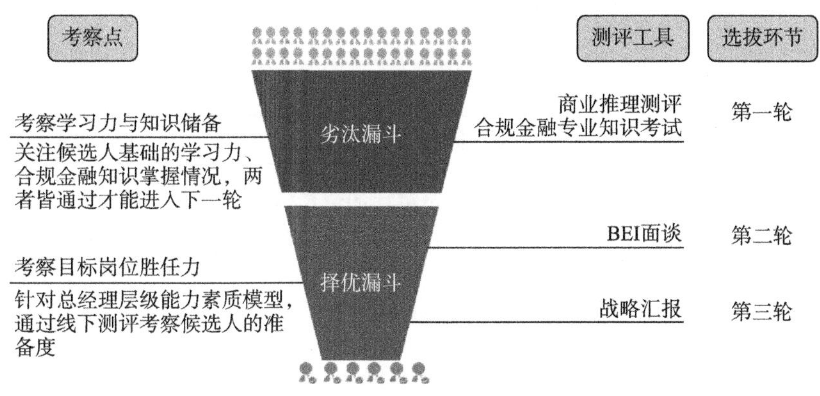

图 9－14　两重漏斗筛选

该公司从线上测评和线下评价两个方向保证选拔的科学性和准确性。

线上测评阶段，公司关注的重点是总经理后备人员未来的发展潜能，从学习力和性格两个方面评估，要求工具既可为人才选拔、团队配置提供依据，也可链接后续领导力培养发展的功能，如表 9－1 所示。

表 9－1　线上测评

评估模块	测评工具	工具特质
学习力	商业推理测评	基于商业情境来评估管理人员的认知能力，**快速**实现优胜**劣汰**
性格	大五职业性格测评	了解候选人的个性特点和本性所偏好的行为方式，从而识别出候选人的“天生优劣势”，为人才选拔、团队配置提供依据
	能力倾向测评（根据能力模型定制化）	基于候选人底层性格特质，预测其能力倾向，为人才选拔及后续培养发展提供依据
驱动力	职业驱动力测评	职业驱动力测评可以帮助企业了解哪些因素在激励员工，了解其驱动力情况，进行一定范围内的针对性激励
风险因素	任职风险因素测评	任职风险因素测评可以识别个体在压力、疲倦或沾沾自喜等情况下，可能产生有损工作表现的潜在特质。了解其风险因素情况，在配岗时予以衡量考虑

线下测评阶段，公司关注综合高度岗位仿真性情景模拟技术和行为面试技术，挑选线下测评工具，如表 9－2 所示。

表 9－2　线下测评工具

测评工具	工具简介	关注重点
战略汇报	1. 专门用于中高级管理人员测评的情景模拟技术，要求被测者在一定时间内对文案资料进行分析思考，向测评师汇报方案 2. 增加**分中心筹建实战命题**作为战略汇报的一个考察维度	关注被测者材料分析及展示的过程中表现的能力素质
BEI 面谈	1. 采用行为面试技术了解被测者过去经历的行为事件、其行为反应及相应的行为结果，系统分析其相应的素质特征 2. 在 BEI 面谈中，将**专业素质项作为主测项目，突出业务运营能力项考察，通用能力项作为辅测项目**	关注被测者相关能力素质在过往实际行为中的展现

经过线上和线下测评的层层筛选，选出不同类型的人才分别培养，通过兼顾潜能和能力的人才九宫格对总经理后备人员进行全面盘点，将后备干部分为 3 个梯队，进行差异化培养方案设计，保证后备干部的无时差补给，如图 9－15 所示。

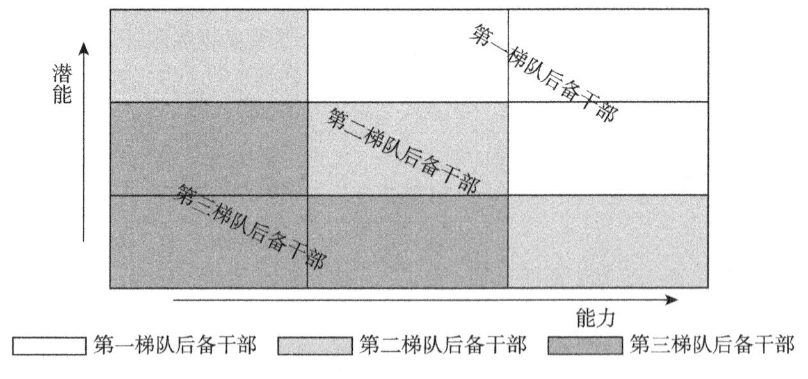

图 9－15　人才九宫格后备干部的划分

第三步，依据人才九宫格后备干部的划分，对三类干部设计不同的培养方案，按照混合式学习项目设计，明确不同类型干部的培养方式。

对于三类梯队干部，通过团队自我觉察工作坊加深高管团队的彼此认知，推动团队高效合作。我们基于人才发展3A理论，借助测评工具的使用打造自我觉察工作坊，促使目标人群加强自我认知，帮助其清楚现状和优劣势，以及如何采取行动弥补，推动领导力提升，如图9－16所示。

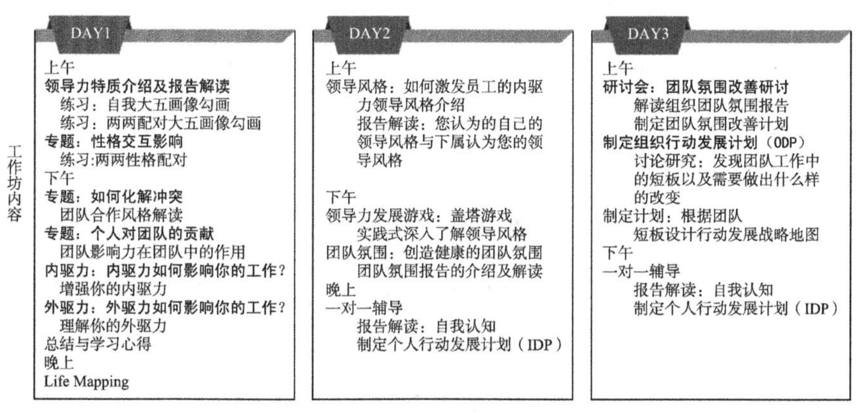

图9－16　工作坊内容

根据不同梯队后备干部的关注重点设计不同周期的领导力发展训练计划，依据不同测评结果设计的整体培养方案如图9－17所示。

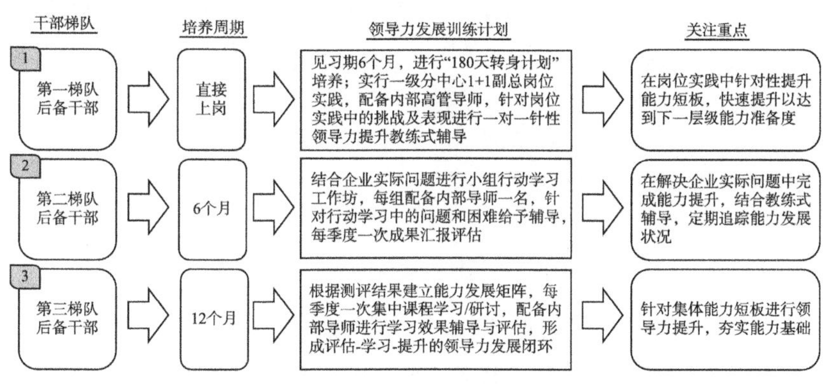

图9－17　整体培养方案

第一梯队后备干部，测评达到总经理层干部标准的候选人，通过审议，设置6个月见习期，直接任用至空缺岗位。整体来说，因为第一梯队的干部成熟度最高，因此主要以实战训练、辅导和观察为主，如图 9－18 所示。

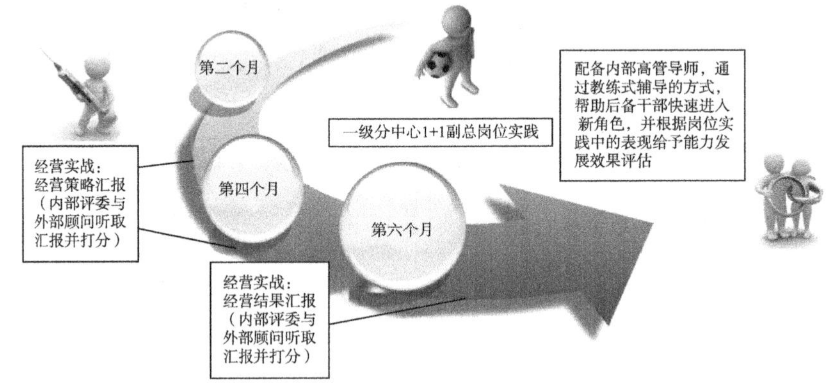

图 9－18　第一梯队后备干部的培养内容

第二梯队后备干部，6 个月小组行动学习，在解决企业实际问题中提升能力，结合教练式辅导，定期追踪能力的发展状况，如图 9－19 所示。

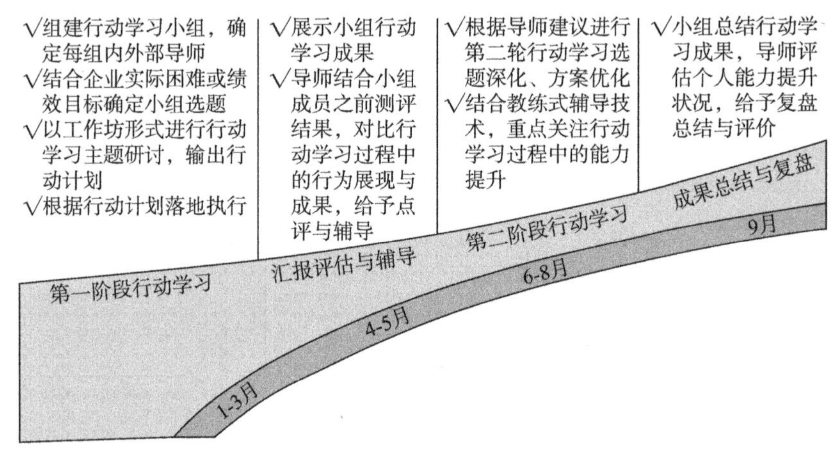

图 9－19　第二梯队后备干部的培养内容

第三梯队后备干部，建立 12 个月领导力发展训练营，针对集体能力短板进行领导力提升，夯实能力基础。第三梯队的准备度是最低的，因此需要长达一年的训练，才能达到总经理的要求，如图 9－20 所示。

最终为中心的业务扩张建立起一个分级、分层次的分中心总经理的人才梯队。2018 年，该金融机构信用卡收入达到 460.23 亿元。

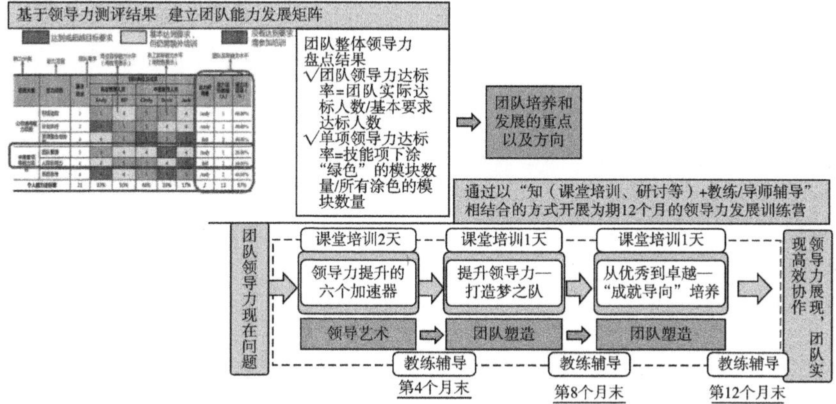

图9-20　第三梯队后备干部的培养内容

第十章

修炼七：

预测性的方式培养通用能力，JIT的方式培养专业技能

根据《2018－2019 企业培养投入与趋势调研报告》，截至 2018 年，中国企业的年度人均培养费用为 2114 元。也就是说，员工培养的主力军——大中型企业，平均一年在人才培养上要花费一千万元左右。除了显性的培训费用成本外，还有员工参加培养项目后相应的薪酬增长、员工流失的风险及脱离工作参加培训等隐性成本，无一不在说明最大化人才培养投资回报率的重要性。

为了找到提升人才培养效能的方法，我们对 178 家企业的人才培养现状进行了调研。结果显示，领先企业的人才培养效果远高于普通企业，它们的内部人才供给机制对企业的业务发展实实在在地起到了支撑和推动作用①，如图 10－1 所示。

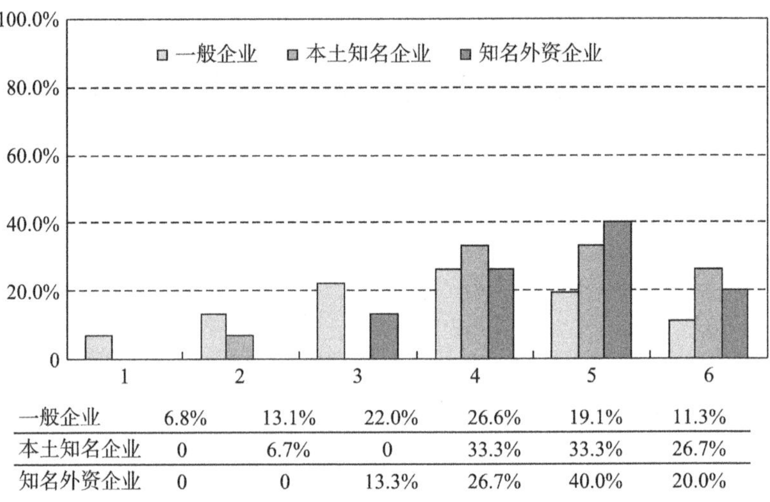

	1	2	3	4	5	6
一般企业	6.8%	13.1%	22.0%	26.6%	19.1%	11.3%
本土知名企业	0	6.7%	0	33.3%	33.3%	26.7%
知名外资企业	0	0	13.3%	26.7%	40.0%	20.0%

图 10－1　不同类型企业对于企业内人才培养机制实效性的反馈对比图

注：1 为非常不同意，6 为非常同意

以宝钢集团为例，它之所以能够成为中国最具竞争力的钢铁企业，很重要的一部分原因来自于它的管理干部供给机制。宝钢自 2006 年起就建立了一套对各层级高潜能员工在新上任后瓶颈期内的长期能力和短期技能相结合的培养方式。宝钢给每个层级（基层、中层、高

① 许锋《人才供应链管理模式构建及其在中国的实践研究》

层）的管理者都清晰界定了他们晋升所需要重点突破的“能力瓶颈”，比如从中层管理岗位晋升到高层管理岗位，需要重点培养全局视野和跨业务协同能力。基于“能力瓶颈”，宝钢会前置性地安排新任高潜管理者参与长期的能力培养项目，如在岗行动学习、跨职能学习小组等，帮助他们提前培养未来目标岗位所需的通用能力。与此同时，在他们上岗后会提供短期的专业技能培训。正是通过对管理人才分层次、分目标地持续发展和培养，宝钢集团才拥有了与“全球前三排名的钢铁企业”相匹配的优质人力储备资源，为公司未来高速成长和规模剧增提供了可持续的人力资源动力。

在企业的内部人才建设方面虽然有很多内容要培养，但核心实则为两类：通用能力和专业技能。通用能力的培养周期比较长，需要前置性、预测性培养；而专业技能培养周期短，实践性强，是在人才进入某类岗位之后再进行 Just - In - Time 培养。两者都是从内部人才供应链建设的角度出发，保障人才培养 ROI 最大化的关键方式。

那么，在进一步探讨如何去差异化地培养通用能力和专业技能之前，我们需要厘清的是这两者的区别是什么？

第一节　通用能力和专业技能

什么是通用能力

随着企业规模的扩大和业务范围的扩张，企业内部的人才供给机制越来越灵活，很多企业都已建立起基于业务牵引的横向流动机制，各分/子公司之间、业务单元之间的人员调动愈加频繁。因此，人才培养模式也相应地从过去注重培养某一领域的专才转变为培养适合更广泛工作类型的通才，这意味着前置性地培养通用能力越发重要。

在能力素质模型的理论中，通用能力指的是适用于全体员工的胜任能力，它主要来自于企业文化和价值观，是公司对全体员工的行为要求。但是本书对通用能力的界定更广泛，它指的是适用于“某一员工群体的胜任能力”，不仅涵盖对全体员工的能力要求，还包括对各层级管理者的领导力要求。

以图 10－2 的某领军地产企业的能力素质模型为例，不论是它对全员所要求的“拼搏精神”“善于沟通”等能力，还是对不同层级管理者要求的领导力，比如“全局意识”“打造高绩效团队”等，均属于企业内需要预测性培养的通用能力。

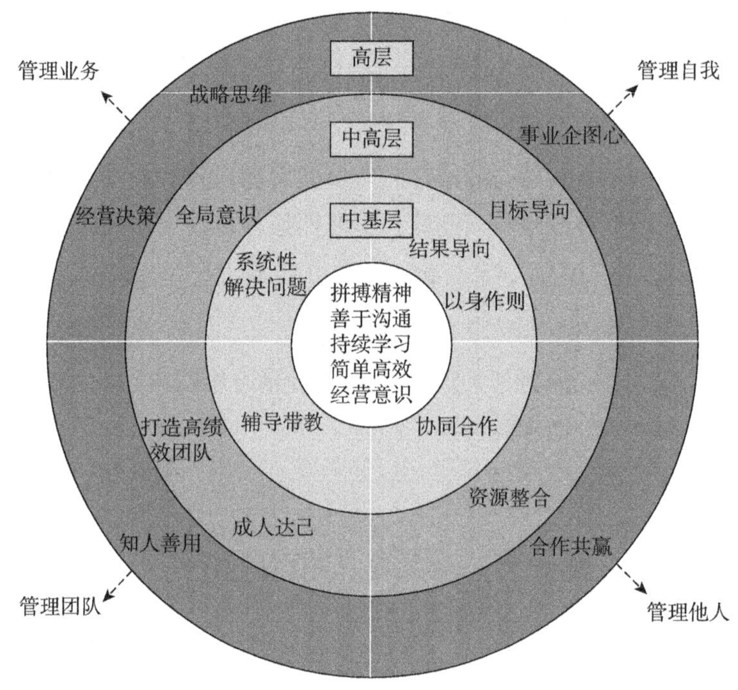

图 10－2　某领军地产企业能力素质模型

而对通用能力的重视也是各大企业纷纷实行管培生计划的根源，管培生的选拔核心在于对通用能力的选拔。我们看到对管培生的评价标准往往不受岗位、专业的限制，更加关注通用的综合能力，比如自我驱动、沟通影响等。具备通用能力的人才是极度稀缺的，且培养时间长，成本高，因此为了尽可能降低人才培养成本，提高投资回报率，企业会将通用能力的培养前置到人才选拔的阶段，先选拔出有通用能力潜质的人才，再进行预测性的分层、分阶段培养。

什么是专业技能

专业技能指的是运用知识和经验执行某特定岗位活动的专业能力，它比通用能力更好习得，可以通过对知识的实践和不断练习进行提升。对于专业技能的培训，在传统的人才培养方式中通常是集中进行岗前培训，再集中上岗。这样做的后果往往是学习和实践脱节，使得培养效果不佳，或者受训人还没有机会真正上岗施展技能便已离职，造成企业培养成本极大的浪费。

因此更加符合人才供应链理念的模式是将不同岗位的专业技能要求拆分成不同的“技能矩阵”，再对不同的技能矩阵要求进行小批量、多频次的在岗培养。比如图10－3便是某工业制造企业质检部门主管的技能矩阵要求。在新任主管上岗后，该企业会针对每一项技能要求，采用培训—认证考试—实践练习的方式加以巩固，以在岗培训、在做中学的方式提升其相应技能，当所有的技能都通过验证，才算是完成培养的全流程。

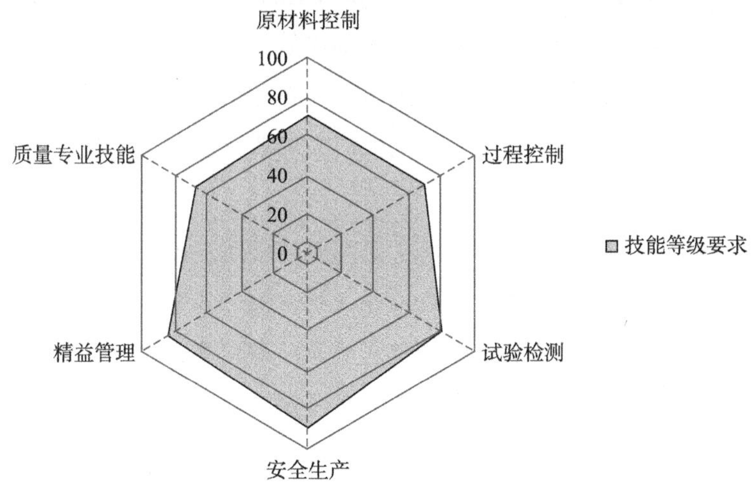

图10－3　某工业制造企业质检部门主管的技能矩阵要求

这种在进入岗位之后Just－In－Time的培养方式，目的性更强，能够确保专业人员第一时间获得岗位所需要的技能。另外，培训的受益很容易在工作中得到证明，从而强化了员工的学习动力，提升专业技能培训的效果。

第二节 预测性和 Just－In－Time 的人才培养

预测性地培养通用能力

通用能力的特点是重要、稀缺、培养周期长，管理者的能力优劣直接影响企业的业绩产出，因此企业对通用能力的培养应当系统化、前置性地进行考量。从人才选拔开始，就应把对通用能力的考察纳入核心考核指标，尽可能选拔出当下具备相关能力的人才，或退而求其次，选出在相关能力上具备培养潜质的后备人才。前期的精准选拔能够有效缩短后期的培养时间，提高培养周转率。

确定选拔人群后，应基于他们未来要发展的目标岗位的能力要求进行分层培养，比如刚从专业岗位晋升到基层管理者的干部，亟须补充的是团队管理的能力；而从中层管理者晋升到高层管理者的干部，则需重点提升战略眼光和全局视野。对于不同的人群，应在他们晋升前就对未来可能遇到的能力瓶颈进行预测性培养，帮助他们未来平稳过渡。

全球领先企业联合利华正是预测性培养干部的典型范例。联合利华始终认为，他们的国际领先地位关键来自企业中人的素质。在所有企业争相国际化的环境里，要想成功就必须依靠高质量人才。对于联合利华来说，为了在国际竞争中立于不败之地，具有国际化视野的高素质人才是最重要的资源。联合利华认为，高流动率、高培训成本、停滞的市场份额、失败的合资公司和并购及高机会成本，这些都是全球化管理层选拔不力不可避免的后果。因此，联合利华非常关注全球化人才的继任培养。

联合利华每年要确定20%最有潜力的经理人进行强化培养，通过国内轮调计划、海外轮调或参与跨国项目计划等方式前置性地培养后备管理人员的国际化视野和理念。比如曾任职联合利华大中华区总裁的薄睿凯就曾被派往8个国家从事不同的工作。这种有计划、预测性的发展方式确实为联合利华高层管理人员培养做出巨大贡献。在联合利华，全球范围内的300位高层管理者中95%都来自内部培养，正是因为建立国际化管理人才培养体系，才确保联合利华在全球竞争中立于不败之地。

小批量、多批次地培养专业技能

专业技能培养的核心是“在做中学”，指的是在人才进入某类岗位之后，再根据其专业技能的缺失，进行小批量、多批次的 Just - In - Time 的培养。这种方式是在确定职位任职人员之后进行的培训，而不为多个候选人提供培训，从而降低了培训成本。“在做中学”的方式很多，在不同的企业有差异化的实践方法，比如技能认证、在岗带教、技术难题讨论小组等，一般每次花费的培训时间不超过 2 个小时。另外，也有企业提供体系化、标准化的在岗 on - line 课程，对于类似企业文化、入职培训、IT 技能培训等基础类型的培训，做成标准的线上培训系统，最大化缩短周期，节约培训成本。

在国际标杆企业中，同样也有 Just - In - Time 培养专业技能的范本，比如最早提出技能矩阵的宝洁。在宝洁的生产技术序列，专业人员晋升到某一岗位之后，需要先针对岗位的技能矩阵要求进行自我评估，经与直接上级审定自我评估结果以后，双方共同制定专业技能的培养方案，明确课程时间表。当培训阶段结束后，专业人员需要参加由面试和笔试组成的知识检查，以确认其已经掌握专业技能要点。在接下来的 2 ~3 个月，专业人员必须展现新学的技能，并达到相应的业绩要求。当所有的技能获得了足够实践，就需要与直接上司共同评估技能掌握状况，若所有的技能都通过验证，则培养的考核程序完成。这种在进入岗位之后的在岗培养能够确保专业人员第一时间获得岗位所需要的技能，及时运用在岗位工作中并获得验证，以提升专业技能培训的效果。

另一个成功实施小批量、多批次在岗培养的企业是沃尔玛。沃尔玛是世界上员工人数最多的企业，面对大量的员工，如何有效地为不同类别的员工提供培训以支撑业务发展是沃尔玛一直非常关注的问题。面对大量的员工，集中式、长周期的培训显然并不可取，而且培训效果也不能保证。因此，沃尔玛的培训是以小批量、多频率的方式进行的。比如对新员工进行入职培训时，在新员工入职的第 1 天、第 30 天、第 60 天、第 90 天分别会有四个侧重点不同的培训，确保相关员工在适当时点获得适当培训，并且确保培训成果能够及时应用到实际工作中。

总而言之，这种小批量的培养方式针对性强，结果可验证，能够帮助员工快速取得岗位所需的专业技能。同时，培养周期短，成本低，能够有效提升企业人才培养的投资回报率，是 ROI 最大化人才培养的有效方式。

第五部分

人才供应链四支柱之四：无时差的人才补给

这一部分主要阐述如何搭建人才供应链体系达到无时差的人才补给。第十一章比较人才供应链中最常见的两个管理实践，说明选的重要性；第十二章讲解人才供应链的原点——校园招聘的重要作用，以及如何做好校园招聘；第十三章讲述如何构建无时差的人才供应链体系。

第十一章

修炼八：

选比育更重要

第一节　为什么选比育更重要

很多HR对企业的培训体系十分自信，认为课程内容广泛，讲师实力强，培训成果显著，而根据调查，至少75%的CEO对企业培训效果非常不满意。① 培养普通员工难，培养优秀管理者更是难上加难，企业培训的投入和产出是严重失衡的。为什么会出现这种现象？是因为培训的“对象”不对。

每个人有很多个性化、差异性特质，比如价值观、性格、能力、驱动力等，使他更适合从事某个岗位或职务。针对那些具备岗位所需能力潜质的人才，我们若提前将其识别出来，再进行针对性的培养，培养效果事半功倍。若一个人更喜欢专注于自己的专业领域进行研究，而对外界的人际关系管理不感兴趣，那么他更适合从事技术领域工作，而较难培养成一名领导者。若企业对他没有全面评价而直接安排在管理岗位进行培养，不仅周期长，还可能存在培养效果不佳的风险。如果根据其特长，安排在技术专家的岗位，他能够给企业做出很大贡献，这便是“选对人”对企业的价值。

人才培养的本质是发挥员工的效能，解决企业的用人问题。而员工效能的发挥是以人的主观能动性与能力素质等因素为基础的，这些方面都难以依靠短期的培训而获得显著提升。因此，优秀人才应该是选拔出来的，企业必须投入时间和精力去选拔和评价人才，早一步瞄准有潜质的种子，辅以适当培训，事情便会水到渠成。倍智2018年人才供应链调研报告显示，79.2%的企业反馈人才培养成才率的关键影响因素在于后备选拔。

以某互联网巨头为例，在互联网行业竞争逐渐白热化的形势下，该企业对高质量人才的需求与日俱增，希望通过加速内部人才输送来

① 《2018年度中国人才供应链管理成熟度白皮书》

满足业务快速发展的需要。因此，该企业的一个事业部自2012年起便定期实施后备总监的培养项目，以“测训一体”的方式融合选拔和培养，对后备总监进行发展和提升。

整个人才培养项目成功的关键在于选择正确的人，该企业把更多的时间和资源投入前期的“选人”。他们从领导风格、领导特质、领导才干三个方面对管理者进行全方位评估，如图11－1所示，运用全情景式经理人模拟舱，结合行业发展情况、管理者常见的业务挑战开发贴合实际工作内容的题本。同时，使用了领导风格测评、性格测评、能力测评等一系列测评方式，对后备干部进行综合评价。以上工具的使用，都在于以更精准、客观和全面的方式了解后备干部，从而为他们后期的培养内容和岗位配置提供参考依据。据统计，该事业部2016年、2017年后备总监成才率均超过85%。

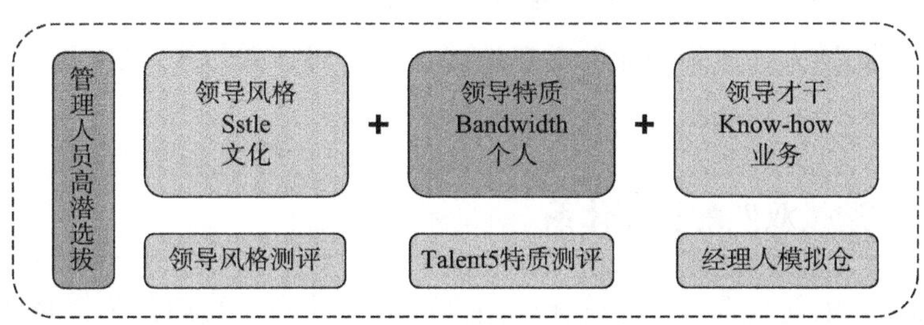

图11－1 某知名互联网公司后备总监选拔项目——测评选拔工具与环节

人才供应链思想的核心在于对商业效果的追求，一切以企业的利润最大化为导向，因此在所有人才投入中要考虑成本和结果。选错一个人，用错一个人，培养错一个人，即使在其身上投入大量精力，可能也是收效甚微，甚至还会额外付出工作低效、员工离职等产生的成本。而选对人投资回报率是最高的，不但可以帮助企业减少培训的成本，而且有利于达成绩效目标。所以，在人才供应链管理中，关键要思考“谁”的问题，即选谁，培养谁，谁是后备人才，谁是高潜人才，这比怎样培养更重要。

第二节　如何确保选对

内部选拔 VS 外部招聘

人才的选拔不外乎两种方式：内部选拔和外部招聘。两种方式相辅相成，各有优劣，企业应当根据实际情况进行选择。一般情况下，企业在选拔中高层管理者和关键岗位等核心人才时应优先考虑内部选拔，因为他们认同企业文化、价值观念和行为规范，对企业的忠诚度更高，对管理团队的信任度更高，能够更好地进行协作配合。而处于快速扩张期、转型期、变革期的企业，由于发展速度较快，仅仅依靠内部选拔与培养无法跟上企业发展的节奏，同时也不允许坐等企业内部人才培养成熟。在这种情况下，外部招聘人才成为企业的不二选择，企业可以采取更灵活的措施，广开渠道，吸引和接纳需要的各类人才。

人才选拔双匹配管理体系

那么，如何来选，才能确保选到合适的人才呢？我们认为，企业选拔合适的人才，需要构建人—岗匹配、人—组织匹配的双匹配管理体系，确保人才符合企业业务发展需求。员工能够胜任岗位，不仅取决于其与岗位的匹配程度，还受其与组织匹配程度的影响，如图 11 –2 所示。

所谓人—岗匹配，就是指人的能力与岗位的要求相匹配。我们需要考虑，在关键时刻要保证选拔的人才能够承接并支持业务达成，这需要设定一个系统的选拔标准，包括人的能力、潜能、性格特征、发展意愿等。然而，我们发现很多时候企业选拔了人—岗匹配的人才，但是人才并没有在岗位上发挥出应有的能力水平。因此，除了关注人与岗位匹配，我们还需要考虑人与组织匹配，也就是种子与土壤的匹配，包括个人特质与组织特点、个体目标和组织目标等的一致性和相似性。

比如处于不同业务类型、不同业务发展阶段的企业，需要不同性格特

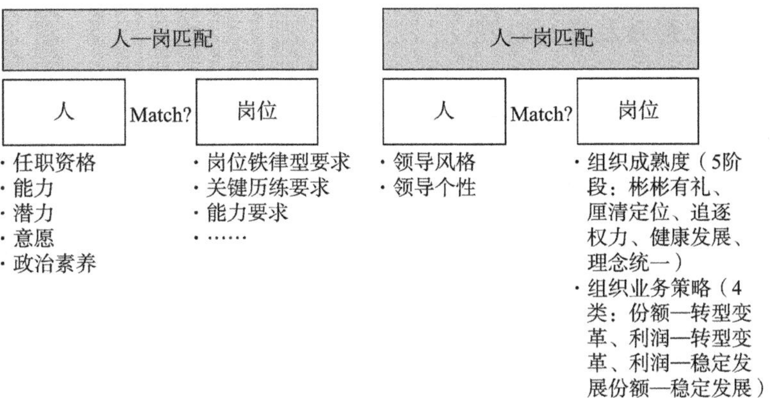

图 11－2　人—岗匹配、人—组织匹配的双匹配管理体系

质的管理者，如图 11－3 所示。带领新兴业务的管理者，需要有更强的主动性，有勇于冒险的精神，从而更好地适应变更的情况，推动业绩增长；而管理成熟的核心业务的管理者更加稳重、踏实，从而把握风险管理，进行成本控制。

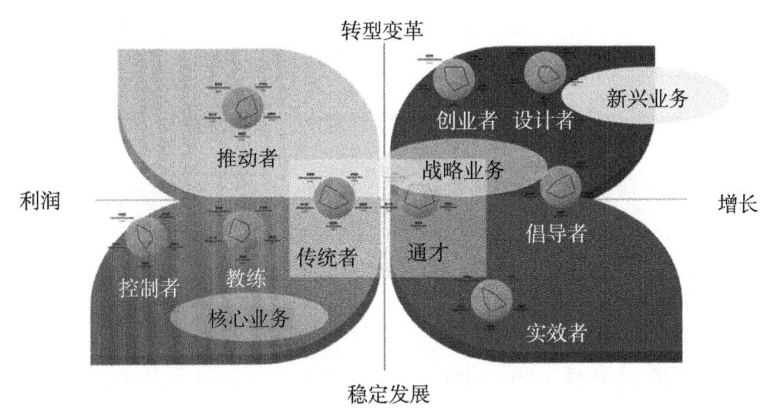

图 11－3　人—组织匹配

因此，企业在人才选拔尤其是管理者的选拔上需要从“人—岗匹配、人—组织匹配”两个方面进行考量，既考虑人和岗位的契合度，又综合考虑人和相应组织的匹配度，才能确保所选拔出的人才符合企业的业务发展需求。

整体上提升选拔有效性

在基于人—岗匹配和人—组织匹配构建出选拔标准之后，为了从整体上确保选拔的科学性和客观性，还需要对选拔的流程和关键环节进行把控。实施部门需要提前设计具有针对性与实效性的选拔测评方案，使选拔工作做到公平、公正、客观及科学，确保优秀人才浮出水面。

比如在国企内部竞聘选拔中，需要关注选拔流程的设计和实施，如图11 –4 所示。

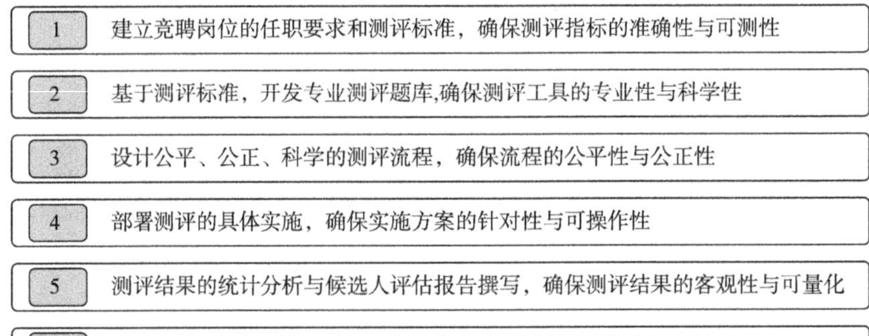

图 11 –4　国企竞聘工作重点关注的内容

（1）竞聘的全过程保持信息沟通的畅通。注重与领导层的沟通，更注重与其他层级的沟通，保证竞聘的全过程信息沟通的顺畅，信息沟通包括竞聘标准与程序的公示、竞聘岗位的信息公示、资格审查结果公示、参选人员信息公示、竞聘结果公示等。

（2）设立竞聘领导小组。进行有效责任分工，包括承担竞聘方案与计划的制定、竞聘的组织、过程的监督、专业测评和竞聘结果的审议等不同职能。

（3）逐层竞聘，保证机会均等。根据岗位层级由高向低逐层竞聘，保证每名有资格的员工都有机会角逐高级岗位。

（4）成立专业的考官评委。专业合格的考官可以避免人为主观评价因素的影响，有利于对竞聘者进行更为客观、公正的评价，为企业的用人决策提供专业客观的依据。

总的来说，无论是国企，还是实施内部选拔、竞聘的民营企业，为了保证选拔结果的真实有效，务必在前期设计好一套有标准、有流程、能落地的实施方案，提前从全局上对选拔效果进行把控。

关注选拔后的动态匹配

人才选拔后，对人才的跟踪培养及选聘有效性的持续评估也是需要关注的问题。大部分企业把重心放在选拔前的匹配上，他们借助科学的工具、方法，依照公平、合理的选聘流程高效执行，最终挑选出匹配度高的合适人选，认为解决了关键问题，后续把员工安排到预期的岗位即可。

我们需要认识到，在员工的发展中，“匹配”应该是一个动态的而不是静态的过程。组织的经营策略变化要求总是伴随着内外部环境因素而进行不断地动态调整，这包括公司的经营目标、经营战略、竞争状况的变化等。在选拔出人才后，企业需要进一步关注人与岗位、组织匹配如何变化，有哪些因素会对其产生影响，及时进行针对性的培养或调整，保证选拔结果真正的实效性。比如在外部招聘中，关键人才招聘到岗后，需进一步关注后端的软着陆问题。外部招聘的候选人背景各异、风格不同，刚到岗时难免不适应，这时一定要持续跟踪和调试，不然会前功尽弃。

第三节　有备无患——绘制内外部人才地图

在追求人才管理投入产出比的今天，要实现无时差的人才供给，根据不同的企业发展阶段、不同的外在环境，结合性地将人才库建立在企业内外部是一种较为有效的人才补给方式。

外部人才地图

外部企业人才库实际上是一种虚拟形式，指企业根据自身需要，及时定点掌握外部人才的信息，包括人才所在的地理位置、行业、公司、组织结构、职位、背景、工作职责、绩效水平、跳槽意愿动机等，以便能够在需要的时候及时招募需要的人才，帮助企业做到谋定而后动，以解决人才严重短缺的问题。

绘制外部地图的关键是锁定范围、准确定位、定向搜寻，需要基于公司的战略，确定对标的行业和企业，再进行定向搜寻。

以全国排名前40名之列的某房地产企业为例，其在2016年提出进军千亿企业规模的战略目标，而其管理团队从广州的小地产公司做起，公司元老和中层人员几乎没有管理过更大规模企业的经验。管理层意识到企业需要前置性地为成为千亿级企业提前做好人才储备，要挖一批在同行业及跨行业“见过世面的人”来帮助企业提升组织能力。该公司对标行业内已达千亿规模的地产企业，在万科、碧桂园、华润、融创等中大型企业相关部门，通过高薪、股权激励等方式挖角，在2016－2018年引进了20多位外界的管理人才出任要职，而这批骨干人员也为该企业最终突破千亿级规模奠定了良好的人才基础。

那么企业应如何绘制外部人才地图?

以万科为例，“007计划”（外部精英人才引进计划）已成为外部人才地图绘制的典型标杆。首先，万科通过平衡记分卡分析、价值驱动分析、核心流程分析、对标和宏观分析及高管访谈五种方法，从未来稀缺的组织能力入手，推导出需要从外部引进的17类社会精英角色来补充组织能力的建设。在这一环节，企业通常需要对人才需求和人才供应的差距进行分析，制定出包括人才搜寻、雇用和留用的人才获取战略。然后，万科对这17种能力进行了分阶段和战略主题的划分，明确每个阶段重点关注的组织关键能力，以及承载这些组织关键能力的社会精英的主要来源。

接下来的工作就是要明确将要引进的社会精英相关职位的市场价值，根据人才的稀缺度与重要度，精英人才的市场价值为40～180万元。因此，要对社会精英相关职位薪酬的市场信息进行了解。与此同时，万科根据马斯洛的五个需求理论向社会精英传达的关键点是万科企业文化。比如在安全稳定的需求层面上，提出“万科是一个高透明度合法合规的优秀中资企业”，而在自我实现的需求层面上，则提出“从一个亿做到两个亿生意是很有挑战的事情”。最后，在人才留用环节，万科采取软着陆策略来克服精英“水土不服”的问题，比如让一把手当导师，所有精英都要从副职开始做起，保留薪酬结构、自主选择等。万科人才地图如表 11 －1 所示。

表 11 －1　万科人才地图

未来组织能力	对标行业/企业
驾驭复杂事件的能力	汇丰银行
战略思考能力	通用电器
风险管理能力	银行业（汇丰银行）
税务管理能力	率先建立税务管理职能的在华跨国公司或大型国有企业
投资管理能力	房地产投资管理公司、大型商业银行的投行业务，或与地产相关的投资银行
精细化管理能力	丰田汽车
融资能力	资金密集型企业（汽车行业，如福特、通用），商业银行
客户细分能力	快速消费品行业（宝洁）、商业银行的个人金融业务（招商银行）
品类管理能力	丰田汽车

内部人才地图

内部人才地图能够帮助组织明确内部关键人才的整体优势、劣势、发展现状等，通常包括九宫格、继任地图等。以有效的工具为载体，协助企业摸清人才现状，发掘高潜人才并形成人才发展规划，是内部人才地图的构建方式。

九宫格

九宫格是区分和识别人才常用的形式，起源于 GE。它把人才区分为九大类，每类人才都有明确的定义。在人才盘点后，可根据员工的能力测评结果及绩效考核结果，利用九宫格对员工进行归类。以“绩效—能力”将绩效与能力进行交叉分析，为人才配置提供参考，如图 11 －5 所示。九宫格使我们对人才的分布一目了然：哪些人属于核心人才，哪些人属于中等人才，哪些人是高潜人才，哪些人是需要淘汰的人员。

高	石中隐玉 没有奖金 及时调整职位 提供培训及发展计划	明日之星 较高的激励 提供发展与培训 培养后可提拔	战略猛将 最好的激励 提供发展机会与资源 可提拔	
中	起落不定 没有奖金 调整职位及提供培训 严重者警告	维稳大将 提供一定的激励 提供培训及发展计划	后起之秀 较高的激励 提供发展与培训 培养后可提拔	
低	滥竽充数 没有奖金 调整岗位或解除合同	勤勉耕耘 一定的激励 提供培训、辅导反馈	经验丰富 较好的激励 提供培训、辅导反馈	
	待提升	合格	优秀	绩效

图 11 –5　人才九宫格

根据企业所处行业、企业文化的不同，九宫格也可以有不同的呈现形式。企业可以根据自身组织的特点和文化设计出更有针对性的人才地图来对员工进行分类与评价。

阿里巴巴的人才评估不同于经典的九宫格方式，它从两方面评估人才：一是业绩考核 KPI，即目标的完成情况，以及在过程中所展现的胜任能力和职业素养；二是价值观考核，企业价值观体现在总结的“六脉神剑”中。围绕这两个指标构成的坐标轴，阿里巴巴把员工分为五类，并用狗、野狗、明星、兔子、牛做比喻，我们称为人才五宫格，如图 11 –6 所示。

明星（有才有德）：个人能力强（核心标志是业绩突出），对目标和价值观认同度高的员工被定义为明星。

野狗（有才无德）：业务能力强，但与企业的价值观不符，虽然在短期内对企业可能不会造成恶劣影响，但长远来看可能做出违背立场和原则的事。

牛（无才肯干）：是大多数团队中最普遍的存在。“牛”型员工的最大特点是“随风倒”。当一个团队中明星员工成为主导势力时，明星就会成为其成长方向。反之，当一个团队中“野狗”成风时，他们

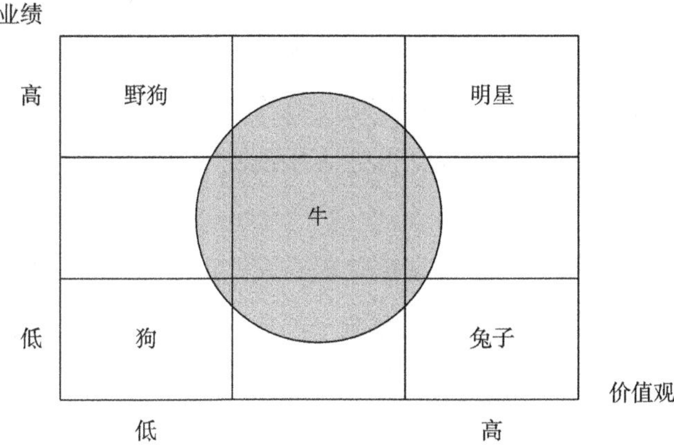

图 11－6 阿里巴巴人才五宫格

就会将“野狗”作为自己的工作榜样。

兔子（有德无才）：个人能力弱，业绩差，但目标和价值观认同度极高、工作态度极好的员工被定义为“兔子”。

狗（无德无才）：业绩差、价值观认同度低的员工被定义为“狗”。

可见，同样是人才地图，有的企业采用经典的人才九宫格，而有的企业则根据自身经营和管理特点，对九宫格进行调整和更新。不同形式的人才地图并没有好坏之分，只有是否合适一说，选择符合组织当下需求的，才能更好地发挥它的价值，为后续人才管理行动计划的推动和落地打下坚实的基础。

继任计划

2001 年，GE 电气家用电器部门总裁拉里·约翰逊向公司提出辞职，前往阿尔伯森担任 CEO，公司当天就宣布了他的继任者准备上任，并于同一天宣布了该部门各级人员的相应调动情况。自 20 世纪 60 年代以来，IBM 就实施了管理者继承计划，并称实施该计划的目的是“保证高层管理者的素质，为公司遍布世界的所有管理者做好人才储备”。

GE 和 IBM 的继任计划在公司的人才管理工作中扮演了重要角色，为公司源源不断地输送人才，助力公司在人才竞争中取得优势。当关键岗位出现空缺时，如何避免遇到“人到用时方恨少”的困境？最好的方法就是根据人才盘点的结果，提前制定公司的继任计划，帮助组织了解未来继任人选的能力水平和准备度情况，保障人才供给不断层，并缩短填补职位空缺的周期。

继任地图是继任计划的可视化呈现形式，可以直观地显示组织关键岗位的继任人选。在倍智干部管理系统（TDS）中，为了更加直观地显示继任地图，开发了“干部继任图谱”这一核心功能，主要模块包括继任候选人管理和继任人员预警等。图 11－7 为 TDS 系统继任地图的样例。

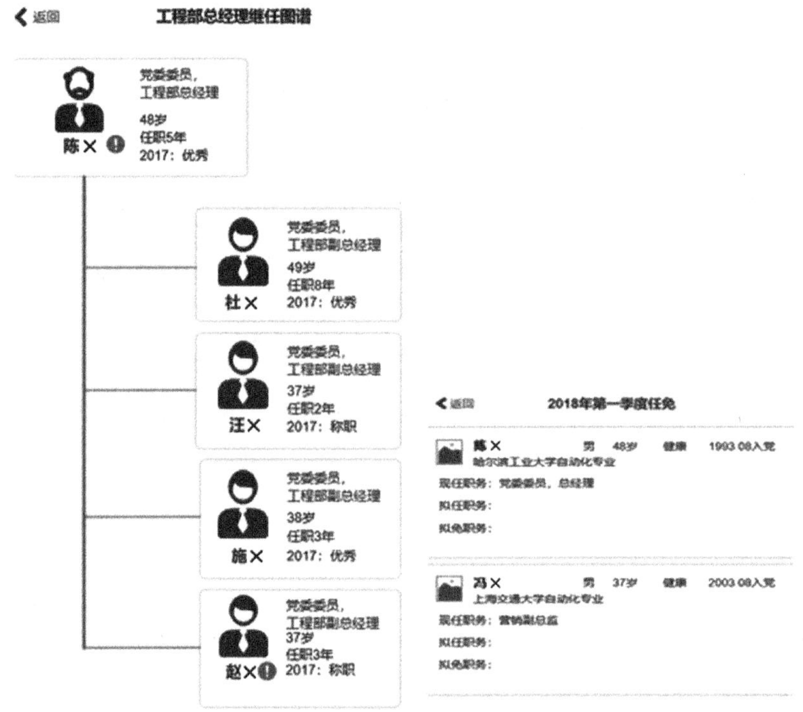

图 11－7　TDS 系统继任地图样例

基于可视化、易操作的人力资源系统软件，企业内部的继任管理将更加清晰、高效、可追踪，继任人才信息不再停留在纸质文件或 excel 表中，而是动态地存在于系统平台，从业务领导到人力资源部负责人均可随时追踪查阅，这无疑是企业内部人才地图搭建的核心方式之一。

第十二章

修炼九：得校园招聘者得天下

第一节　你的校园招聘做对了吗

你遇到过这些问题吗

某快速发展企业的高层十分重视每年的校园招聘，在其中投入的人力、物力、财力不算少，但最后真正入职的人数却不理想……

某知名房地产企业，2015 年花费四五十万元通过校园招聘录用了 30 多个同学，提供了不错的待遇，但是一年下来发现这些人全部离职……

某银行每年的校园招聘量非常大，宣讲会更是场场爆满，收到的简历满天飞，其中不乏精通面试门道的“面霸”，选择虽然多，但给招聘人员带来的工作量和识别难度也不小……

以上故事虽然是个例，但大部分企业或许会被类似的问题困扰，明明在校园招聘中投入不少，却收效甚微。此时 HR 也许会问一句：“我们的校园招聘真的做对了吗?”其甚至开始怀疑校园招聘的必要性。

校园招聘至关重要，这个结论毋庸置疑。作为人才供应链的源头，校园招聘是企业给自己增强造血机能的最佳途径。许多企业都把校园招聘作为获取人力资源的一个工作重点，有的已经做了十几年甚至更长的时间，比如大家熟悉的宝洁公司，它从 1989 年开始做校园招聘，到现在已经有 30 年。宝洁之所以能将宝洁人打造成宝洁最亮眼的名片，关键原因在于它以内部提升为核心的人力资源系统，这个系统循环运转最重要的一环就是它的起点———宝洁将它的人才库建立在校园，每年新入职的员工校园招聘比例在 90% 以上。龙湖地产从 2004 年开始的“仕官生”项目在 2007 年发挥显性效果，项目选拔培养出来的这批人对于龙湖业务在 2007 – 2012 年的快速扩张发挥了重要作用。我们可以看到，校园招聘如果做得对，做得好，是可以发挥巨大价值的。

问题到底出在哪里

然而，宝洁、龙湖是校园招聘的标杆案例，大部分企业的校园招聘并不理想，那么问题究竟出在哪里？为什么那么多企业校园招聘做得不好？

校园招聘的对象中，90后成为绝对主角，不管是从企业、HR还是学生的角度来说，品牌化、数据化、体验式、一站式的校园招聘需求都更为强烈和清晰，这些需求都脱离不开五大框架，即校园招聘面临的主要挑战依然是策略、雇主品牌、代言人、技术和体验①。

（1）针对人才定位混乱、人才策略错误的问题，企业需要回答校园招聘在企业的人力资源战略中的地位。

进行校园招聘时，需要明确我们要招的到底是管培生还是专才，一些企业容易将专才和管培生混为一谈。我们的新动力校园招聘工具把校园招聘生按管培生、非管培生做了分类，按不同的模型匹配不同的校园招聘需求。判断一个人能否成为管理者的重要依据在于他是否有管理能力，这种素质通过后期培养是很难获取的。如果一开始不能明确管培生是为储备企业未来的管理人才这一目标，后期的管培生培养和发展都难以展开。许多企业虽然在管培生招聘中投入不少资源，但管培生流失率高、成才率低依然是很多企业面临的挑战。究其原因，是人才定位不清，人才策略不匹配。许多企业开展管培生项目可能是出于跟风，但企业是否需要管培生群体、企业目前有没有足够的体系和机制把管培生培养成管理者，以及企业投入大量资源在管培生培养上怎么用好、留好这些优秀人才，这都涉及企业的人才策略问题。**所以，打造企业的子弟兵队伍，需要通过多种制度的相互影响，形成围绕子弟兵队伍建设的一整套人才策略。**

（2）针对过度包装雇主品牌、价值主张不清晰的问题，企业需要回答自己的价值主张，注重宣传推广与实际的一致性。

价值观一致性、工作环境一致性与工作满意度、组织承诺有关②，人格一致性与工作满意度、组织承诺无关。也就是说，员工是否愿意长久地留在企业并为之奋斗与员工的性格无关，而与员工的价值观是否与企业一致有关。

---

① 2014《抢先一步：从源头抢到最优秀的人才》倍智

② 2004 *An Integrative Analysis of Person - Organization Fit Theories*

只有当校园招聘生认同企业的价值观，愿意将自己的职业生涯与企业的战略目标紧紧捆绑的时候，企业为校园招聘生打造长期的培养计划和发展通道才有意义。“安途生”是安踏零售为选拔培养高级店长和事业部总监而开展的管培生项目，培养发展周期至少 5 年，这个项目如果要健康运转，选拔与安踏的文化价值观相匹配、愿意将自己的职业发展与安踏的千亿征途绑定在一起的管培生显然是其中的关键要素。

当然，相比价值主张的内容，更重要的是企业宣传与企业一以贯之符合实际的程度，避免陷入过度包装、虚假承诺，或者只讲优点、回避问题的误区。只有通过雇主品牌，积极向学生传递企业关于价值观、企业文化、雇佣关系等真实的、全方位的信息，才能够吸引到真正认同企业文化的人才，避免人与组织不匹配的风险。

（3）针对 HR 唱独角戏、代言人错位的问题，企业需要找到最佳代言人。

代言人的问题与价值主张的问题是一脉相承的。宣讲会上的代言人不仅是企业的形象名片，也是企业信息的传声筒和企业文化的传感器。**选对代言人，企业需要回答三个问题：一是代言什么；二是谁来代言；三是谁在代言中唱主角。**

根据《2018 应届生能力画像白皮书》中的观点，积极性、成长机会、多样性、商业和灵活性是应届生的强驱动因素，这意味着和我们主观意识上认为应届生更看重薪酬福利、工作环境不同，**这个群体更偏好充实忙碌、能够提供个人发展平台、丰富有趣、能够创造商业利润且灵活的工作**。如果企业没有意识到这一点，在宣讲会上就会一味地强调薪酬竞争力、舒适的工作环境，实际上这些信息也许并不能有效地刺激到场下的同学。因此，代言内容的出发点应该是学生的期望，这个期望最好是企业能够满足的，甚至是在行业内有优势的，并且通过最有说服力的代言人把这些信息传达出来，那么宣讲会不只是企业的宣传手段，更是企业和学生之间互相了解、互相吸引的互动窗口。

通常 HR 是公司政策的最佳代言人，企业创始人、高管是企业愿景文化的最佳代言人，校友是发展路径的最佳代言人。华润置地就充分利用了校友代言，除了优秀校园招聘生的现场宣讲，在它的校园招聘官网上，各个区域都有3位应届生代表，讲述他们在华润置地的成长故事，完美地契合了应届生对成长机会的诉求。

（4）针对技术手段有限，既无效率也无效果的问题，企业需要学会利用各种技术手段、工具方法来提高招聘效率和质量。

正确的人才策略、清晰的价值主张和最佳代言人都是定位和吸引人才的软性要求，如何识别优秀且合适的人才则需要采取技术手段。在《抢先一步：从源头抢到最优秀的人才》一书中，侧重介绍了各类测评工具，在本章第二节中将通过案例的形式，介绍测评技术如何运用于校园招聘，以解决精准识人的问题。

（5）针对以自我为中心，忽视用户体验的问题，企业需要思考如何设计校园招聘产品，提升应聘体验。

如今，应届生在校园招聘季的选择更多，即使是各个行业的龙头企业也要想方设法争夺优质人才。而校园招聘的实现方式基本已经固化，在革命性的流程变革前，以产品思维打造一款应届生难忘的校园招聘体验成为企业，尤其是中小企业制胜的法宝。这个产品的受众是所有前来应聘的同学，企业需要思考怎么围绕用户的体验来设计、改造和创新产品，从而在人才战中突出重围。

第二节　如何通过技术手段做到精准识人

对于企业来说，精准识人并非找到最优质的人才，而是找到属于自己的 fit people，即能支撑甚至引导企业健康发展且愿意留任的同道者。

小故事：松下集团作为基业长青的百年企业，秉持独特的“70分”人才理念。松下的管理理念是“适当”，即适当的公司、适当的人才。100分的人才由于自负或者对公司的高期待等原因，并不一定适合公司，而70分的人才更加珍惜公司给予的工作机会，看重企业交付的信任和委托，积极上进，肯学习，富有竞争的激情。70分的人才如果使用得当，同样会发挥出巨大的能量。所以，松下的管理公式是：能力 × 热忱 = 劳动成果。这与我们所说的 fit people 异曲同工。

如何精准识人？首先需要确定企业需要什么样的人才，即标准的问题；其次，如何依照这个标准去识别人才。

“人”是什么人

当我们需要在短时间内识别一群人中谁是 fit people 的时候，首先需要确定企业需要什么样的人才，即标准的问题。

我们基于成熟的人才画像构建方法论，以白皮书的形式发布各类热门岗位的优秀应届生画像。应届生的画像与其他人才画像最大的不同在于前者会更加关注潜能，即底层因素。应届生缺乏工作经验，难以快速给企业带来产出，但我们可以从应届生的潜能判断其是否具备快速掌握某岗位核心能力的素质。

以管培生为例，在认知能力上，管培生各项认知能力在应届生中均处于较高水平，在三项认知能力中，数字推理能力最强，超过 7 分。作为企业未来的骨干，企业在选择管培生时非常看重他们是否具有从数据中解读信息的能力。数据已经渗透到每一个行业和业务职能领域，成为重要的生产因素。利用好数据资源可以掌握更多的市场信息，提前做好准备，做出正确的战略决策，增强企业的竞争力。2018 年应届生的认知能力如图 12 - 1 所示。

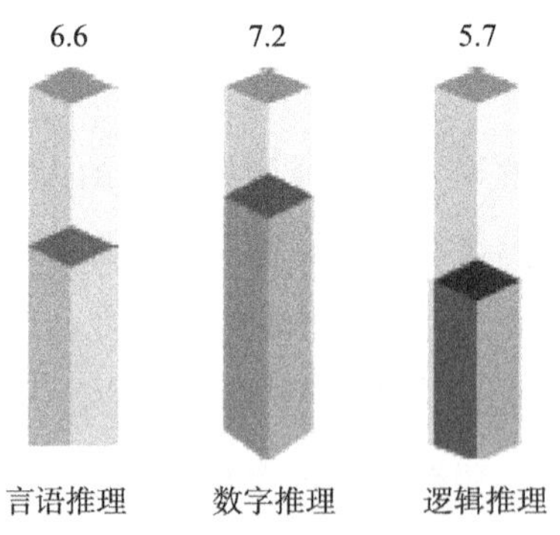

图 12 - 1　2018 年应届生的认知能力

在能力倾向上，根据2018年应届生能力画像白皮书中的调研内容，抗压能力、行动力、创新意识、善于社交是管培生的优势能力，如图12－2所示。在优秀应届生画像中，优秀应届生任务执行相关能力项明显优于人际交往能力项，企业对于管培生的要求是综合性的。企业重视管培生，对他们寄予厚望，往往会安排轮岗、培训和多项考核，促进他们成长。管培生有着来自企业和同辈竞争的压力，加之外界对管培生群体的关注，他们承受的压力可想而知，拥有良好抗压能力能够帮助他们更好地适应工作。既有创新意识又有行动力，说明管培生比较有新颖的想法，能把想法快速落地执行，敢想敢做是企业希望应届生具备的素质。对内，管培生要经常与团队一起完成各项任务；对外，需要与客户沟通交流，建立良好的关系，善于社交也是管培生的必备能力。能力倾向不同于能力表现，它对一个人未来的行为和潜力有着更高的预测价值，成为**我们评价一个应届生是否更有可能在未来成为绩优员工的关键要素。**

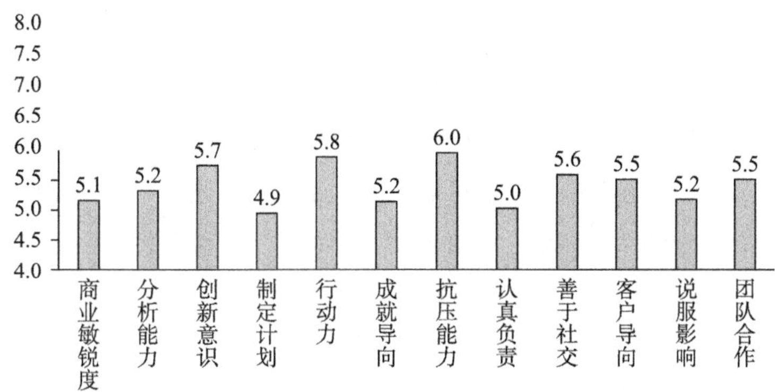

图12－2　2018年应届生能力倾向画像①

在性格上，管培生的典型特点是有较高的同理心、社交性、乐群性和活力。说明管培生有较高的适应性，能快速融入团体，建立人际关系，有充沛的精力去了解和学习各岗位的新鲜事物，即使面对多岗位的快速轮岗，也能比较好地应对。同时，具有较高的同理心，能够更好地理解同事和客户的感受。管培生具有较低的忧虑、对抗性和责任感，说明管培生有

① 2018年应届生能力画像白皮书

时候不够踏实，但能够比较乐观地面对挑战，面对冲突倾向于用比较温和的方式解决问题，并且敢于挑战权威或传统的想法。2018 年应届生性格画像如图 12－3 所示。

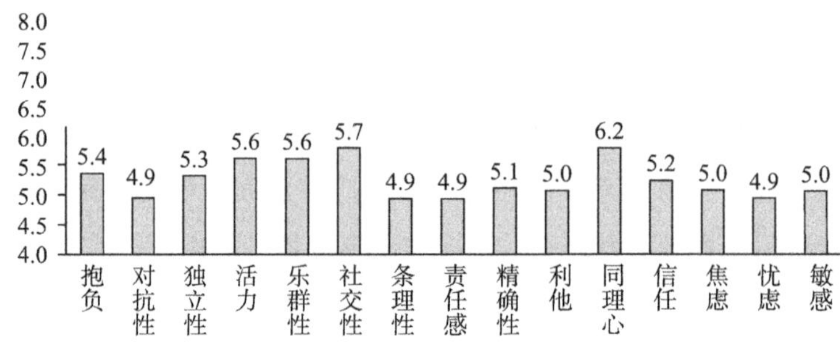

图 12－3　2018 年应届生性格画像①

在驱动力上，管培生最看重的驱动因素有多样性、积极性、成长机会和面对客户。管培生希望接触的工作是丰富、有趣、刺激的，95 后的他们从小接触多元文化，喜欢丰富多元的生活。同时，直接和客户或者供应商沟通，解决客户需求会给他们带来更高的满足感，提升工作积极性；他们喜欢在压力下工作，愿意短时间内处理多项任务，喜欢充实忙碌的感觉；管培生很看重自我发展成长的机会，有比较强的自我意识，追求自己想要的东西，提升自己，乐在其中。企业可以从以上驱动因素出发，创造出吸引管培生和留住管培生的工作环境。2018 年应届生驱动力画像如图 12－4 所示。

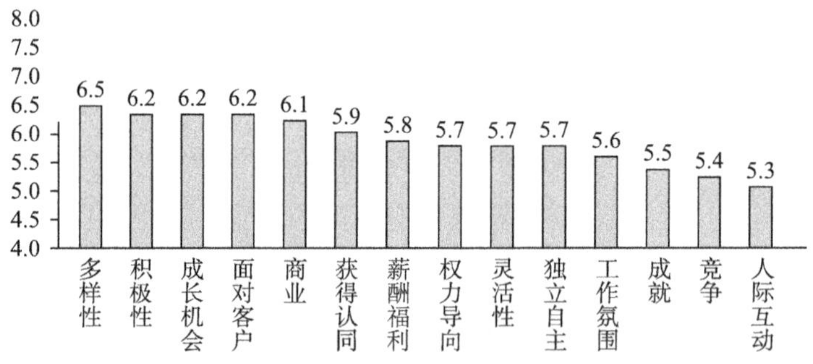

图 12－4　2018 年应届生驱动力画像②

① 2018 年应届生能力画像白皮书

② 2018 年应届生能力画像白皮书

综合来看，企业对优秀管培生的定义中，除了一些硬性条件，比如985/211学校毕业、学生干部经历等，在底层特质上，管培生的特点是学习能力强、抗压抗挫、行动派、善于交际、活力充沛、善于创新，喜欢多样有趣、充实的工作。

以上是我们基于近35万岗位优秀应届生测评数据得到的管培生画像，除此之外，还根据销售类、产品类、市场类、开发类、财务类和人力资源类应届生的人才数据绘制了7个常见岗位人才画像。这些画像可以帮助企业更加精细化地定义校园招聘的人才要求，实现精准招聘。

“识”要如何识

标准确定下来之后，第二个要解决的问题是如何落实这些标准，谁来落实这些标准。我们不妨通过一个标杆案例来回答这个问题。华润置地是企业利用测评技术在大流量校园招聘中实现快速精准筛人的典型，通过这个案例我们可以清楚地看到测评技术如何融入招聘流程，并在其中发挥关键性作用。

华润置地校园招聘案例

华润置地有限公司是世界500强企业华润集团旗下的地产业务旗舰，是中国内地最具实力的综合型地产发展商之一。2014年，我们与华润置地沟通后，得知他们有以下需求：

（1）实现快速筛选，在最短的时间内从2000名应届生中挑选出相对优秀的200名进入面试环节，最终发放100个offer（录取通知书）。

（2）帮助HR有效地使用测评报告。

（3）提供后续的人员管理及培育建议。

明确企业需求后，我们从全盘角度思考测评在校园招聘中的介入节点和价值，通过四个关键路径帮助华润置地在减轻50%筛选工作量的基础上实现精准识人。管培生选拔流程如图12－5所示。

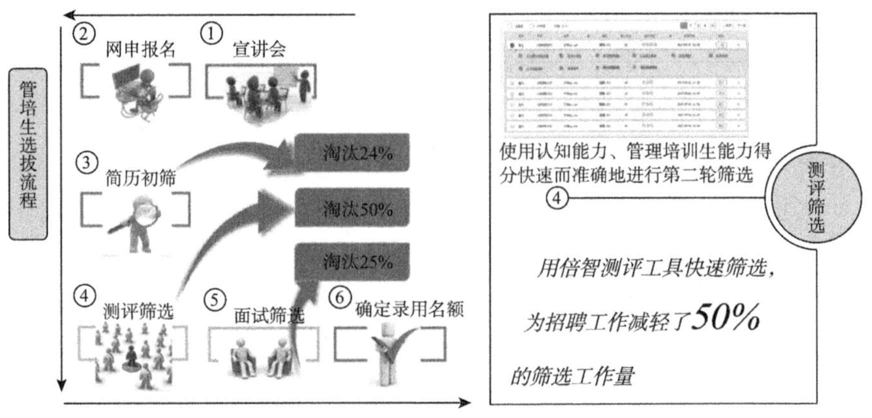

图 12－5　管培生选拔流程

项目的实施路径如下：

（1）构建能力模型。

这一流程的关键挑战是：如何保证招聘过程中的标准统一，且对不同专业序列的应届生有差异化的标准？

基于华润置地的用人标准和不同岗位要求，了解岗位职责对岗位人员的能力要求，并通过对绩优人员进行访谈，获取岗位工作过程中人员面临的关键挑战，推导出应届生能力要求，构建 N＋X 模型，如图 12－6 所示。

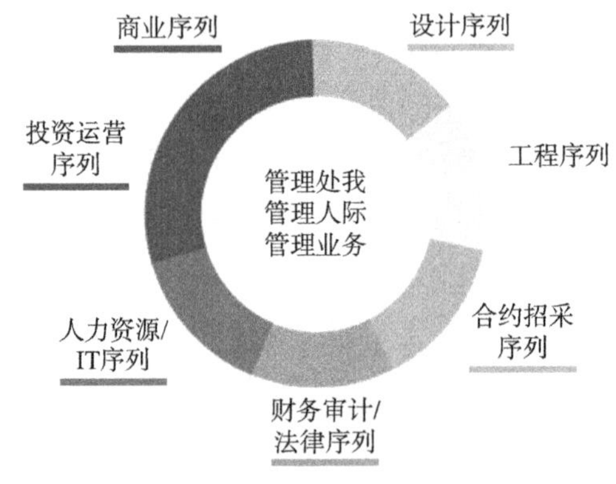

图 12－6　能力模型

（2）定制化开发测评工具。

这一流程的关键挑战是：如何实现快速筛选，在最短的时间内从

2000 名应届生中挑选出相对优秀的 200 名？

基于能力模型和“三层漏斗”，结合企业及岗位的实际工作情景，从认知能力、胜任素质、驱动力三个方面对应届生进行全面评估，定制化开发在线测评工具，如图 12－7 所示。首先，通过设置认知能力的合格线，快速淘汰不及格的应届生；其次，通过能力素质测评工具择优录取潜能水平高的候选人进入线下面试环节；最后，基于面试官线下评价的结果，通过参考候选人的驱动因素与华润置地的匹配度，确定合格的应聘者人选。在招聘的不同阶段引入最佳测评工具，帮助华润置地这样的校园招聘大流量企业减少 50% 的筛选量，大大提高其筛选效率和质量。

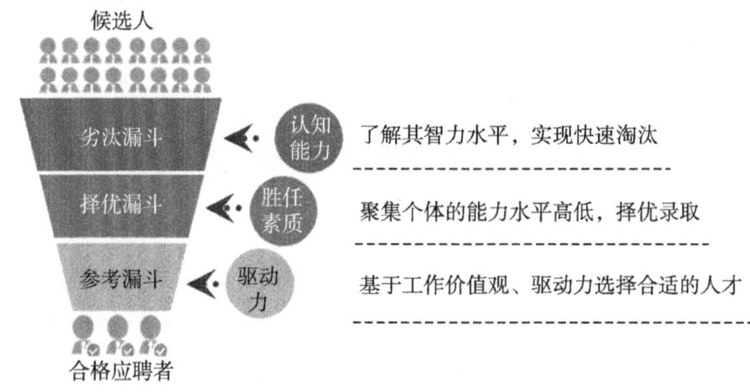

图 12－7　“三层漏斗”

（3）配置个性化报告。

这一流程的关键挑战是：如何避免测评报告过于专业，HR 无法有效使用？

我们输出综合版、面试版、发展版三个版本的个人报告，综合版可全面了解应聘者能力特点、驱动因素等，面试版为面试官提供针对性的面试建议，发展版为 HR 提供应届生管理和发展的建议，面试官和 HR 可根据需要选择报告，使报告价值最大化。

（4）测评数据分析，输出管理意见。

这一流程的关键挑战是：如何利用好测评数据，为后续的招聘及人员管理提供意见？

我们对测评数据进行分析，并构建入职应届生的认知、性格、能力和驱动力画像，通过数据洞察找出录用人群的共性特征，使招聘标准更加精准。同时，还提供后续在线测评工具的使用意见，以及应届生的入职管理意见，解决 HR 对应届生入职之后的管理及培养方向的烦恼。

通过以上四个关键路径，我们帮助华润置地实现了高效且精准的校园招聘。在后续的合作中，充分利用逐年积累的校园招聘测评数据，明确华润置地的用人倾向，优化优秀应届生的能力模型，使应届生的评价标准更加契合华润置地的实际要求。同时，通过面试官培训项目帮助人力资源部门规范面试流程，提升面试效率，从测评工具和面试官两端着手成功助力华润置地把握校园招聘。

［案例］安踏是如何做好校园招聘的

提到校园招聘，很多 HR 都很烦恼。如果你的校园招聘能够做到像安踏一样，就离成功不远了。

提到安踏，你的第一印象是什么？如果我告诉你，安踏是中国运动品牌第一名，你会不会感到惊讶？我们不妨先来看看图 12－8、图 12－9 的数据。

我们可以清楚地看到，2011 年鞋服行业进入低谷期，国产鞋服行业收益大幅度下降。在 2014 年国务院 46 号文件的春风下，国内体育产业朝着到 2025 年中国体育产业总规模超过 5 万亿元的目标进发。站在体育产业和消费升级潮水交汇处，国内体育用品市场迎来了本土体育用品发展的黄金时期，整体趋势在 2014 年开始向好的方向发展。值得注意的是，安踏在 2013 年初期开始逆转，在收益短暂下降后迅速上升、持续增长。另外，行业内品牌集中度越来越向 TOP3（NIKE、adidas、安踏）集中，安踏成为全球体育 TOP3 唯一一家国产品牌，市场份额扩大，在行业中脱颖而出，成为国内体育企业的标杆。

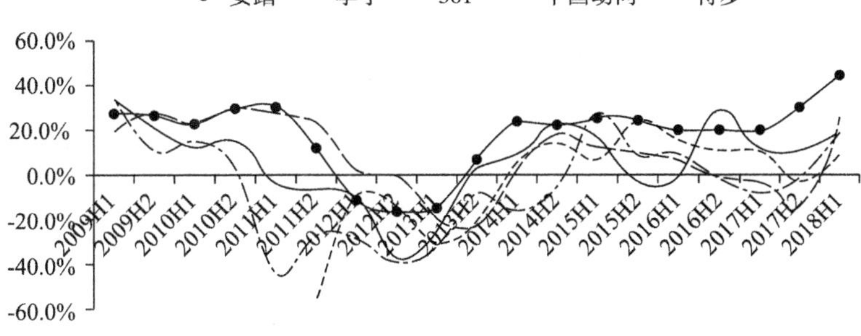

图 12－8　中国体育行业头部企业 2009H1－2018H1 收入增速①

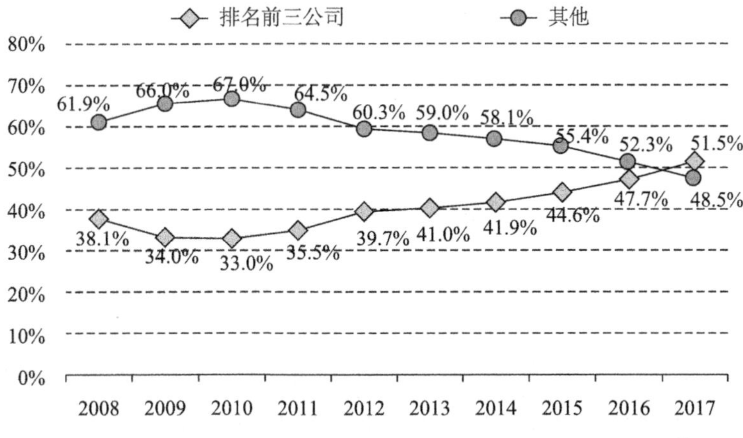

图 12－9　2008－2017 年中国体育品牌市场份额（单位：%）②

安踏业绩一骑绝尘，究其原因，不管是在安踏的官方文件、媒体文件还是高层谈话中，给出的答案都是一致的，即品牌驱动的商业模式和独有的“单聚焦、多品牌、全渠道”战略。安踏在从跑马圈地到零售转型的路上聚焦体育用品市场，利用全渠道销售网络和品牌差异化，成功渗透到不同细分市场及分销网络，走出一条独特的制胜终端、以消费者为核心的价值零售之道。

我们知道，不管是商业模式还是公司战略，最终都要落实到人。为了支撑和执行这一业务方向，安踏在人才战略上奉行与业务高度匹配的人才供应链模式，而校园招聘作为人才供应链的源头，在其中发挥了决定性

① 数据来源：公司公告 东吴证券研究所

② 数据来源：Euromonitor 信达证券研发中心

作用。

校园招聘是如何发挥作用的——“价值零售”下，店长成为关键岗位

安踏在价值零售转型之前，依靠增加经销商来提高销售额，存在库存积压、产品同质化、终端门店控制能力弱等问题，如图 12－10 所示。

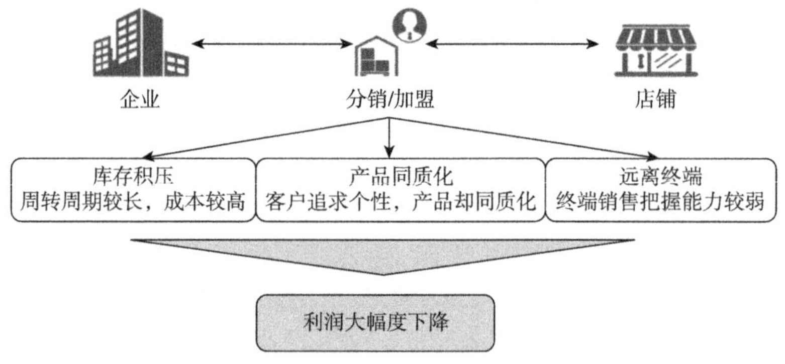

图 12－10　经销商模式

在意识到单一品牌和经销商模式的弊端之后，安踏在行业转型前提前布局，进行价值零售转型。“价值零售”即“在懂你的空间里匹配对的产品与体验”。显然，在这种零售理念下，消费者成为安踏的关注焦点。为了制胜终端，直接接触消费者，安踏必须贴近市场，贴近一线，具备终端掌控力，因此加强对分销商的把控和直营渠道的扩张成为必然趋势。

针对分销商，安踏提出“只有一个甲方”的概念，采取一系列措施与分销商形成命运共同体共同服务于消费者。但是，要想制胜终端，仅仅依靠分销商是远远不够的，直营渠道扩张成为安踏价值零售转型的必然诉求，如图 12－11 所示。

在直营模式下，安踏从分销商服务者转向门店管理者，门店利润成为零售业务的主要来源，提升店效成为关注的重心。

所以，当店效成为实现战略目标的关键要素，安踏需要思考的是如何提升店效。

我们知道，店效涉及商铺租金、货物成本和人力投入。所谓店效升

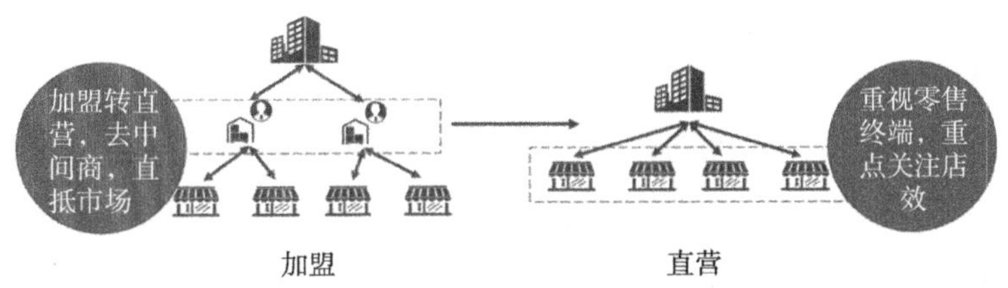

图 12－11　直营模式

级，是门店升级、货品升级、服务升级多维度的门店提效。而在租金、货物成本相对稳定的情况下，人才效益最大化是店效提升的关键突破口。店长作为各个门店的 CEO，成为安踏需要重点关注的关键人群。

安途生计划是输出优秀店长的必然选择，那么优秀的店长从哪里来？

一方面同行里优秀且有跳槽意向的店长不多，不能匹配安踏的转型需求；另一方面门店运营是直营店最重要的利润来源，对零售终端人才要求更高，以往的校园招聘要求已经不能满足发展需求。另外，面对行业转型，未来零售管理人才竞争将愈加激烈，安踏需提前应对未来高素质管理人才的储备问题，安途生计划成为安踏的必然选择。

安途生计划之五项修炼

“安途生”，寓意“安踏通往千亿征途上的管理培训生”，旨在选拔和培养安踏零售未来的优秀店长和中高级管理层，如图 12－12 所示。

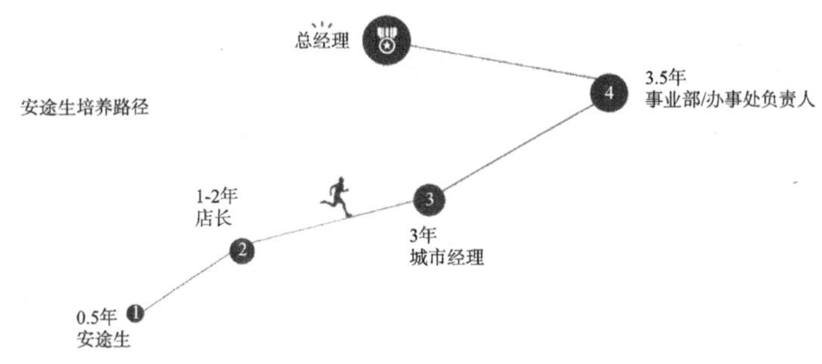

图 12－12　安踏安途生培养路径图

如今，零售管培生分布在安踏的各个部门、各个职级，成为安踏的生力军。而安踏在安途生项目上的成功同样离不开其在策略、雇主品牌、代言人、技术和体验五个方面的修炼。

（1）定位清晰

安途生计划在启动之初就明确了其选拔、培养和储备能够支撑安踏未来走向千亿征途的零售系统管理层级力量的定位。鉴于此项目在安踏价值零售转型阶段的重要性，安途生计划已被列为集团A级重点人才项目，更多的招聘、管理、培养和激励资源向安途生计划倾斜。因此，安踏把零售管培生生源从985高校圈定为C9联盟，从源头提高候选人素质；安踏为“安途生”量身定制了从管培生到店长直至总经理的培养发展通道，主要培养方式为：

- 授牌指定带教明星店铺。
- 系统的集中课堂培养。
- 一对一导师带教。
- 针对性在岗辅导。

除了常规福利外，安踏还为“安途生”提供特殊福利：

- 人性化假期，毕业季安排5月、6月两个月返校专属假期。
- 安途生项目系统培训，技能及职业素养全面提升。
- 每月专属茶话会分享、交流会。
- 每季工衣发放。
- 宽广的职业晋升通道。
- 明星见面会。

这一系列举措都是围绕着安途生定位而量身设计的人才策略。

（2）价值主张明确

如果我们需要从零开始建立企业的雇主品牌，首先需要确定公司的使命、价值观和愿景3个核心要素，它们回答的是企业是谁、要到哪里去的问题，也是应聘者决定是否与这家企业同行的核心要素。在安踏零售的校园招聘官网上，安踏的“铁军”文化地图清楚、美观，展示着安踏的价值主张。另外，安踏还深入高校进行雇主品牌的推广，比如设立开放日活动，邀请学生干部、学生组织主席参观公司，发掘其中有意向的优秀人才；赞助大学生体育赛事，提供更专业的运动装备，如举办AUBA，根植于普通学生群体，深耕体育文化；招聘校园代理，通过大学生群体代表进行雇主品牌推广等。2018 年，安踏荣获“福布斯 2018 全球最佳雇主品牌”，这是安踏重视雇主品牌塑造的最佳印证。

（3）代言人正位

在安踏的校园招聘宣传内容里，人力资源部经理从公司背景、企业文化、发展历程三个方面向学生展示安踏的总体实力，向他们呈现公司未来的发展前景，以及可以为毕业生提供的职业发展平台，对人才培养规划情况和培训体系进行全面详细的讲解。对于员工的薪资福利，通过起薪水平、绩效工资、学历补贴、年终奖金等 9 个方面向学生展现安踏具体的福利待遇，**HR 成为公司政策的最佳代言人。**

总经理级别的高管以演讲的形式为学生讲解“职业人士”的修炼对于事业发展的重要性，告诉学生数据和零售的鲜活力量，鼓励学生秉持吃苦耐劳的精神，学会在逆境中成长，**高管成为安踏“铁军”文化的最佳代言人。**

另外，不仅在宣讲会现场会有新生力量代表分享其在安踏从管培生晋升为千万级店长的经验，在安踏零售的校园招聘官网上，“安途生说”也成为一个单独的模块，从往届“安途生”的视角向学生介绍自己与安踏的故事，**校友成为发展路径的最佳代言人。**

（4）测评技术加持

考虑到安踏提高了对未来店长的能力要求，管培生作为店长候选人，对这一群体的能力素质要求也要发生变化。于是，安踏与倍智达成合作，引入大五人格职业性格测评，通过性格链接底层潜能，基于管培生标准模型进行优化。经过优化的安途生模型更加强调创造力和执行力，符合安踏转型中对创新和落地执行的业务需求。同时，安途生模型有着和店长一脉相承的能力要求，筛选出来的管培生具备更高的提升潜质，人才储备更加成功。

优化步骤：

Step1：**数据收集与分析：**选取往年快速成长的高潜“安途生”，完成大五人格职业性格测试，把高潜“安途生”和普通“安途生”的数据进行对比，选出最具代表的关键差异点，如图 12－13 所示。

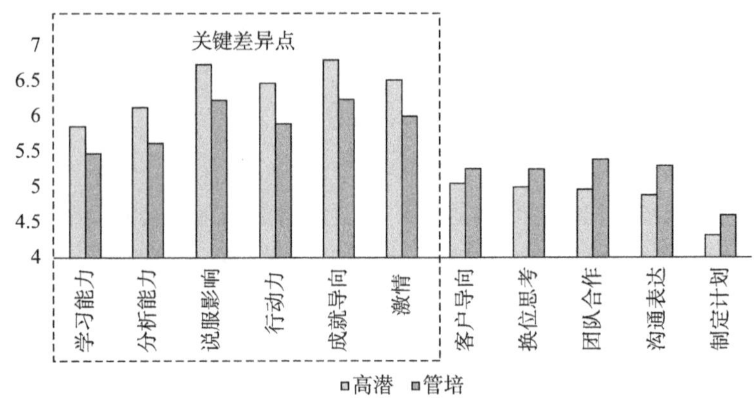

图 12－13　优秀“安途生”和普通“安途生”的数据对比

Step2：**优化模型：**根据优秀“安途生”与普通“安途生”能力关键差异点，结合企业的战略和文化，构建安途生模型，如图 12－14 所示。

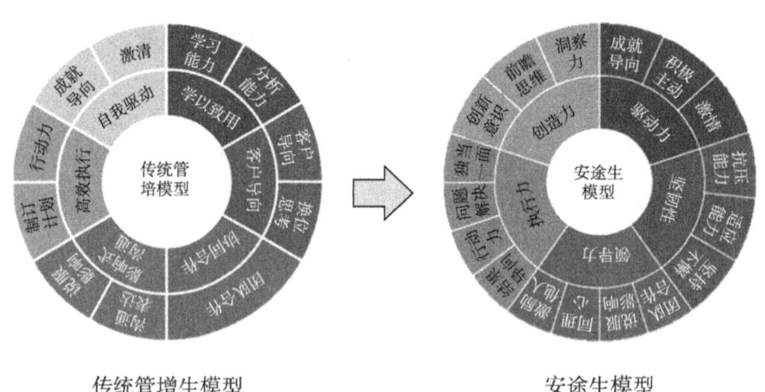

图 12－14　优化模型

Step3：**落地应用：**下一年的校园招聘中，基于绩优画像，设定管培生的选人标准，生成更具有高级店长潜能的安途生画像。

通过测评技术和数据洞察，安踏在安途生校园招聘中更加聚焦。

（5）用户导向的校园招聘体验

安踏是将安途生项目当作产品进行精心打造的典型，学生在应聘“安途生”的过程中能感受到安踏的用心。

安踏零售拥有独立于集团招聘系统的招聘官网，吸引对零售有兴趣的学生。同时，用户群体锁定在 C9 高校联盟，这样就形成了双向的、更加聚焦的第一轮筛选。

通过实习生招聘将工作体验前置，并借以建立安踏零售人才库，一方面实习生能够在毕业前确定自己与安踏零售是否匹配，避免入职后发现并不匹配而导致双方的损失加大；另一方面还在观望中的学生和落选学生能够感受到安踏的持续关注。

招聘流程从宣讲会到发放 offer 在一周之内全部结束。首先，宣讲会、初次面试和线上测评在同一天完成。其次，在二次面试和最终面试中，安踏融入主题方案设计等与未来工作场景高度相关的环节。最后，最终面试、发放 offer 与签订三方合同在同一天完成，学生在高效的应聘过程中体会到安踏的“令必行，行必果，战必胜”的“铁军”文化。这不仅是节省双方精力、提升学生应聘体验的精心设计，还是安踏的文化价值观与学生进一步的双向匹配和筛选。

当安踏确定了用户群体后，所有的投资和校园招聘设计都围绕这一部分人群进行，所以当安踏传达出针对“安途生”的信号，吸引到的自然是更加符合“安途生”要求的学生，他们就是安踏想要的 fit people。正是通过策略、雇主品牌、代言人、技术和体验五个方面的修炼，安途生计划成为安踏人才输送的重要源头。

诚然，“安途生”只是安踏零售人才供应链的一个起点，安途生计划不会止步于此，店长、总经理都是这条供应链上缺一不可的环节。正是基于对人才供应链这一理念的高度认可，安踏与倍智等人才公司合作实施了一系列诸如店长任职资格体系搭建、店长人才画像构建和盘点、事业部总经理培养发展等项目，打通“安途生”的晋升、培养和发展通道。在未来 5～8 年，这些被精准挑选、悉心栽培的管培生们将会一步步进入将储班、将官班，成长为未来的高级店长甚至是总经理，真正成为安踏事业发展的中坚力量。

第十三章

修炼十：

没有今天的无时差，只有未来的无时差

第一节　什么是无时差的人才补给

无时差的补给最早来自于丰田汽车的 Just - In - Time 即时制的生产方式，我们先看一下丰田汽车的无时差生产究竟是什么。

丰田喜一郎 1937 年成立“丰田汽车工业株式会社”，当时缺乏资金，无法像美国汽车一样，先造出一堆汽车然后慢慢地销售，所以丰田喜一郎提出一个特殊观点：只有在需要的时候，才生产刚好满足客户需要数量的产品，并称之为 Just - In - Time。但是在当时的条件下，实施起来有很多困难，所以只是停留在概念阶段，对丰田汽车而言没有太多的实际影响。1948 年，丰田汽车因生产过剩、产品（卡车）滞销，资金链断裂，被迫将生产和销售分拆经营（产销分离）。这个事件让丰田体会到“局部优化”（只考虑生产的效率提升，未考虑到销售能力与资金周转能力）的后遗症、“站在全局的角度来实施改善活动”的重要性，让丰田汽车公司副社长大野耐一坚定了“全局思维”的理念。

经过 30 年的不断改进，丰田建立了以拉动为精髓的精益生存模式。所谓拉动，就是信息指令是从客户端发出，按照从后往前的顺序下达生产指令的方式生产，保证在规定的时间生产客户需要的规定数量的产品。为了保证拉动，设计了“自动化”的生成运作方式，“自动化”体现的就是一处停，处处停，要么平准化地生产，要么就不生产。其实是为了保护拉动生产的状态。

1973 年，丰田这套系统通过石油危机的考验之后，终于宣告其 JIT 已大体实现。用这套系统能够以最少成本达成保证质量、降低库存、减少批量、节省时间的目标，应变能力变强，柔性更好。

对于无时差的人才补给，也是以需要的时候再生产为指导，在公司有人才需求的时候，我们期望以最少成本快速地实现人—岗匹配，没有人员冗余，也没有人员短缺。对于企业来说，最佳的人才供给状态是我需要什么样的人，马上就能找到什么样的人，也就是在正确的时间，把正确的人放在正确的位置。

什么是正确的人？正确的人就是高绩效的人。杰克·韦尔奇曾说过："公司前20%的员工是真正为公司发展创造奇迹的人。"同时，他也说过："即使自己把50%以上的工作时间都花在选人、用人上，选人的成功率也不超过60%①。"

什么是正确的时间？正确的时间就是岗位需要的时间，当一个岗位产生了人才需求，最正确的时间是越快越好，但是不同的岗位有不同的重要紧急程度。从整个公司层面上来说，只要人才的供给时间考虑到优先顺序，由人才需求拉动，快速地供给，这就是正确的时间。

什么是正确的位置？正确的位置就是人—岗匹配。人才的供给能够满足岗位所需的人才标准（高绩效岗位人才画像）。

因此，无时差的人才补给是实现由人才需求拉动的快速人—岗匹配。对企业来说，就是能通过关键人才支持业务发展。虽然让所有岗位的员工都达到高绩效是一个不可能完成的任务，但是业务发展需要的是组织能力的支持，组织能力在短期内能通过团队能力重构或外部人才招聘实现，长期发展则需要构建人才供应链体系，让企业产生高绩效人才的造血机制。因此，无时差不是绝对的无时差，而是相对的无时差。就像丰田汽车的零库存的目标，零库存是一个理想目标，任何改进都让库存不断减少，越来越趋近于零。不是今天的无时差，而是未来的无时差。

第二节　如何达成未来的无时差

人才供应链的建设不是一蹴而就的，它是一个长期的过程，我们不能指望在短时期内把人才供应链体系建设起来，达到无时差的人才供给。

要建设未来的无时差，需要分步骤、分策略地构建人才供应链体系，构建高绩效人才供应链体系建设全流程如图13－1所示。

① 《杰克·韦尔奇自传》

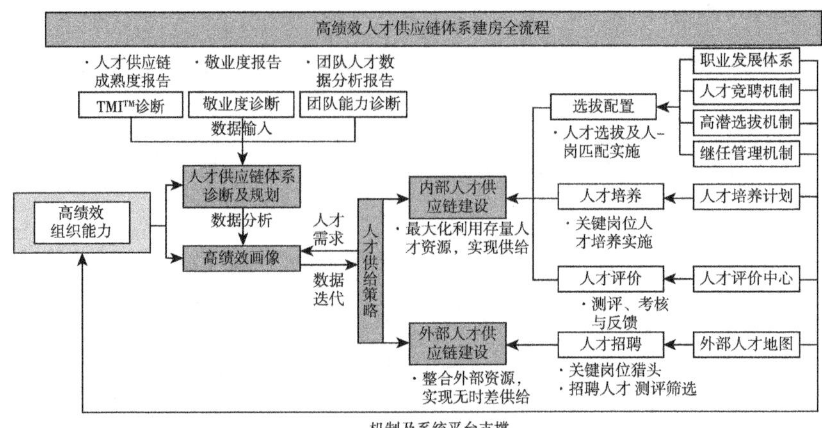

图 13－1　高绩效人才供应链体系建设全流程

首先，在人才供应链体系构建之前，我们需要诊断公司人才供应链体系的现状，具体包括三个部分：人才供应链成熟度诊断、敬业度诊断、团队能力诊断。诊断的目的是了解公司人才供给的现状、人才管理水平、员工敬业度水平及团队能力水平。在人才供应链不同发展阶段，公司需要解决的问题不一样，构建策略也不一样。

人才供应链管理成熟度按照在人才供应链体系中人才标准的清晰度、管理人员的成熟度、数据化程度和资源整合程度可划分为五个等级。虽然人才供应链管理诊断需要详细调研，但是我们可以通过表 13－1 进行简单的自评，初步了解企业人才供应链管理水平。

表 13－1　自评企业人才供应链管理水平

等级	典型管理模式	自评
一级 原始级	缺乏主动管理，处于无意识的状态，管理职责不清或缺位；关键人才的获取大多凭借个人关系，无校园招聘计划，人员自由生长；无培养计划，仅有简单的培训或送外学习	
二级 管理级	HR 内部分工明确，各司其职，但内部各模块之间相互隔离，注重本模块的利益；管理人员开始有意识地培养人才；人才的外部供应和内部供应缺乏整合，关键人才比较缺乏；人—岗匹配程度比较低	

续表

等级	典型管理模式	自评
三级 整合级	HR 内部各个模块分工明确，能在部门内集成资源，统一协调；管理人员对人才有统一的评价标准，掌握了一两种主流的人才评价工具和方法；有一两个跨模块成功运作的人才发展项目；公司重视后备人才梯队建设；能运用数据管理工具提高人才管理效率	
四级 协同级	HR 部门能够集成全公司资源，在公司形成成熟的人才发展和培养机制；管理人员在人才的选、育、用、留方面达成统一的标准，掌握了科学的人才评价方法；已搭建了后备人才梯队，并开始建设雇主品牌；能利用数据化结果分析人才供应链的效能，提出改进措施和建议	
五级 精益级	人才供应链管理机制充分融入管理体系中，对商业环境的变化有很好的弹性和适应性，能够快速组合和拆分组织所需的能力，进行动态、灵活地调整并供应人才；后备人才建设已形成相对成熟的机制；建成具有影响力的雇主品牌；人才供应链系统与业务数据充分结合，能根据业务发展的情况实时动态更新人才数据，对人才供应链效能各个指标提出预警和改善建议	

依据人才供应链管理成熟度诊断的结果，我们可以进行体系规划，分步骤地实现人才供应链体系建设。

其次，梳理组织中的关键岗位的高绩效人才画像，制定高绩效人才画像的人才标准（详见第五章岗位人才画像）。依据人才画像制定人才供应链策略，包括内部人才供应链建设和外部人才供应链建设。内部人才供应链建设包括人才的选拔配置、人才培养和人才评价，这三方面依据的是关键人才的高绩效人才画像；外部人才供应链建设包括整合外部资源，实现无时差人才补给，包括以外部人才地图为依据的人才招聘或外部合作等。

最后，在内外部人才供应链的实践过程中记录人才数据，包括人才的画像数据、选拔数据、培养数据、评价数据等，分析数据，为人才供应链体系规划和高绩效人才数据提供数据迭代的基础。人才供应链体系的建设应以数据驱动，逐步迭代，但是人才供应链体系构建应该如何以数据驱动呢？记录哪些数据，分析哪些数据，人才数据的作用有哪些？下面最后一部分，我们将了解如何以数据驱动构建高绩效的人才供应链体系。

第六部分

打造企业自己的人才供应链

通过前面五个部分的内容我们了解了打造人才供应链的十项修炼，每一项修炼都是人才供应链体系构建的关键议题，每一个关键议题都会产生大量的人才数据。第十四章我们将从人才数据的积累开始，介绍如何从零开始通过构建人才数据打造以人才数据为核心的人才供应链体系。

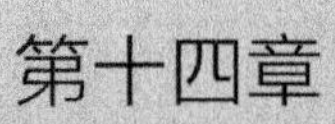

第十四章 构建以人才数据为核心的高绩效人才供应链体系

第一节　从业务角度设计关键的人才供应链指标

不同组织的人力资源的信息化程度不一样，有些公司的人才管理信息化已经非常成熟。比如承载了平安集团30年人力资源管理经验的HR－X系统，包括招聘、薪酬、绩效、培训和员工服务五大核心模块，通过人岗画像及业务场景数据底层的打通，以智能算法支持五大使用场景。本来就具备信息化基础的科技公司——百度，充分发挥在AI和大数据上的优势，创建了基于大数据的智能化人才管理系统（TIC），在人才选拔和匹配、舆情掌握及人才挽留预测等方面提高了人才管理的效率和准确度。但有些公司只有基本的人事管理模块，甚至只用excel来管理人才工作。

不同企业之间差异巨大，我们必须依据自身的现实条件分析如何踏出数据化的第一步。要想踏出第一步，我们首先需要了解公司的数据化基础如何，是不是进行人才数据构建的合适时机。

进行人才数据构建的合适时机

人才供应链和一般的人才管理最显著的区别是人才供应链是基于数据构建的。对于不同的企业和行业来说，人才管理的成熟度和人才数据的意义各有不同。人才供应链体系能够为企业带来多大的帮助？这取决于企业所拥有的人才数据的数量和决定人才管理质量指标的有效性。人才数据的积累并非一蹴而就，不同阶段的企业，人才数据收集的准备程度不同，什么时候企业做好了拥抱人才数据的准备，具备开展基于人才数据为核心的高绩效人才供应链体系的建设？如果企业出现以下5个信号，说明已经做好了准备：

（1）企业内部已经达成共识，认为企业内部存在分散在各个环节没有被很好利用的人才数据。

人才数据能给企业带来什么，如果在企业内部没有达成共识，使用人才数据就没有意义。人才数据对于个人、企业和行业的意义不同，能够带来更多的可能性，但是数据的采集必然会增加一部分工作量，前期达成一致是实现数据驱动管理的基础。

（2）企业中其他业务流程已习惯于用数据做商业决策。

如果企业没有习惯利用数据做决策，那么做人才数据分析也是很困难的。本质上，人才数据的使用就是数据在人力资源领域的运用。因此，最早使用人才数据并尝试运用分析的组织，大多是日常业务上已经习惯用数据做决策的企业，比如在人才数据收集和分析比较超前的平安集团。平安集团是从事金融行业的企业，所有的日常运营、经营都基于数据，在人才数据的采集和运用上并不需要在数据意义的宣导上花过多的力气，就能在集团内部达成一致。其他企业如果没有成熟完善的数据系统，但要运用人才数据，应该至少运用某种形式的商业分析，比如能够持续监控 KPI 指标体系。也就是说，企业内部开始使用一些可用的数据，而且企业内部有一定的数据驱动的文化，管理者在决策制定的过程中习惯使用数据报告，对数据有信任感，相信使用数据会比完全依赖于直觉做出的决策更好。

（3）企业鼓励实践和创新。

使用数据指标，关键要了解人才供应链的数据究竟是什么，能给企业带来什么，和传统的人力资源指标的差异是什么。通常人才数据的收集和获取前期虽然有一个明确的目标，但是这些目标在收集推进和数据验证的过程中，每个企业运用人才数据的出发点不一样，拥有的数据内容和质量也是有差异的。在推进过程中，总会有些反复和波折，因此企业必须鼓励实践和创新，从而发现人才数据给企业带来益处的方式。

（4）对高质量的数据有追求。

人才数据难以收集和质量差是企业不愿意使用大数据的原因之一，低质量的数据会让人才决策工作变得很难，从以下几方面可以判定数据的质量：

标准化：哪些数据是完全可以标准化的，比如哪些数据在任何情况、任何情景下都不会产生歧义，人的性别、年龄、司龄这些不会引起歧义的数据需要尽早收集，越完整越好，还有一些数据是必须提前定义的，如培训费用、培训小时数、聘用人数等。

精确性：数据能否代表我们要测的内容，比如要想了解招聘人员的有效性，用反应时间、填补职位空缺时间，或者招聘质量能否代表需要了解的内容。

要拥有高质量的数据，企业应该有正确的数据管理意识，如果数据管理不当，质量不能保证，人才数据不但不会成为财富，反而会变成累赘，基于低质量的数据所做的任何分析都是毫无意义的。

（5）公司负责人认可人才数据的价值。

人才供应链数据项目落地不是一蹴而就的，需要比较长的时间，而且开展初期需要各个部门配合，会增加业务部门的工作量，数据采集问题归根结底还是人的问题。因此，文化氛围的改变也很重要，需要自上而下的改变，如果公司负责人认可人才数据的价值，取得成功的概率就会增大。

从业务的角度设计关键的人才供应链指标

如果把人才供应链当作一个生产环节，那么人才供应链的计划、协调、控制、财务都有一些相应的量化指标去衡量这条人才供应链是否处于比较健康的状态。表 14－1 从人才供应链的计划、协调、控制和财务四个方面分析如何衡量人才供应链是否有效，这些指标既包括过程指标，也包括结果指标，企业可根据自身的实际情况去设计指标，并以此为目标收集人才数据。

第二节　从关键人才开始构建你的人才供应链

人才供应链的建设不是一蹴而就的，它有一个长期过程，我们不能指望短时期内把人才供应链体系建设起来，达到无时差的人才供给。这是不可能的，也不现实，但是我们可以一边输出人才，一边更新迭代系统，为未来的无时差做准备。

表 14－1　衡量人才供应链有效性的方法

	一级指标	二级指标	衡量内容	测量方式
计划	供应链可靠性	**人才需求预测准确率**	衡量企业能否根据商业环境和业务需求，及时对人才需求预测进行调整	一段周期内预测的人才需求/人才的实际需求
				周期一般为年、季度
				人才的实际需求为提上招聘日程的实际人才需求
	供应链的反应速度	**人才培养周期**	衡量企业从员工入职到完全胜任岗位所需要的时间	一般指应届生，或者短暂工作经验（1～2 年）人员的平均培养时间
				从入职到培养的等待时间 + 培养开始到结束的时间 + 培养完成等待利用新技能上岗的时间
	供应链可靠性	**人才培养计划完成率**	衡量在制定周期完成人才培养计划的比例情况	衡量企业人才培养在正确时间培养正确的人才的执行程度 = 培养人数完成率 × 培养技能完成率 =（实际培养人数/计划培养人数）×（实际培养技能/计划培养技能）
协调	供应链的柔性	**人才信息库的完备/时效性**	衡量企业是否更新内部、外部人才库的信息，提供快速匹配岗位的数据	完备性：根据事前确认的人才信息清单要求记录的信息内容的及时性：更新速度 人才信息清单指存储人才信息的内容要求，如人才的级别、能力、所属部门、薪资要求、所在公司（外部人才）、兴趣爱好等
	供应链的反应速度	**人才需求响应时间**	衡量企业能否及时响应人才需求	测量从岗位需求提出到正式到岗的时间

续表

	一级指标	二级指标	衡量内容	测量方式
协调	供应链的柔性	**人才数量变动**	衡量对人才需求频繁变化的适应程度	人才需求变动包含人才需求的增加和人才需求的减少。需求增加：在事先无计划下满足增加人才需求20%平均所需要的天数；需求减少：在没有业绩和财务损失的情况下，能够承受人才减少数量占人才总量的百分比
	供应链的柔性	**核心人才能力的通用度**	公司人才培养技能的复用性	培养的人才能力适用的岗位数量/岗位总数量
控制	供应链可靠性	人才首次匹配率	衡量人才供应链中对人才培养质量控制的指标	首次匹配合格次数/人才匹配次数达到岗位要求即为合格
	供应链可靠性	关键技能达标率	衡量培训能否达到预期的效果	关键技能达标率 = 关键技能达标人数/培养总人数 关键技能指对企业发展有重要影响的技能
	供应链可靠性	关键人才流失率	衡量关键人才的流失情况	关键人才流失率，衡量关键人才流失率的结果指标
财务	资产利用率	人才投资回报率	衡量人才投资的回报情况	（人才市场价值 - 人才投资成本 - 目前工资水平）/人才投资成本，人才投资成本为培训成本加上培训期间员工的工资（针对脱岗培训）
	资产利用率	人均利润率	衡量公司总体劳动力的利用情况	企业在一定时期内利润总额/总人数
	供应链成本	人才供应链成本	衡量人才供应链运营成本	招聘培训类员工工资 + 招聘成本 + 培训发展成本

人才供应链关注的不是所有人群，而是关键人群——干部和关键岗位。虽然关键岗位在不同行业和不同公司差异很大，但是管理者/干部这类关键人群对所有公司而言都非常重要。因此，我们建议人才供应链的建设打造从关键人才——管理人才供应链建设开始。

如何打造管理人才供应链？

第一步，我们需要梳理并整合管理人才分散在人才供应链中四个流程环节中的信息。从人才供应链四大支柱角度来说，就是人才规划、人才盘点、人才培养和人才补给；从管理者（干部）管理的角度来说，就是干部的选、育、管、用，如图 14－1 所示。

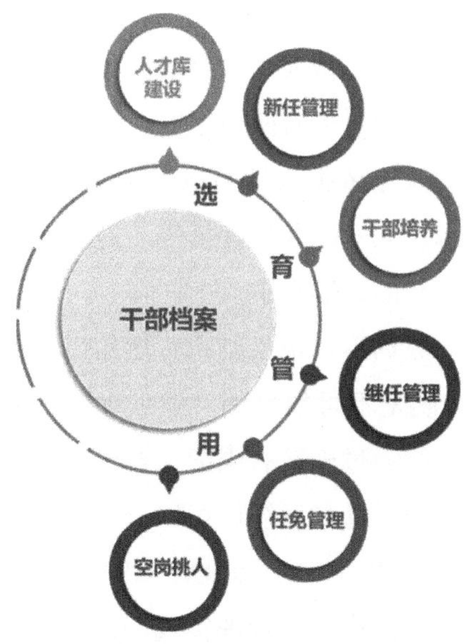

图 14－1　干部的选、育、管、用

打通这四个环节，需要以下几个步骤：

第一，围绕数据统合，建立完整的人才档案。

以干部人才档案为核心，整合干部的完整信息，解决企业干部管理中信息分散、不全、不易统计和分析的问题。

我们在人才供应链的前九项修炼的每个环节都会产生很多重要数据，而这些数据不一定完全掌握在人力资源部手中，可能分散在各个部门，可能在领导者的心里，也可能在人力资源部的各个职能模块的档案里，没有统合就不能分析，不能分析就没有价值。

第二，运用系统打通人才供应链的核心流程。

契合干部管理的核心流程，整合干部选、育、管、用等环节，打通各环节的数据运用。这不仅是干部管理的流程，也是关键人才管理的核心四大流程。

第三，在实际管理场景中重复使用，不断迭代。

从企业干部管理的场景出发，关注企业干部中的人才库建设、干部培养、新任管理、继任管理、任免管理、空岗选人等核心场景，帮助企业做出科学的人事决策。

第二步，数据的分析和决策建议。

收集人才数据的目的不是做人才数据的归集，而是为了进行人才供应链指标的分析。人才数据的分析有两个作用：

第一个作用，我们可以依据人才数据了解公司人才供应链建设现状，比如关键人才的流失率、人—岗匹配程度等。这些关键指标的高低决定一个公司的人才供应链体系的运转水平。

第二个作用，人才数据不仅记录结果，还给出量化的数据过程，这在HR信息化不完备的时候是不可想象的。过去想要知道这个企业的人才状况、人才管理水平，只能通过极其有限的、经验丰富的人力资源管理专家给出自己的经验判断，现在通过系统就可以分析过程数据。我们可以通过这些分析了解到在哪个关键环节出了问题，哪些环节怎么改进，通过什么方式改进。依据数据不断迭代人才管理实践，为达到未来无时差的人才供给做准备。

如图14－2所示，通过干部管理人才数据分析仪表盘，我们可以了解公司的人员结构，比如性别、学历、年龄、司龄等。这是普通的E－HR软件就可以做到的，更重要的是我们可以运用系统软件进行班子管理、核心人才库管理、继任图谱管理等。这些信息以往都散落在各个部门的文件里面，每当需要年度分析盘点的时候，人力资源部按照项目的形式，协调相关部门，打通壁垒，费时费力，数据不一定准确。现在数据归集可以方便上级领导在任何时候查阅相关信息。同时，系统还可以依据一定算法提出各类风险预警，比如关键岗位空岗预警、绩效连续低的预警等，能够实时把握干部的现状。

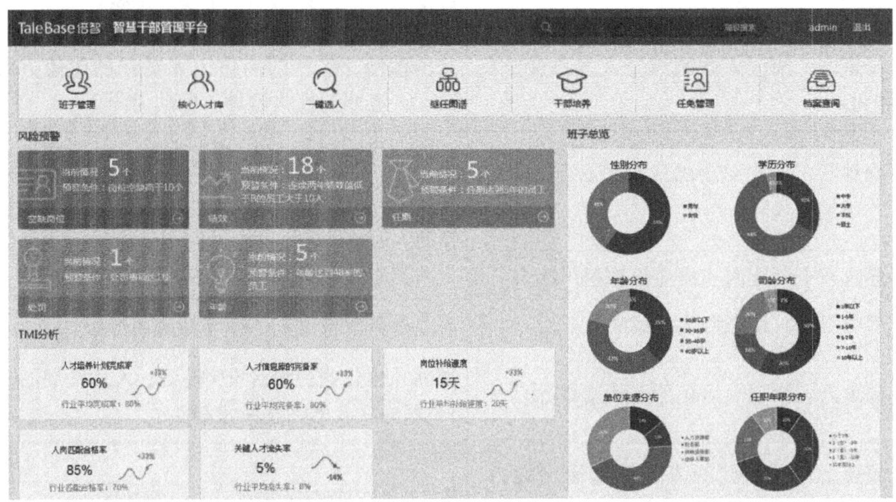

图 14－2 干部管理人才数据分析仪表盘

更为关键的是，它能依据人才数据分析企业最关心的结果指标，如公司整体的人—岗匹配程度、关键人才的流失程度，依据这些结果分析公司人才供给在哪方面出了问题，有备无患。某个企业通过人才数据分析发现人才供应链协调类指标出了问题——人才需求的响应速度变慢了（人才需求响应时间），从一个岗位需求的提出到最终人员到岗，以前只需要 1 个月的时间，现在可能需要 3 个月。这个时候，就需要了解人才供应链哪个环节出了问题，是外部人才供应链的问题——市场的供给少了，还是内部人才供应链的问题——有经验的招聘人员离职了？HR 负责人或业务部门的领导可以即时获得关键信息和分析方向。

总而言之，打造企业人才供应链并不是件容易的事。我们整理了文中每一个修炼所用到的基本工具、模型或方法，方便在人才管理实践第一线的工作者随时查用，如表 14－2 所示。

表 14 – 2　修炼用到的基本工具、模型或方法

修炼	工具、模型或方法
修炼一：三图一表是人才供应链管理的基础	三图一表、人才管理组织机制动态监控指标体系、能力检视表、人才分类矩阵表
修炼二：岗位人才画像是人才供应链的核心	冰山模型、倍智的岗位人才画像的构建方法、大五职业性格测评、驱动力测评
修炼三：人才冗余的风险指数级高于人才不足的风险	企业胜任素质能力体系模型图、3D + E 岗位任职资格标准、组织人员冗余自我检视问卷
修炼四：利用人才盘点重构组织能力	人才盘点实施全局图、人才盘点测评矩阵
修炼五：打造高潜人才梯队	人才准备度模型、千里驹高潜识别器
修炼六：测训一体化的人才培养方式	测训一体化项目设计 9D 模型、人才发展的 3A 理论、人才筛选两重漏斗
修炼七：预测性的方式培养通用能力，JIT 的方式培养专业技能	Just – In – Time 培养方式、在做中学
修炼八：选比育更重要	人—岗匹配、人—组织匹配的双匹配管理体系
修炼九：得校园招聘者得天下	校园招聘“三层漏斗”，新动力校园招聘工具
修炼十：没有今天的无时差，只有未来的无时差	高绩效人才供应链体系建设全流程图 人才供应链管理成熟度自检表

在 VUCA 时代，越来越多的企业已经深刻体会到人才对于企业的重要性。为应对瞬息万变的商业环境，我们认为需要确立一种全新的、考虑到企业所面临的不确定因素的人才管理方式，这就是人才供应链管理（Talent Supply Chain Management）。基于供应链的管理思想来实现“Just – In – Time”的人才供给模式，以便及时、动态、前瞻性地匹配业务的发展需求。

附　录

一、人才供应链成熟度 TMI™调研

这是一场针对企业人才供应链建设的线上调研，用真实的数据告诉你打造人才供应链的有效方案，实现企业高绩效的良性循环。

- 评估人才供应链管理效能。
- 推动人才供应链建设。
- 明确人才管理提升方向。

调研模型：

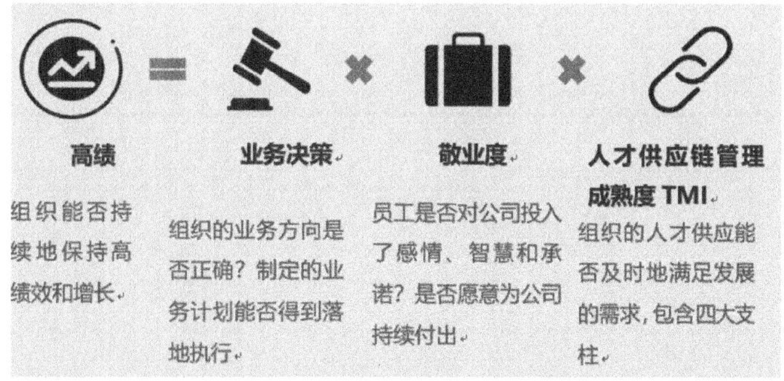

调研对象：高管、各条线/部门负责人、HR 等人员（最好 10 人以上）。

为什么参与我们的调研？

全面检查：帮助企业领导者了解目前企业的人才供应链管理成熟度。

行业对标：识别企业与行业其他企业对比，人才供应链的优势和待发展领域。

了解现状：了解自身在人才供应链的长板和短处，为有针对性的改善提供保障。

持续改进：每年参加调研诊断，进行纵向对比、持续改进，了解组织

的变化。

突出人才的价值：从企业绩效层面考虑人才管理，使人才管理的价值最大化。

通过调研可以掌握组织的绩效水平、员工敬业度、人才供应链管理成熟度等综合信息，找到人才供应链建设的优势和短板，为提升绩效提供科学指引，每年参加调研诊断，进行纵向对比，能够持续跟进组织 TMI 变化。

二、人才盘点的主要测评工具

TaleBase 倍智

心理测评工具——Talent5 大五职业性格测评TM

Talent5 大五职业性格测评TM是在最权威的性格理论大五人格模型的基础上，经过中国企业大规模数据测试开发而成的。大五职业性格测评通过**评估与工作相关的关键性格特质，了解个体的行为、思考和情绪感知的风格，有效预测个体的能力表现。**

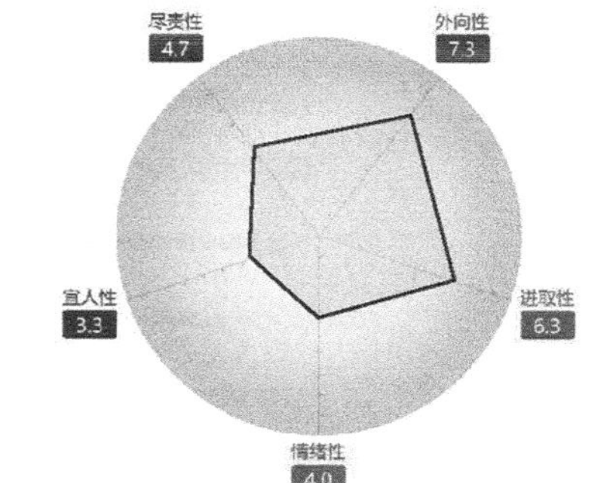

维度	子维度
进取性	抱负、对抗性、独立性
外向性	活力、乐群性、社交性
尽责性	条理性、责任感、精确性
宜人性	利他、同理心、信任
情绪性	焦虑、忧虑、敏感

主要优势

- 用途广泛：一次测评的结果可以应用于招聘、发展、高潜识别、团队发展等多个阶段
- 快速定制：可以链接到倍智能力库（TCF），也可以链接企业自己的能力模型，出具对应的能力报告
- 使用便捷：支持PC端、移动端（手机、平板）参与测评，通常15分钟即可完成
- 常模区分：具有通用、应届生、职业人、管理人员4个常模对照组，可以根据测评的应用人群选择对应的对照组，提升测评结果的精确性

典型客户

腾讯、平安集团、中国电信、三星、唯品会、华润集团、星巴克

“大五职业性格测评为我们在创新人才的培养和选拔上提供了很有用的参考意见，有助于我们提升识人用人的精确性。”

——中国电信

TaleBase倍智

心理测评工具——Talent5 大五职业性格测评TM

性格链接能力

倍智通过在中国企业进行大规模试测，建立了大五各个子维度与能力之间的相关数据库，通过大五的测评结果可以有效预测能力水平，达到大五职业性格测评与能力模型的无缝链接。

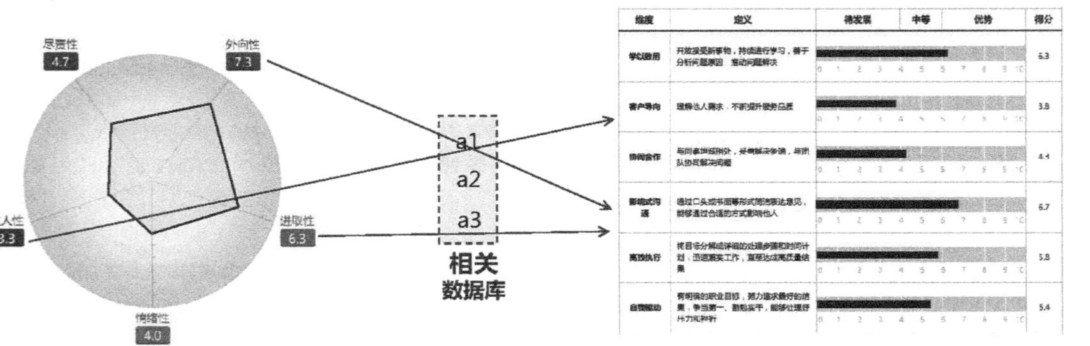

如右图所示，测评者在影响式沟通、学以致用能力上面水平高，在客户导向上水平低。
如左图所示，测评者进取性和外向性水平高，说明其能快速产生想法并影响他人，体现在能力上表现为影响式沟通水平高；
宜人性水平低，说明其很少站在他人的角度上思考，体现在能力上表现为客户导向水平低。

TaleBase倍智

心理测评工具——iLogic 职业认知能力测评TM

认知能力是考察人们对事物的构成、事物之间的联系等基本规律的把握能力。认知能力可有效预测个体的工作表现，尤其是复杂的工作或者要求测评者具备高度学习能力的岗位。

iLogic 认知能力测评TM基于吉尔福特的智力结构理论开发，从**言语推理、数字推理、逻辑推理**三个方面考察个体的认知能力。**题库超过4000题，系统随机抽卷，每年定时更新题库。**

操作 认知 记忆 聚合 评价…

内容 视觉 听觉 符号 语义 行为

产品 单元 分类 关系…

言语推理 数字推理 逻辑推理

主要优势

- 安全：4000+道题目，基于随机抽题技术生成测试问卷，有效降低题目曝光率
- 使用便捷：支持PC端、移动端（收集、平板）参与测评

典型客户

万科、安利、日立电梯、时代地产、顺丰速运

“职业认知能力测评大大降低了我们校招中的工作量，而且倍智的题库很新，具有很强的公平性。”

——安利（中国）

TaleBase倍智

心理测评工具——BA 商业推理测评™

商业推理测评**基于商业情境来评估个体的认知能力，可以有效预测个体未来的工作绩效。**在商业推理上表现突出的个体善于分析和定义问题，并能够总结规律以避免未来出现类似的问题，同时他们能平衡问题的短期和长期风险，做出更好的决策。对于管理者而言，层级越高，对概念性思考方面要求更高。

BA 商业推理测评™基于认知风格与认知理论的研究开发，从**策略性推理和概念性思考**两方面进行测评，适用于管理人员，商业、运营类岗位人员认知能力的评估。

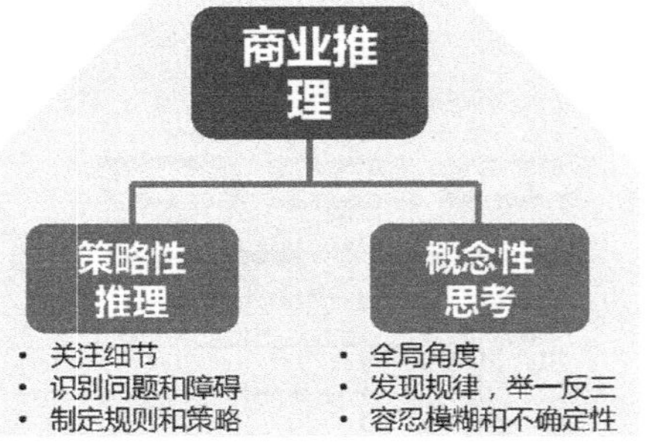

主要优势

- 体验好：题目完全基于商业情境，适合于考察管理人员
- 使用便捷：支持PC端、移动端（手机、平板）参与测评，40分钟即可完成
- 针对性常模：在中国具有10万常模数据

典型客户

恒大集团、奔驰、顺丰速运、海印集团

“逻辑思维对管理者来说尤为重要，商业推理测评帮助我们有效的识别出各层级中高潜质的管理后备，他们在晋升后都有着很好的表现。”

——海印集团

*

TaleBase倍智

心理测评工具——iDriver 职业驱动力测评™

员工在工作中的表现不仅仅取决于他们的能力，还会受到深层次的驱动力因素影响。只有个人的驱动力与能力互相结合，员工才能产生最佳绩效。而组织文化与个人驱动力越匹配，越能够有效提升员工的工作投入度，促进员工能力的最大发挥。

iDriver **职业驱动力**测评™基于麦克利兰成就动机理论，结合企业多年研究和实践而开发，从**14项驱动因素**探讨哪些方面对个体具有强激励作用。

主要优势

- 降低员工流失率：**发现降低员工投入度或降低员工士气的因素，领导者可以专注于让他们保持热情和动力的方法，从而降低离职风险**
- 支持招聘和人才管理：**将个体的驱动力与岗位或组织进行匹配，可以评估员工的适合度，以及发现如何更好地管理员工**
- 帮助建立更为积极的工作文化：**通过理解员工的驱动因素，可以建立更具激励性的工作环境**

典型客户

中国电信、华夏幸福基业、星河地产

“倍智的驱动力产品在帮助我们寻找人才的同时，通过关注候选人驱动力与企业文化的一致性，有效降低了我们的人才流失率。”

——星河地产

TaleBase倍智

心理测评工具——Drisk 任职风险因素测评TM

任职风险因素是性格中的“风险因素”，它会危害工作关系、阻碍高效工作、限制职业发展、造成高潜力员工可能不胜任未来工作的潜在风险，在管理人员或风险审计等岗位需要重点关注。

Drisk 任职风险因素测评TM基于专业的心理诊断系统DSM-IV以及Alder、Horney的人际互动理论开发，从**11个维度**描述测评者性格中存在的会影响职业和领导力发展的风险因素。

远离人	➢ 情绪化 ➢ 多疑 ➢ 谨慎 ➢ 内向疏远 ➢ 消极
面向人	➢ 过度自信 ➢ 标新立异 ➢ 竭力表现 ➢ 冲动冒险
趋向人	➢ 苛求 ➢ 依赖顺从

主要优势

- 降低招聘风险：**任职风险具有一定的隐蔽性，通过面试很难观察到，测评可以帮助识别个体潜在风险**
- 领导力辅导：**识别高潜人才的潜在风险，提前进行领导力辅导，引导他们更好地适应未来岗位要求**
- 使用便捷：**支持PC端，移动端（手机、平板）参与测评，大约15分钟即可完成**

典型客户

万科、泽京集团、中移国际

“层级越高，风险因素的破坏性越大，任职风险因素测评大大降低了我们在高管选聘中的风险。”

——泽京集团

TaleBase倍智

心理测评工具——Menlth 职业心理健康测评™

心理健康的个体不仅免除心理病症等消极因素的困扰，而且具有一种努力发展自我、完善自我的积极心理状态。

Menlth 职业心理健康测评™采用心理健康双因素模型，以**积极心理与消极心理**作为心理健康诊断的两个独立因素，并将心理健康划分为**健康、有风险、异常**三大状态。

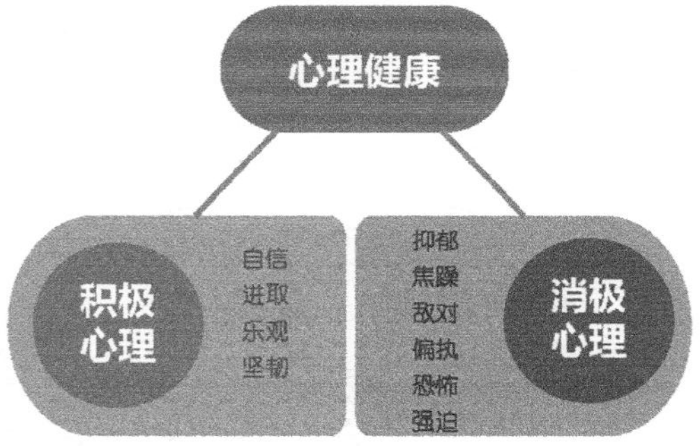

心理健康

积极心理：自信　进取　乐观　坚韧

消极心理：抑郁　焦躁　敌对　偏执　恐怖　强迫

主要优势

- 快速劣汰：**报告简单、直观，适用于各类人群，可通过心理健康的三大状态进行快速淘汰**
- 使用便捷：**支持PC端，移动端（手机、平板）参与测评，大约5分钟即可完成**

典型客户

华为、长城证券、招商基金、神州数码

“倍智的心理健康测评为我们提供了一个很好的工具，用以关注员工的心理健康状态。”

——招商基金

*

推荐作者得新书!

博瑞森征稿启事

亲爱的读者朋友:

感谢您选择了博瑞森图书!希望您手中的这本书能给您带来实实在在的帮助!

博瑞森一直致力于发掘好作者、好内容,希望能把您最需要的思想、方法,一字一句地交到您手中,成为管理知识与管理实践的桥梁。

但是我们也知道,有很多深入企业一线、经验丰富、乐于分享的优秀专家,或者忙于实战没时间,或者缺少专业的写作指导和便捷的出版途径,只能茫然以待……

还有很多在竞争大潮中坚守的企业,有着异常宝贵的实践经验和独特的洞察,但缺少专业的记录和整理者,无法让企业的经验和故事被更多的人了解、学习……

对读者而言,这些都太遗憾了!

博瑞森非常希望能将这些埋藏的"宝藏"发掘出来,贡献给广大读者,让更多的人从中受益。

所以,我们真心地邀请您,我们的老读者,帮我们搜寻:

推荐作者

可以是您自己或您的朋友,只要对本土管理有实践、有思考;可以是您通过网络、杂志、书籍或其他途径了解的某位专家,不管名气大小,只要他的思想和方法曾让您深受启发。

可以是管理类作品,也可以超出管理,各类优秀的社科作品或学术作品。

推荐企业

可以是您自己所在的企业,或者是您熟悉的某家企业,其创业过程、运营经历、产品研发、机制创新,等等。无论企业大小,只要乐于分享、有值得借鉴书写之处。

总之,好内容就是一切!

博瑞森绝非"自费出书",出版费用完全由我们承担。您推荐的作者或企业案例一经采用,我们会立刻向您赠送书币 1000 元,可直接换取任何博瑞森图书的纸书或电子书。

感谢您对本土管理原创、博瑞森图书的支持!

推荐投稿邮箱:bookgood@126.com　　推荐手机:13611149991

企业案例·老板传记

	书名．作者	内容/特色	读者价值
企业案例·老板传记	**你不知道的加多宝：原市场部高管讲述** 曲宗恺　牛玮娜　著	前加多宝高管解读加多宝	全景式解读，原汁原味
	借力咨询：德邦成长背后的秘密 官同良　王祥伍　著	讲述德邦是如何借助咨询公司的力量进行自身与发展的	来自德邦内部的第一线资料，真实、珍贵，令人受益匪浅
	娃哈哈区域标杆：豫北市场营销实录 罗宏文　赵晓萌　等著	本书从区域的角度来写娃哈哈河南分公司豫北市场是怎么进行区域市场营销，成为娃哈哈全国第一大市场、全国增量第一高市场的一些操作方法	参考性、指导性，一线真实资料
	六个核桃凭什么：从0过100亿 张学军　著	首部全面揭秘养元六个核桃裂变式成长的巨著	学习优秀企业的成长路径，了解其背后的理论体系
	像六个核桃一样：打造畅销品的36个简明法则 王　超　范　萍　著	本书分上下两篇：包括"六个核桃"的营销战略历程和36条畅销法则	知名企业的战略历程极具参考价值，36条法则提供操作方法
	解决方案营销实战案例 刘祖轲　著	用10个真案例讲明白什么是工业品的解决方案式营销，实战、实用	有干货、真正操作过的才能写得出来
	招招见销量的营销常识 刘文新　著	如何让每一个营销动作都直指销量	适合中小企业，看了就能用
	我们的营销真案例 联纵智达研究院　著	五芳斋粽子从区域到全国/诺贝尔瓷砖门店销量提升/利豪家具出口转内销/汤臣倍健的营销模式	选择的案例都很有代表性，实在、实操！
	中国营销战实录：令人拍案叫绝的营销真案例 联纵智达　著	51个案例，42家企业，38万字，18年，累计2000余人次参与……	最真实的营销案例，全是一线记录，开阔眼界
	双剑破局：沈坤营销策划案例集 沈　坤　著	双剑公司多年来的精选案例解析集，阐述了项目策划中每一个营销策略的诞生过程，策划角度和方法	一线真实案例，与众不同的策划角度令人拍案叫绝、受益匪浅
	宗：一位制造业企业家的思考 杨　涛　著	1993年创业，引领企业平稳发展20多年，分享独到的心得体会	难得的一本老板分享经验的书
	简单思考：AMT咨询创始人自述 孔祥云　著	著名咨询公司（AMT）的CEO创业历程中点点滴滴的经验与思考	每一位咨询人，每一位创业者和管理经营者，都值得一读
	边干边学做老板 黄中强　著	创业20多年的老板，有经验、能写、又愿意分享，这样的书很少	处处共鸣，帮助中小企业老板少走弯路
	三四线城市超市如何快速成长：解密甘雨亭 IBMG国际商业管理集团　著	国内外标杆企业的经验＋本土实践量化数据＋操作步骤、方法	通俗易懂，行业经验丰富，宝贵的行业量化数据，关键思路和步骤
	中国首家未来超市：解密安徽乐城 IBMG国际商业管理集团　著	本书深入挖掘了安徽乐城超市的试验案例，为零售企业未来的发展提供了一条可借鉴之路	通俗易懂，行业经验丰富，宝贵的行业量化数据，关键思路和步骤

互联网＋

	书名．作者	内容/特色	读者价值
互联网＋	**新营销** 刘春雄　著	新营销的新框架体系是场景是产品逻辑，IP是品牌逻辑，社群是连接逻辑，传播是营销逻辑	助力品牌商实现由传统营销到新营销的理念和行动的跨越，助力企业打赢升级转型之仗
	企业微信营销全指导 孙　巍　著	专门给企业看到的微信营销书，手把手教企业从小白到微信营销专家	企业想学微信营销现在还不晚，两眼一抹黑也不怕，有这本书就够

续表

互联网+	**企业网络营销这样做才对：B2B大宗B2C** 张　进　著	简单直白拿来就用，各种窍门信手拈来，企业网络营销不麻烦也不用再头疼，一般人不告诉他	B2B、大宗B2C企业有福了，看了就能学会网络营销
	互联网时代的银行转型 韩友诚　著	以大量案例形式为读者全面展示和分析了银行的互联网金融转型应对之道	结合本土银行转型发展案例的书籍
	正在发生的转型升级·实践 本土管理实践与创新论坛　著	企业在快速变革期所展现出的管理变革新成果、新方法、新案例	重点突出对于未来企业管理相关领域的趋势研判
	触发需求：互联网新营销样本·水产 何足奇　著	传统产业都在苦闷中挣扎前行，本书通过鲜活的案例告诉你如何以需求链整合供应链，从而把大家熟知的传统行业打碎了重构、重做一遍	全是干货，值得细读学习，并且作者的理论已经经过了他亲自操刀的实践检验，效果惊人，就在书中全景展示
	移动互联新玩法：未来商业的格局和趋势 史贤龙　著	传统商业、电商、移动互联，三个世界并存，这种新格局的玩法一定要懂	看清热点的本质，把握行业先机，一本书搞定移动互联网
	微商生意经：真实再现33个成功案例操作全程 伏泓霖　罗晓慧　著	本书为33个真实案例，分享案例主人公在做微商过程中的经验教训	案例真实，有借鉴意义
	阿里巴巴实战运营——14招玩转诚信通 聂志新　著	本书主要介绍阿里巴巴诚信通的十四个基本推广操作，从而帮助使用诚信通的用户及企业更好地提升业绩	基本操作，很多可以边学边用，简单易学
	阿里巴巴实战运营2：诚信通热卖技巧 聂嵘海　著	诚信通TOP商家赚钱的密码箱，手把手教你操作，拿来就用	图文并茂，内容齐全，直接可以对照使用
	抖音营销如何做：未来抖商 刘大贺　著	解密从0到1亿粉丝的实操路径，深度剖析抖音营销全系统策略	企业做抖音营销的第一书
	微商团队长：从入门到精通 罗品牌　著	由浅入深，涵盖微商团队长必学技能的方方面面	只要照着做，就能当好微商团队长
	互联网精准营销 蒋　军　著	怎么在互联网时代整体策划、包装品牌和产品，并在此基础上为企业设计商业模式，技术实现并运营落地	为有基础的小微企业（大企业的新项目）1年实现销售额过亿，2年对接资本，3年左右准IPO
	今后这样做品牌：移动互联时代的品牌营销策略 蒋　军　著	与移动互联紧密结合，告诉你老方法还能不能用，新方法怎么用	今后这样做品牌就对了
	互联网+“变”与“不变”：本土管理实践与创新论坛集萃·2016 本土管理实践与创新论坛　著	本土管理领域正在产生自己独特的理论和模式，尤其在移动互联时代，有很多新课题需要本土专家们一起研究	帮助读者拓宽眼界、突破思维
	创造增量市场：传统企业互联网转型之道 刘红明　著	传统企业需要用互联网思维去创造增量，而不是用电子商务去转移传统业务的存量	教你怎么在“互联网+”的海洋中创造实实在在的增量
	重生战略：移动互联网和大数据时代的转型法则 沈　拓　著	在移动互联网和大数据时代，传统企业转型如同生命体打算与再造，称之为“重生战略”	帮助企业认清移动互联网环境下的变化和应对之道
	画出公司的互联网进化路线图：用互联网思维重塑产品、客户和价值 李　蓓　著	18个问题帮助企业一步步梳理出互联网转型思路	思路清晰、案例丰富，非常有启发性
	7个转变，让公司3年胜出 李　蓓　著	消费者主权时代，企业该怎么办	这就是互联网思维，老板有能这样想，肯定倒不了
	跳出同质思维，从跟随到领先 郭　剑　著	66个精彩案例剖析，帮助老板突破行业长期思维惯性	做企业竟然有这么多玩法，开眼界

续表

行业类:零售、白酒、食品/快消品、农业、医药、建材家居等			
	书名.作者	内容/特色	读者价值
零售·超市·餐饮·服装	**总部有多强大,门店就能走多远** IBMG 国际商业管理集团 著	如何把总部做强,成为门店的坚实后盾	了解总部建设的方法与经验
	超市卖场定价策略与品类管理 IBMG 国际商业管理集团 著	超市定价策略与品类管理实操案例和方法	拿来就能用的理论和工具
	连锁零售企业招聘与培训破解之道 IBMG 国际商业管理集团 著	围绕零售企业组织架构、培训体系建设等内容进行深刻探讨	破解人才发现和培养瓶颈的关键点
	中国首家未来超市:解密安徽乐城 IBMG 国际商业管理集团 著	介绍了乐城作为中国首家未来超市从无到有的传奇经历	了解新型零售超市的运作方式及管理特色
	三四线城市超市如何快速成长:解密甘雨亭 IBMG 国际商业管理集团 著	揭秘一家三四线连锁超市的经验策略	不但可以欣赏它的优点,而且可以学会它成功的方法
	新零售 新终端 迪智成咨询团队 著	梳理和提炼新零售的系统打法,将之落地在新终端建设上	让新零售这一看似形而上的商业概念有了可以落地的立足点
	新零售动作分解:建材 家居 家具 盛斌子 著	第一本锁定在家居建材、家电、家装等耐用消费品领域谈新零售的书	第一本谈新零售的具体动作、策略、方法、招术的书,拿来就用
	新零售进化趋势与未来格局 李政权 著	通过业态、品类、体验、场景等,逐一呈现新零售的未来进化	就新零售未来的发展方向与进化趋势给出一个确定性的未来
	涨价也能卖到翻 村松达夫 【日】	提升客单价的 15 种实用、有效的方法	日本企业在这方面非常值得学习和借鉴
	移动互联下的超市升级 联商网专栏频道 著	深度解析超市转型升级重点	帮助零售企业把握全局、看清方向
	手把手教你做专业督导:专卖店、连锁店 熊亚柱 著	从督导的职能、作用,在工作中需要的专业技能、方法,都提供了详细的解读和训练办法,同时附有大量的表单工具	无论是店铺需要统一培训,还是个人想成为优秀的督导,有这一本就够了
	百货零售全渠道营销策略 陈继展 著	没有照本宣科、说教式的絮叨,只有笔者对行业的认知与理解,庖丁解牛式的逐项解析、展开	通俗易懂,花极少的时间快速掌握该领域的知识及趋势
	零售:把客流变成购买力 丁 昀 著	如何通过不断升级产品和体验式服务来经营客流	如何进行体验营销,国外的好经营,这方面有启发
	餐饮企业经营策略第一书 吴 坚 著	分别从产品、顾客、市场、盈利模式等几个方面,对现阶段餐饮企业的发展提出策略和思路	第一本专业的、高端的餐饮企业经营指导书
	餐饮新营销 杨 勇 程绍珊 著	在新环境下,对餐饮营销管理进行了全面深入的解读,提供了方式方法	全面性、系统性,区别于市面上的纯操作类作品
	电影院的下一个黄金十年:开发·差异化·案例 李保煜 著	对目前电影院市场存大的问题及如何解决进行了探讨与解读	多角度了解电影院运营方式及代表性案例
	赚不赚钱靠店长:从懂管理到会经营 孙彩军 著	通过生动的案例来进行剖析,注重门店管理细节方面的能力提升	帮助终端门店店长在管理门店的过程中实现经营思路的拓展与突破
耐消品	**商用车经销商运营实战** 杜建君 王朝阳 章晓青 等著	从管理到经营,从销售到服务,系统化运作全指导	为经销商经营开阔思路,掌握方法
	汽车配件这样卖:汽车后市场销售秘诀 100 条 俞士耀 著	汽配销售业务员必读,手把手教授最实用的方法,轻松得来好业绩	快速上岗,专业实效,业绩无忧

续表

耐消品	**润滑油销售:这样说这样做更有效** 张金荣　著	针对渠道、经销商、终端的超实用话术	上车看,下车用,3 分钟就能学会。
	新经销:新零售时代,教你做大商 黄润霖　著	从选址、产品、促销、团队、规模阐述新经销变与不变的市场手法和操作思路	实地拜访近 100 位经销商在传统营销手法上的创新、新营销工具的发现
	珠宝黄金新营销 崔德乾　著	营销、品牌、产品、连接、场景、社群、服务、传播、管理及产业价值链	新营销在珠宝行业的实战应用,业内必备第一书
	跟行业老手学经销商开发与管理:家电、耐消品、建材家居 黄润霖　著	全部来源于经销商管理的一线问题,作者用丰富的经验将每一个问题落实到最便捷快速的操作方法上去	书中每一个问题都是普通营销人亲口提出的,这些问题你也会遇到,作者进行的解答则精彩实用
白酒	**酒水饮料快消品餐饮渠道营销手册** 朱伟杰　著	主要针对快消品(酒水、饮料)的餐饮渠道,提供了区域、商圈、不同业态的规划和促销安排等多种工具,并提出了经销商、批发商等相关人员的管理方法	一本酒水饮料如何在餐饮渠道销售的全能手册,内容深入翔实,可以直接照搬套用,这样的便利简直千金不换
	白酒到底如何卖 赵海永　著	以市场实战为主,多层次、全方位、多角度地阐释了白酒一线市场操作的最新模式和方法,接地气	实操性强,37 个方法、6 大案例帮你成功卖酒
	变局下的白酒企业重构 杨永华　著	帮助白酒企业从产业视角看清趋势,找准位置,实现弯道超车的书	行业内企业要减少 90%,自己在什么位置,怎么做,都清楚了
	1. 白酒营销的第一本书(升级版) **2. 白酒经销商的第一本书** 唐江华　著	华泽集团湖南开口笑公司品牌部长,擅长酒类新品推广、新市场拓展	扎根一线,实战
	区域型白酒企业营销必胜法则 朱志明　著	为区域型白酒企业提供 35 条必胜法则,在竞争中赢销的葵花宝典	丰富的一线经验和深厚积累,实操实用
	10 步成功运作白酒区域市场 朱志明　著	白酒区域操盘者必备,掌握区域市场运作的战略、战术、兵法	在区域市场的攻伐防守中运筹帷幄,立于不败之地
	酒业转型大时代:微酒精选 2014－2015 微酒　主编	本书分为五个部分:当年大事件、那些酒业营销工具、微酒独立策划、业内大调查和十大经典案例	了解行业新动态、新观点,学习营销方法
快消品·食品	**中国快消品营销的这些年** 史贤龙　著	作者精华文章的合集,一本书浓缩了过去十五年,中国营销的实战历程与前沿思考	快消品营销行业的案例和方法都原汁原味呈现,在反映当时风貌的同时,展望与反思
	营销中国茶:2 小时读懂茶叶营销 史贤龙　著	从不同视角对中国的茶营销进行了思考,内容涉及中国茶产业战略困境、茶企规模化、茶品牌崛起、茶文化、茶营销、茶消费、茶零售、茶道等	内容丰富扎实,文字流畅,浓缩的都是精华,让你 2 小时读懂茶叶营销
	这样打造快消品标杆市场 罗宏文　著	帮助你解决如何成功打造标杆市场和进行持续增量管理两大问题	一套系统的方法论,通俗易懂,可以直接套用
	5 小时读懂快消品营销:中国快消品案例观察 陈海超　著	多年营销经验的一线老手把案例掰开了、揉碎了,从中得出的各种手段和方法给读者以帮助和启发	营销那些事儿的个中秘辛,求人还不一定告诉你,这本书里就有
	快消品招商的第一本书:从入门到精通 刘　雷　著	深入浅出,不说废话,有工具方法,通俗易懂	让零基础的招商新人快速学习书中最实用的招商技能,成长为骨干人才
	乳业营销第一书 侯军伟　著	对区域乳品企业生存发展关键性问题的梳理	唯一的区域乳业营销书,区域乳品企业一定要看

续表

快消品·食品	**金龙鱼背后的粮油帝国** 余　盛　著	讲述金龙鱼品牌及母公司丰益国际的商业冒险故事	在精彩的阅读体验中学到营销管理的方法
	食用油营销第一书 余　盛　著	10 多年油脂企业工作经验,从行业到具体实操	食用油行业第一书,当之无愧
	中国茶叶营销第一书 柏　龑　著	如何跳出茶行业"大文化小产业"的困境,作者给出了自己的观察和思考	不是传统做茶的思路,而是现在商业做茶的思路
	调味品企业八大必胜法则 张　戟　著	八大规律性的关键成功要素,背后都有本土调味品企业的成功实践	"观点阐述 + 案例描述",行业必读
	调味品营销第一书 陈小龙　著	国内唯一一本调味品营销的书	唯一的调味品营销的书,调味品的从业者一定要看
	快消品营销人的第一本书:从入门到精通 刘　雷　伯建新　著	快消行业必读书,从入门到专业	深入细致,易学易懂
	变局下的快消品营销实战策略 杨永华　著	通胀了,成本增加,如何从被动应战变成主动的"系统战"	作者对快消品行业非常熟悉、非常实战
	快消品经销商如何快速做大 杨永华　著	本书完全从实战的角度,评述现象,解析误区,揭示原理,传授方法	为转型期的经销商提供了解决思路,指出了发展方向
	快消品营销:一位销售经理的工作心得 2 蒋　军　著	快消品、食品饮料营销的经验之谈,重点图书	来源与实战的精华总结
	快消品营销与渠道管理 谭长春　著	将快消品标杆企业渠道管理的经验和方法分享出来	可口可乐、华润的一些具体的渠道管理经验,实战
	成为优秀的快消品区域经理(升级版) 伯建新　著	用"怎么办"分析区域经理的工作关键点,增加 30% 全新内容,更贴近环境变化	可以作为区域经理的"速成催化器"
	销售轨迹:一位快消品营销总监的拼搏之路 秦国伟　著	本书讲述了一个普通销售员打拼成为跨国企业营销总监的真实奋斗历程	激励人心,给广大销售员以力量和鼓舞
	快消老手都在这样做:区域经理操盘锦囊 方　刚　著	非常接地气,全是多年沉淀下来的干货,丰富的一线经验和实操方法不可多得	在市场摸爬滚打的"老油条",那些独家绝招妙招一般你问都是问不来的
	动销四维:全程辅导与新品上市 高继中　著	从产品、渠道、促销和新品上市详细讲解提高动销的具体方法,总结作者 18 年的快消品行业经验,方法实操	内容全面系统,方法实操
农业	**饲料营销有方法:策略　案例　工具** 陈石平　著	跳出饲料看饲料,根据饲料营销的关键成功要素(KSF)提出 7 大核心命题	紧跟农牧产业发展大势,提高饲料企业营销竞争力
	新农资如何换道超车 刘祖轲　等著	从农业产业化、互联网转型、行业营销与经营突破四个方面阐述如何让农资企业占领先机、提前布局	南方略专家告诉你如何应对资源浪费、生产效率低下、产能严重过剩、价格与价值严重扭曲等
	中国牧场管理实战:畜牧业、乳业必读 黄剑黎　著	本书不仅提供了来自一线的实际经验,还收入了丰富的工具文档与表单	填补空白的行业必读作品
	中小农业企业品牌战法 韩　旭　著	将中小农业企业品牌建设的方法,从理论讲到实践,具有指导性	全面把握品牌规划,传播推广,落地执行的具体措施
	农资营销实战全指导 张　博　著	农资如何向"深度营销"转型,从理论到实践进行系统剖析,经验资深	朴实、使用!不可多得的农资营销实战指导
	农产品营销第一书 胡浪球　著	从农业企业战略到市场开拓、营销、品牌、模式等	来源于实践中的思考,有启发
	变局下的农牧企业 9 大成长策略 彭志雄　著	食品安全、纵向延伸、横向联合、品牌建设……	唯一的农牧企业经营实操的书,农牧企业一定要看

续表

医药	**在中国,医药营销这样做:时代方略精选文集** 段继东　主编	专注于医药营销咨询15年,将医药营销方法的精华文章合编,深入全面	可谓医药营销领域的顶尖著作,医药界读者的必读书
	医药新营销:制药企业、医药商业企业营销模式转型 史立臣　著	医药生产企业和商业企业在新环境下如何做营销？老方法还有没有用？如何寻找新方法？新方法怎么用？本书给你答案	内容非常现实接地气,踏实谈问题说方法
	医药企业转型升级战略 史立臣　著	药企转型升级有5大途径,并给出落地步骤及风险控制方法	实操性强,有作者个人经验总结及分析
	新医改下的医药营销与团队管理 史立臣　著	探讨新医改对医药行业的系列影响和医药团队管理	帮助理清思路,有一个框架
	医药营销与处方药学术推广 马宝琳　著	如何用医学策划把“平民产品”变成“明星产品”	有真货、讲真话的作者,堪称处方药营销的经典!
	医药行业大洗牌与药企创新 林延君　沈　斌　著	一方面,围绕着变革,多角度阐述药企的应对之道;另一方面,紧扣实践,介绍近百家医药企业创新实践案例	医改变革10年,医药企业如何应对大洗牌？重磅出击的药企人必读书
	新医改了,药店就要这样开 尚　锋　著	药店经营、管理、营销全攻略	有很强的实战性和可操作性
	电商来了,实体药店如何突围 尚　锋　著	电商崛起,药店该如何突围？本书从促销、会员服务、专业性、客单价等多重角度给出了指导方向	实战攻略,拿来就能用
	OTC医药代表药店销售36计 鄢圣安　著	以《三十六计》为线,写OTC医药代表向药店销售的一些技巧与策略	案例丰富,生动真实,实操性强
	OTC医药代表药店开发与维护 鄢圣安　著	要做到一名专业的医药代表,需要做什么、准备什么、知识储备、操作技巧等	医药代表药店拜访的指导手册,手把手教你快速上手
	引爆药店成交率1:店员导购实战 范月明　著	一本书解决药店导购所有难题	情景化、真实化、实战化
	引爆药店成交率2:经营落地实战 范月明　著	最接地气的经营方法全指导	揭示了药店经营的几类关键问题
	引爆药店成交率:专业化销售解决方案 范月明　著	药品搭配分析与关联销售	为药店人专业化助力
	处方药合规推广实战宝典 赵佳震　著	推广体系搭建、推广人员岗位工作内容、推广服务外包商管理等六个方面	解决“医药代表转型”和“推广服务外包商管理”的困惑
	医药代理商实操全指导:新环境　新战法 戴文杰　著	结合医药市场政策环境解读新环境下医药招商的战法,着重分析药品产业链的盈利机会	医药销售业务人员的必备读物
	攻略基层诊所:医药营销这样做 张江民　著	对基层诊所的开发、维护和动销,拿来就用的方式方法	实战是本书的主旨,只要用心去看,就能在基层诊所市场中运用
	互联网医药的未来 动脉网　编著	介绍了互联网医药发展的现状与趋势	帮助创业者和投资人看清未来,把握当下
	处方药零售这样做 田　军　著	阐述了处方药零售的重要性,以及做处方药零售市场的具体措施和方法	系统性了解和掌握处方药零售方法
建材家居	**成为最赚钱的家具建材经销商** 李治江　著	从销售模式、产品、门店等老板们最关注和最需要的方面解决问题、提供方法	只要你是建材、家具、家居用品的经销商老板,这就是一本必读的书
	定制家居黄金十年 韩　锋　翁长华　著	梳理了定制家居的商业模式和发展情况	帮助定制家居看清方向,把握当下
	家具建材促销与引流 薛　亮　李永峰　著	十大促销模式的详细方法和工具	让你天天签大单

续表

建材家居	**家具行业操盘手** 王献永　著	家具行业问题的终结者	解决了干家具还有没有前途？为什么同城多店的家具经销商很难做大做强等问题
	建材家居营销：除了促销还能做什么 孙嘉晖　著	一线老手的深度思考，告诉你在建材家居营销模式基本停滞的今天，除了促销，营销还能怎么做	给你的想法一场革命
	建材家居营销实务 程绍珊　杨鸿贵　主编	价值营销运用到建材家居，每一步都让客户增值	有自己的系统、实战
	家居建材门店6力爆破 贾同领　著	合盘道出一线品牌销量秘籍	6力招招见血，既有招数，又有策略
	建材家居门店销量提升 贾同领　著	店面选址、广告投放、推广助销、空间布局、生动展示、店面运营等	门店销量提升是一个系统工程，非常系统、实战
	10步成为最棒的建材家居门店店长 徐伟泽　著	实际方法易学易用，让员工能够迅速成长，成为独当一面的好店长	只要坚持这样干，一定能成为好店长
	手把手帮建材家居导购业绩倍增：成为顶尖的门店店员 熊亚柱　著	生动的表现形式，让普通人也能成为优秀的导购员，让门店业绩长红	读着有趣，用着简单，一本在手、业绩无忧
	建材家居经销商实战42章经 王庆云　著	告诉经销商：老板怎么当、团队怎么带、生意怎么做	忠言逆耳，看着不舒服就对了，实战总结，用一招半式就值了
工业品	**销售是门专业活：B2B、工业品** 陆和平　著	销售流程就应该跟着客户的采购流程和关注点的变化向前推进，将一个完整的销售过程分成十个阶段，提供具体方法	销售不是请客吃饭拉关系，是个专业的活计！方法在手，走遍天下不愁
	解决方案营销实战案例 刘祖轲　著	用10个真案例讲明白什么是工业品的解决方案式营销，实战、实用	有干货、真正操作过的才能写得出来
	变局下的工业品企业7大机遇 叶敦明　著	产业链条的整合机会、盈利模式的复制机会、营销红利的机会、工业服务商转型机会……	工业品企业还可以这样做，思维大突破
	工业品市场部实战全指导 杜　忠　著	工业品市场部经理工作内容全指导	系统、全面、有理论、有方法，帮助工业品市场部经理更快提升专业能力
	工业品营销管理实务 李洪道　著	中国特色工业品营销体系的全面深化、工业品营销管理体系优化升级	工具更实战，案例更鲜活，内容更深化
	工业品企业如何做品牌 张东利　著	为工业品企业提供最全面的品牌建设思路	有策略、有方法、有思路、有工具
	丁兴良讲工业4.0 丁兴良　著	没有枯燥的理论和说教，用朴实直白的语言告诉你工业4.0的全貌	工业4.0是什么？本书告诉你答案
	资深大客户经理：策略准，执行狠 叶敦明　著	从业务开发、发起攻势、关系培育、职业成长四个方面，详述了大客户营销的精髓	满满的全是干货
	两化融合管理系统贯标流程与方法 戴　勇　张华杰　张百荣　编著	全面梳理贯标流程和方法	帮助企业成功贯标
	一切为了订单：订单驱动下的工业品营销实战 唐道明　著	其实，所有的企业都在围绕着两个字在开展全部的经营和管理工作，那就是"订单"	开发订单、满足订单、扩大订单。本书全是实操方法，字字珠玑、句句干货，教你获得营销的胜利
金融	**交易心理分析** （美）马克·道格拉斯　著 刘真如　译	作者一语道破赢家的思考方式，并提供了具体的训练方法	不愧是投资心理的第一书，绝对经典
	精品银行管理之道 崔海鹏　何　屹　主编	中小银行转型的实战经验总结	中小银行的教材很多，实战类的书很少，可以看看

续表

金融	**支付战争** Eric M. Jackson 著 徐彬 王晓 译	PayPal 创业期营销官，亲身讲述 PayPal 从诞生到壮大到成功出售的整个历史	激烈、有趣的内幕商战故事！了解美国支付市场的风云巨变
	中外并购名著专业阅读指南 叶兴平 等著	在5000多本并购类图书中精选的200著作，在阅读的基础上写的读书评价	精挑细选200本并一一评介，省去读者挑选的烦恼，快捷、高效
	新三板信息披露全流程：操作与工具 和珩科技 著	详细拆解董秘日常工作过程中所需的信息披露流程	董秘案头必备用书
	成功并购300本：一本书搞定并购难题 浩德军师并购联盟 著	从财务，税务，法律等角度详细解答疑问	能解决80%的并购问题
	互联网时代的银行转型 韩友诚 著	以大量案例形式为读者全面展示和分析了银行的互联网金融转型应对之道	结合本土银行转型发展案例的书籍
房地产	**产业园区/产业地产规划、招商、运营实战** 阎立忠 著	目前中国第一本系统解读产业园区和产业地产建设运营的实战宝典	从认知、策划、招商到运营全面了解地产策划
	人文商业地产策划 戴欣明 著	城市与商业地产战略定位的关键是不可复制性，要发现独一无二的“味道”	突破千城一面的策划困局
	中国城市群房地产投资策略 吕俊博 著	全方位、多角度分析城市群房地产现状是趋势	让亿元资产投资更理性、更安全
	电影院的下一个黄金十年：开发·差异化·案例 李保煜 著	对目前电影院市场存大的问题及如何解决进行了探讨与解读	多角度了解电影院运营方式及代表性案例
能源	**全能型班组：城市能源互联网与电力班组升级** 国网天津市电力公司 编著	借鉴国内外优秀企业的转型升级思路，通过对于新型班组组织模式和运行机制的大胆设想，力图构建充分适应内外环境变化的全能型班组	看看庞大的国企在新环境下是如何顺应时代的
	国网天津电力全能型班组建设实务 国网天津市电力公司 编著	本书聚焦于天津电力公司在探索全能型班组转型升级时的优秀实践	电力行业的班组实践，具体、可操作性强

经营类：企业如何赚钱，如何抓机会，如何突破，如何“开源”

书名．作者		内容/特色	读者价值
抓方向	**让经营回归简单．升级版** 宋新宇 著	化繁为简抓住经营本质：战略、客户、产品、员工、成长	经典，做企业就这几个关键点！
	混沌与秩序Ⅰ：变革时代企业领先之道 **混沌与秩序Ⅱ：变革时代管理新思维** 彭剑锋 尚艳玲 主编	汇集华夏基石专家团队10年来研究成果，集中选择了其中的精华文章编纂成册	作者都是既有深厚理论积淀又有实践经验的重磅专家，为中国企业和企业家的未来提出了高屋建瓴的观点
	活系统：跟任正非学当老板 孙行健 尹贤 著	以任正非的独到视角，教企业老板如何经营公司	看透公司经营本质，激活企业活力
	重构：快消品企业重生之道 杨永华 著	从7个角度，帮助企业实现系统性的改造	提供转型思想与方法，值得参考
	公司由小到大要过哪些坎 卢强 著	老板手里的一张“企业成长路线图”	现在我在哪儿，未来还要走哪些路，都清楚了
	企业二次创业成功路线图 夏惊鸣 著	企业曾经抓住机会成功了，但下一步该怎么办？	企业怎样获得第二次成功，心里有个大框架了
	老板经理人双赢之道 陈明 著	经理人怎养选平台、怎么开局，老板怎样选/育/用/留	老板生闷气，经理人牢骚大，这次知道该怎么办了

续表

抓方向	**简单思考:AMT 咨询创始人自述** 孔祥云　著	著名咨询公司(AMT)的 CEO 创业历程中点点滴滴的经验与思考	每一位咨询人,每一位创业者和管理经营者,都值得一读
	企业文化的逻辑 王祥伍　黄健江　著	为什么企业绩效如此不同,解开绩效背后的文化密码	少有的深刻,有品质,读起来很流畅
	使命驱动企业成长 高可为　著	钱能让一个人今天努力,使命能让一群人长期努力	对于想做事业的人,'使命'是绕不过去的
思维突破	**盈利原本就这么简单** 高可为　著	从财务的角度揭示企业盈利的秘密	多方面解读商业模式与盈利的关系,通俗易懂,受益匪浅
	经营:打造你的盈利系统 高可为　著	从盈利角度梳理了系统化的经营方式	让企业掌舵者把控经营全局
	创模式:23 个行业创新案例 段传敏　著	23 位行业精英的创新对话	创业者、转型者的实战参考
	企业良性成长:用顶层设计突破瓶颈 刘建兆　著	全方位介绍企业顶层设计的方法和思路	帮助企业用顶层设计突破成长瓶颈
	移动互联新玩法:未来商业的格局和趋势 史贤龙　著	传统商业、电商、移动互联,三个世界并存,这种新格局的玩法一定要懂	看清热点的本质,把握行业先机,一本书搞定移动互联网
	画出公司的互联网进化路线图:用互联网思维重塑产品、客户和价值 李　蓓　著	18 个问题帮助企业一步步梳理出互联网转型思路	思路清晰、案例丰富,非常有启发性
	重生战略:移动互联网和大数据时代的转型法则 沈　拓　著	在移动互联网和大数据时代,传统企业转型如同生命体打算与再造,称之为"重生战略"	帮助企业认清移动互联网环境下的变化和应对之道
	创造增量市场:传统企业互联网转型之道 刘红明　著	传统企业需要用互联网思维去创造增量,而不是用电子商务去转移传统业务的存量	教你怎么在"互联网+"的海洋中创造实实在在的增量
	7 个转变,让公司 3 年胜出 李　蓓　著	消费者主权时代,企业该怎么办	这就是互联网思维,老板有能这样想,肯定倒不了
	跳出同质思维,从跟随到领先 郭　剑　著	66 个精彩案例剖析,帮助老板突破行业长期思维惯性	做企业竟然有这么多玩法,开眼界
	互联网+"变"与"不变":本土管理实践与创新论坛集萃·2016 本土管理实践与创新论坛　著	加速本土管理思想的孕育诞生,促进本土管理创新成果更好地服务企业、贡献社会	各个作者本年度最新思想,帮助读者拓宽眼界、突破思维
	消费升级:实践　研究(文集) 本土管理实践与创新论坛　著	38 位管理专家及 7 位学者的精华思想,从经营、管理、行业及思想研究四个方面阐述中国企业在消费升级下的实践与研究	思想启发,行业借鉴
财务	**写给企业家的公司与家庭财务规划——从创业成功到富足退休** 周荣辉　著	本书以企业的发展周期为主线,写各阶段企业与企业主家庭的财务规划	为读者处理人生各阶段企业与家庭的财务问题提供建议及方法,让家庭成员真正享受财富带来的益处
	互联网时代的成本观 程　翔　著	本书结合互联网时代提出了成本的多维观,揭示了多维组合成本的互联网精神和大数据特征,论述了其产生背景、实现思路和应用价值	在传统成本观下为盈利的业务,在新环境下也许就成为亏损业务。帮助管理者从新的角度来看待成本,进一步做好精益管理

续表

财务	财报背后的投资机会 蒋 豹 著	以具体的公司案例分析，教你迅速看出财务报表与企业经营的关系、所反映的企业经营现状，从而找到投资机会	前四大会计所员工为读者解密财报，发现投资机会
管理类：效率如何提升，如何实现经营目标，如何“节流”			
书名．作者		内容/特色	读者价值
通用管理	让管理回归简单·升级版 宋新宇 著	从目标、组织、决策、授权、人才和老板自己层面教你怎样做管理	帮助管理抓住管理的要害，让管理变得简单
	让经营回归简单·升级版 宋新宇 著	从战略、客户、产品、员工、成长、经营者自身等七个方面，归纳总结出简单有效的经营法则	总结出的真正优秀企业的成功之道：简单
	让用人回归简单 宋新宇 著	从用人的原则、用人的难题与误区、用人的方法和用人者的修炼四大方面，总结出适合中小企业做好人才管理工作的法则	帮助管理者抓住用人的要害，让用人变得简单
	历史深处的管理智慧1：组织建设与用人之道 刘文瑞 著	对历史之典故、政事、人事、政制进行管理解析，鉴照企业人才的选用育留	推动理论与实践的对接，实现理性与情感的渗透，用中国话语说明管理智慧
	历史深处的管理智慧2：战略决策与经营运作 刘文瑞 著	对历史之典故、政事、人事、政制进行管理解析，鉴照企业战略设计与经营实践	推动理论与实践的对接，实现理性与情感的渗透，用中国话语说明管理智慧
	历史深处的管理智慧3：领导修炼与文化素养 刘文瑞 著	对历史之典故、政事、人事、政制进行管理解析，鉴照企业领导职业能力提升与文化修养	推动理论与实践的对接，实现理性与情感的渗透，用中国话语说明管理智慧
	管理的尺度 刘文瑞 著	对管理中的种种普遍性问题进行了批评	提高把握管理尺度的能力
	管理学在中国 刘文瑞 著	系统性介绍了管理学在中国的发展和演变	了解管理学在中国的发展脉络，更清晰理解管理学的本质
	看电影，懂管理 刘文瑞 著	16部经典电影，带你感悟管理智慧	能够帮助读者放松身心，驰骋想象，在不知不觉中增长智慧
	管理：以规则驾驭人性 王春强 著	详细解读企业规则的制定方法	从人与人博弈角度提升管理的有效性
	打造集成供应链：走出挂一漏十的改善困境 王春强 著	详解集成供应链全过程	帮助企业优化供应链管理
	用好骨干员工：关键人才培养与激励 王 敏 著	系统化分享关键人才打造与激励方法	企业能实在用人的最大化价值
	改变世界的管理学大师1：管理学的前世今生 刘文瑞 编著	介绍了古典管理学时期的大师事迹和思想	深入了解管理大师们的思想和智慧
	成为企业欢迎的咨询师 张国祥 著	从调研到落地，手把手教你咨询流程	不走弯路，方便直接的学到老咨询师的套路
	员工心理学超级漫画版 邢 雷 著	以漫画的形式深度剖析员工心理	帮助管理者更了解员工，从而更轻松地管理员工
	老板有想法，高层有干法：企业中的将帅之道 王清华 著	深入剖析老板与高管的异同	各司其职，各行其是，相辅相成
	分股合心：股权激励这样做 段磊 周剑 著	通过丰富的案例，详细介绍了股权激励的知识和实行方法	内容丰富全面、易读易懂，了解股权激励，有这一本就够了
	边干边学做老板 黄中强 著	创业20多年的老板，有经验、能写、又愿意分享，这样的书很少	处处共鸣，帮助中小企业老板少走弯路

续表

通用管理	**成为敏感而体贴的公司** 王　涛　著	本书为作者对企业的观察和冥想的随笔记录。从生活中的一个现象入手，进而探索现象背后的本质	从全新角度认识公司
	中国企业的觉醒：正直　善良　成长 王　涛　著	围绕着企业人如何发生转化展开，对中国人、中国文化及由此导致的企业现状的观察和思考	企业除了要利润，还需要道德
	有意识的思考：轻松化解问题的7个思考习惯 王　涛　著	本书是对思想、思考过程、思考方式进行的细致观察	养成好的思考习惯，更深刻地看问题
	中国式阿米巴落地实践之从交付到交易 胡八一　著	本书主要讲述阿米巴经营会计，“从交付到交易”，这是成功实施了阿米巴的标志	阿米巴经营会计的工作是有逻辑关联的，一本书就能搞定
	中国式阿米巴落地实践之激活组织 胡八一　著	重点讲解如何科学划分阿米巴单元，阐述划分的实操要领、思路、方法、技术与工具	最大限度减少“推行风险”和“摸索成本”，利于公司成功搭建适合自身的个性化阿米巴经营体系
	中国式阿米巴落地实践之持续盈利 胡八一　著	把企业做成平台，企业才能做大（格局）；把平台做成阿米巴，企业才能做强（专业）；把阿米巴做成合伙制，企业才能做久（机制）	中国式阿米巴落地实践三部曲的最后一部，告诉你企业如何做大做强做久
	集团化企业阿米巴实战案例 初勇钢　著	一家集团化企业阿米巴实施案例	指导集团化企业系统实施阿米巴
	阿米巴经营的中国模式 李志华　著	让员工从“要我干”到“我要干”，价值量化出来	阿米巴在企业如何落地，明白思路了
	欧博心法：好管理靠修行 曾　伟　著	用佛家的智慧，深刻剖析管理问题，见解独到	如果真的有‘中国式管理’，曾老师是其中标志性人物
	领导这样点燃你的下属 孟广桥　著	领导者如何才能让员工积极主动地工作？如何让你的员工和下属保持工作的热情，自动自发？看了这本书就知道	只要你希望手下的"兵将"永远充满工作的斗志，这本书将使你获益良多
流程管理	**1. 用流程解放管理者** **2. 用流程解放管理者2** 张国祥　著	中小企业阅读的流程管理、企业规范化的书	通俗易懂，理论和实践的结合恰到好处
	跟我们学建流程体系 陈立云　著	畅销书《跟我们学做流程管理》系列，更实操，更细致，更深入	更多地分享实践，分享感悟，从实践总结出来的方法论
	人人都要懂流程 金国华　余雅丽　著	当前各企业流程管理方面最为典型的痛点现象及问题案例	通俗易懂，适合企业全员阅读
质量管理	**IATF16949质量管理体系详解与案例文件汇编：TS16949转版IATF16949：2016** 谭洪华　著	针对IATF的新标准做了详细的解说，同时指出了一些推行中容易犯的错误，提供了大量的表单、案例	案例、表单丰富，拿来就用
	五大质量工具详解及运用案例：APQP/FMEA/PPAP/MSA/SPC 谭洪华　著	对制造业必备的五大质量工具中每个文件的制作要求、注意事项、制作流程、成功案例等进行了解读	通俗易懂、简便易行，能真正实现学以致用
	ISO9001：2015新版质量管理体系详解与案例文件汇编 谭洪华　著	紧密围绕2015年新版质量管理体系文件逐条详细解读，并提供可以直接套用的案例工具，易学易上手	企业质量管理认证、内审必备
	ISO14001：2015新版环境管理体系详解与案例文件汇编 谭洪华　著	紧密围绕2015年新版环境管理体系文件逐条详细解读，并提供可以直接套用的案例工具，易学易上手	企业环境管理认证、内审必备

续表

质量管理	**ISO9001:2015 完整文件汇编:制造业** 贺红喜　著	按照 ISO9001 标准并超出标准的要求,提供了一套完整的制造业的质量管理体系文件	原汁原味完整收入,直接可以拿来就用
	SA8000:2014 社会责任管理体系认证实战 吕　林　著	作者根据自己的操作经验,按认证的流程,以相关案例进行说明 SA8000 认证体系	简单,实操性强,拿来就能用
	精益质量管理实战工具 贺小林　著	制造类企业日常工作中所需要的精益管理工具的归纳整理,并进行案例操作的细致分析	可以直接参考,实际解决生产中的具体问题
战略落地	**重生——中国企业的战略转型** 施　炜　著	从前瞻和适用的角度,对中国企业战略转型的方向、路径及策略性举措提出了一些概要性的建议和意见	对企业有战略指导意义
	公司大了怎么管:从靠英雄到靠组织 AMT 金国华　著	第一次详尽阐释中国快速成长型企业的特点、问题及解决之道	帮助快速成长型企业领导及管理团队理清思路,突破瓶颈
	低效会议怎么改:每年节省一半会议成本的秘密 AMT 王玉荣　著	教你如何系统规划公司的各级会议,一本工具书	教会你科学管理会议的办法
	年初订计划,年尾有结果:战略落地七步成诗 AMT 郭晓　著	7 个步骤教会你怎么让公司制定的战略转变为行动	系统规划,有效指导计划实现
人力资源	**HRBP 是这样炼成的之"菜鸟起飞"** 新　海　著	以小说的形式,具体解析 HRBP 的职责,应该如何操作,如何为业务服务	实践者的经验分享,内容实务具体,形式有趣
	HRBP 是这样炼成的之中级修炼 新　海　著	本书以案例故事的方式,介绍了 HRBP 在实际工作中碰到的问题和挑战	书中的 HR 解决方案讲究因时因地制宜、简单有效的原则,重在启发读者思路,可供各类企业 HRBP 借鉴
	HRBP 是这样炼成的之高级修炼 新　海　著	以故事的形式,展现了 HRBP 工作者在职业发展路上的层层深入和递进	为读者提供 HRBP 在实际工作中遇到种种问题的解决方案
	新任 HR 高管如何从 0 到 1 黄渊明　著	全景式展现新任高管华丽转身全过程	助力新任高管安全着陆
	HR 的劳动法内参 李皓楠　著	100 个劳动法案例和分析	轻松掌握劳动法知识,方便运用
	把面试做到极致:首席面试官的人才甄选法 孟广桥　著	作者用自己几十年的人力资源经验总结出的一套实用的确定岗位招聘标准、提升面试官技能素质的简便方法	面试官必备,没有空泛理论,只有巧妙的实操技能
	人力资源体系与 e – HR 信息化建设 刘书生　陈　莹　王美佳　著	将作者经历的人力资源管理变革、人力资源管理信息化咨询项目方法论、工具和成果全面展现给读者,使大家能够将其快速应用到管理实践中	系统性非常强,没有废话,全部是浓缩的干货
	回归本源看绩效 孙　波　著	让绩效回顾"改进工具"的本源,真正为企业所用	确实是来源于实践的思考,有共鸣
	世界 500 强资深培训经理人教你做培训管理 陈　锐　著	从 7 大角度具体细致地讲解了培训管理的核心内容	专业、实用、接地气

续表

人力资源	**曹子祥教你做激励性薪酬设计** 曹子祥　著	以激励性为指导，系统性地介绍了薪酬体系及关键岗位的薪酬设计模式	深入浅出，一本书学会薪酬设计
	曹子祥教你做绩效管理 曹子祥　著	复杂的理论通俗化，专业的知识简单化，企业绩效管理共性问题的解决方案	轻松掌握绩效管理
	把招聘做到极致 远　鸣　著	作为世界500强高级招聘经理，作者数十年招聘经验的总结分享	带来职场思考境界的提升和具体招聘方法的学习
	人才评价中心．超级漫画版 邢　雷　著	专业的主题，漫画的形式，只此一本	没想到一本专业的书，能写成这效果
	走出薪酬管理误区 全怀周　著	剖析薪酬管理的8大误区，真正发挥好枢纽作用	值得企业深读的实用教案
	集团化人力资源管理实践 李小勇　著	对搭建集团化的企业很有帮助，务实，实用	最大的亮点不是理论，而是结合实际的深入剖析
	我的人力资源咨询笔记 张　伟　著	管理咨询师的视角，思考企业的HR管理	通过咨询师的眼睛对比很多企业，有启发
	本土化人力资源管理8大思维 周　剑　著	成熟HR理论，在本土中小企业实践中的探索和思考	对企业的现实困境有真切体会，有启发
企业文化	**36个拿来就用的企业文化建设工具** 海融心胜　主编	数十个工具，为了方便拿来就用，每一个工具都严格按照工具属性、操作方法、案例解读划分，实用、好用	企业文化工作者的案头必备书，方法都在里面，简单易操作
	企业文化建设超级漫画版 邢　雷　著	以漫画的形式系统教你企业文化建设方法	轻松易懂好操作
	华夏基石方法：企业文化落地本土实践 王祥伍　谭俊峰　著	十年积累、原创方法、一线资料，和盘托出	在文化落地方面真正有洞察，有实操价值的书
	企业文化的逻辑 王祥伍　著	为什么企业之间如此不同，解开绩效背后的文化密码	少有的深刻，有品质，读起来很流畅
	企业文化激活沟通 宋杼宸　安　琪　著	透过新任HR总经理的眼睛，揭示出沟通与企业文化的关系	有实际指导作用的文化落地读本
	在组织中绽放自我：从专业化到职业化 朱仁健　王祥伍　著	个人如何融人组织，组织如何助力个人成长	帮助企业员工快速认同并投入到组织中去，为企业发展贡献力量
	企业文化定位·落地一本通 王明胤　著	把高深枯燥的专业理论创建成一套系统化、实操化、简单化的企业文化缔造方法	对企业文化不了解，不会做？有这一本从概念到实操，就够了
生产管理	**精益思维：中国精益如何落地** 刘承元　著	笔者二十余年企业经营和咨询管理的经验总结	中国企业需要灵活运用精益思维，推动经营要素与管理机制的有机结合，推动企业管理向前发展
	300张现场图看懂精益5S管理 乐　涛　编著	5S现场实操详解	案例图解，易懂易学
	高员工流失率下的精益生产 余伟辉　著	中国的精益生产必须面对和解决高员工流失率问题	确实来源于本土的工厂车间，很务实
	车间人员管理那些事儿 岑立聪　著	车间人员管理中处理各种"疑难杂症"的经验和方法	基层车间管理者最闹心、头疼的事，'打包'解决

续表

生产管理	**1. 欧博心法:好管理靠修行** **2. 欧博心法:好工厂这样管** 曾　伟　著	他是本土最大的制造业管理咨询机构创始人,他从400多个项目、上万家企业实践中锤炼出的欧博心法	中小制造型企业,一定会有很强的共鸣
	欧博工厂案例1:生产计划管控对话录 **欧博工厂案例2:品质技术改善对话录** **欧博工厂案例3:员工执行力提升对话录** 曾　伟　著	最典型的问题、最详尽的解析,工厂管理9大问题27个经典案例	没想到说得这么细,超出想象,案例很典型,照搬都可以了
	工厂管理实战工具 欧博企管　编著	以传统文化为核心的管理工具	适合中国工厂
	苦中得乐:管理者的第一堂必修课 曾　伟　编著	曾伟与师傅大愿法师的对话,佛学与管理实践的碰撞,管理禅的修行之道	用佛学最高智慧看透管理
	比日本工厂更高效1:管理提升无极限 刘承元　著	指出制造型企业管理的六大积弊;颠覆流行的错误认知;掌握精益管理的精髓	每一个企业都有自己不同的问题,管理没有一剑封喉的秘笈,要从现场、现物、现实出发
	比日本工厂更高效2:超强经营力 刘承元　著	企业要获得持续盈利,就要开源和节流,即实现销售最大化,费用最小化	掌握提升工厂效率的全新方法
	比日本工厂更高效3:精益改善力的成功实践 刘承元　著	工厂全面改善系统有其独特的目的取向特征,着眼于企业经营体质(持续竞争力)的建设与提升	用持续改善力来飞速提升工厂的效率,高效率能够带来意想不到的高效益
	3A顾问精益实践1:IE与效率提升 党新民　苏迎斌　蓝旭日　著	系统的阐述了IE技术的来龙去脉以及操作方法	使员工与企业持续获利
	3A顾问精益实践2:JIT与精益改善 肖志军　党新民　著	只在需要的时候,按需要的量,生产所需的产品	提升工厂效率
	化工企业工艺安全管理实操 黄　娜　编著	化工企业工艺安全管理全指导	帮助企业树立安全意识,强化安全管理方法
	手把手教你做专业的生产经理 黄　娜　著	物流、信息流、资金流,让生产经理管理有抓手	从菜鸟到能把控全局
员工素质提升	**TTT培训师精进三部曲(上):深度改善现场培训效果** 廖信琳　著	现场把控不用慌,这里有妙招一用就灵	课程现场无论遇到什么样的情况都能游刃有余
	TTT培训师精进三部曲(中):构建最有价值的课程内容 廖信琳　著	这样做课程内容,学员有收获培训师也有收获	优质的课程内容是树立个人品牌的保证
	TTT培训师精进三部曲(下):职业功力沉淀与修为提升 廖信琳　著	从内而外提升自己,职业的道路一帆风顺	走上职业TTT内训师的康庄大道
	培训师,如何让你的事业长青:自我管理的10项法则 廖信琳　著	建立了一套完整的培训师自我管理体系,为培训师的职业成长与发展提供有益的指引	培训师如何在自己的职业道路上越走越高,事业长青,一直有所收获与成长?本书将给你答案
	管理咨询师的第一本书:百万年薪　千万身价 熊亚柱　著	从问题出发,发现问题、分析问题、解决问题,让两眼一抹黑的新人快速成长	管理咨询师初入职场,让这本书开启百万年薪之路

续表

员工素质提升	手把手教你做专业督导：专卖店、连锁店 熊亚柱　著	从督导的职能、作用，在工作中需要的专业技能、方法，都提供了详细的解读和训练办法，同时附有大量的表单工具	无论是店铺需要统一培训，还是个人想成为优秀的督导，有这一本就够了
	跟老板“偷师”学创业 吴江萍　余晓雷　著	边学边干，边观察边成长，你也可以当老板	不同于其他类型的创业书，让你在工作中积累创业经验，一举成功
	销售轨迹：一位快消品营销总监的拼搏之路 秦国伟　著	本书讲述了一个普通销售员打拼成为跨国企业营销总监的真实奋斗历程	激励人心，给广大销售员以力量和鼓舞
	在组织中绽放自我：从专业化到职业化 朱仁健　王祥伍　著	个人如何融入组织，组织如何助力个人成长	帮助企业员工快速认同并投入到组织中去，为企业发展贡献力量
	企业员工弟子规：用心做小事，成就大事业 贾同领　著	从传统文化《弟子规》中学习企业中为人处事的办法，从自身做起	点滴小事，修养自身，从自身的改善得到事业的提升
	手把手教你做顶尖企业内训师：TTT 培训师宝典 熊亚柱　著	从课程研发到现场把控、个人提升都有涉及，易读易懂，内容丰富全面	想要做企业内训师的员工有福了，本书教你如何抓住关键，从入门到精通
	28 天速成文案高手 秦　士　安　丽　著	解构优秀品牌和出彩文案背后的逻辑，28 天循序渐进成为文案高手	让优质文案变成“智慧工厂”般的工序管理与稳定出品
	让投诉顾客满意离开：客户投诉应对与管理 孟广桥　著	立足于投诉处理的实践，剖析了不同投诉者投诉的特点和应对措施，并提供各种技巧方法、赢得客户信赖所需培养的品质修炼、处理投诉应掌握的法律法规等工具	是投诉处理人员适应岗位职能需要、提升工作技能的良师益友，是企业变诉为金、培养业务骨干的法宝

营销类：把客户需求融入企业各环节，提供“客户认为”有价值的东西

书名．作者		内容/特色	读者价值
营销模式	精品营销战略 杜建君　著	以精品理念为核心的精益战略和营销策略	用精品思维赢得高端市场
	变局下的营销模式升级 程绍珊　叶　宁　著	客户驱动模式、技术驱动模式、资源驱动模式	很多行业的营销模式被颠覆，调整的思路有了！
	动销操盘：节奏掌控与社群时代新战法 朱志明　著	在社群时代把握好产品生产销售的节奏，解析动销的症结，寻找动销的规律与方法	都是易读易懂的干货！对动销方法的全面解析和操盘
	弱势品牌如何做营销 李政权　著	中小企业虽有品牌但没名气，营销照样能做的有声有色	没有丰富的实操经验，写不出这么具体、详实的案例和步骤，很有启发
	老板如何管营销 史贤龙　著	高段位营销 16 招，好学好用	老板能看，营销人也能看
	洞察人性的营销战术：沈坤教你 28 式 沈　坤　著	28 个匪夷所思的营销怪招令人拍案叫绝，涉及商业竞争的方方面面，大部分战术可以直接应用到企业营销中	各种谋略得益于作者的横向思维方式，将其操作过的案例结合其中，提供的战术对读者有参考价值
	动销：产品是如何畅销起来的 吴江萍　余晓雷　著	真真切切告诉你，产品究竟怎么才能卖出去	击中痛点，提供方法，你值得拥有
	1000 铁杆女粉丝 张兵武　著	连接是女性与生俱来的特质。能善用连接的营销人员，就像拿到打开女性荷包的钥匙	重新认识女性的传播力量
	360°谈营销：一位营销咨询师 20 年实战洞察 王清华　古怀亮　著	各个角度，全方位，多视点剥营销	思路单一，此书帮你破

续表

营销模式	**营销按钮:扣动一触即发的力量** 老　苗　著	提供各种奇形怪状的营销武器	一定会带给你不一样的思维震撼
	孙子兵法营销战 刘文新　著	逐句解读孙子兵法,以及在营销方面的感悟	帮助营销人用智慧打营销仗
销售	**资深大客户经理:策略准,执行狠** 叶敦明　著	从业务开发、发起攻势、关系培育、职业成长四个方面,详述了大客户营销的精髓	满满的全是干货
	大客户销售这样说这样做 陆和平　著	大客户销售十大模块68个典型销售场景应对策略和话术,直接拿来就用	从"为什么要这么干"到"干什么、怎么干"
	成为资深的销售经理:B2B、工业品 陆和平　著	围绕"销售管理的六个关键控制点"一一展开,提供销售管理的专业、高效方法	方法和技术接地气,拿来就用,从销售员成长为经理不再犯难
	销售是门专业活:B2B、工业品 陆和平　著	销售流程就应该跟着客户的采购流程和关注点的变化向前推进,将一个完整的销售过程分成十个阶段,提供具体方法	销售不是请客吃饭拉关系,是个专业的活计!方法在手,走遍天下不愁
	向高层销售:与决策者有效打交道 贺兵一　著	一套完整有效的销售策略	有工具,有方法,有案例,通俗易懂
	学话术　卖产品 张小虎　著	分析常见的顾客异议,将优秀的话术模块化	让普通导购员也能成为销售精英
组织和团队	**升级你的营销组织** 程绍珊　吴越舟　著	用"有机性"的营销组织替代"营销能人",营销团队变成"铁营盘"	营销队伍最难管,程老师不愧是营销第1操盘手,步骤方法都很成熟
	用数字解放营销人 黄润霖　著	通过量化帮助营销人员提高工作效率	作者很用心,很好的常备工具书
	成为优秀的快消品区域经理(升级版) 伯建新　著	用"怎么办"分析区域经理的工作关键点,增加30%全新内容,更贴近环境变化	可以作为区域经理的"速成催化器"
	成为资深的销售经理:B2B、工业品 陆和平　著	围绕"销售管理的六个关键控制点"一一展开,提供销售管理的专业、高效方法	方法和技术接地气,拿来就用,从销售员成长为经理不再犯难
	一位销售经理的工作心得 蒋　军　著	一线营销管理人员想提升业绩却无从下手时,可以看看这本书	一线的真实感悟
	快消品营销:一位销售经理的工作心得2 蒋　军　著	快消品、食品饮料营销的经验之谈,重点突出	来源于实战的精华总结
	销售轨迹:一位快消品营销总监的拼搏之路 秦国伟　著	本书讲述了一个普通销售员打拼成为跨国企业营销总监的真实奋斗历程	激励人心,给广大销售员以力量和鼓舞
	用营销计划锁定胜局:用数字解放营销人2 黄润霖　著	全方位教你怎么做好营销计划,好学好用真简单	照搬套用就行,做营销计划再也不头痛
	快消品营销人的第一本书:从入门到精通 刘　雷　伯建新　著	快消行业必读书,从入门到专业	深入细致,易学易懂
产品	**产品开发管理方法·流程·工具:从作坊式到规范化** 任彭枞　著	产品研发管理体系全指导	既有工具,又能开拓思路
	新产品开发管理,就用IPD(升级版) 郭富才　著	10年IPD研发管理咨询总结,国内首部IPD专业著作	一本书掌握IPD管理精髓

续表

产品	**这样打造大单品：案例　策略　方法** 迪智成咨询团队　著	囊括十三个不同行业、企业的实际案例，从不同角度详细剖析、总结了这些品牌厂家打造大单品的成功经验或者失败教训	厘清大单品打造的策划与路径，得出持续经营的思路与方法
	研发体系改进之道 靖　爽　陈年根　马鸣明　著	提出一套系统性的方法与工具	指引企业少走弯路，提高成功率
	资深项目经理这样做新产品开发管理 秦海林　著	以 IPD 为思想，系统讲解新产品开管理的细节	提供管理思路和实用工具
	产品炼金术Ⅰ：如何打造畅销产品 史贤龙　著	满足不同阶段、不同体量、不同行业企业对产品的完整需求	必须具备的思维和方法，避免在产品问题上走弯路
	产品炼金术Ⅱ：如何用产品驱动企业成长 史贤龙　著	做好产品、关注产品的品质，就是企业成功的第一步	必须具备的思维和方法，避免在产品问题上走弯路
品牌	**中小企业如何建品牌** 梁小平　著	中小企业建品牌的入门读本，通俗、易懂	对建品牌有了一个整体框架
	采纳方法：破解本土营销8大难题 朱玉童　编著	全面、系统、案例丰富、图文并茂	希望在品牌营销方面有所突破的人，应该看看
	中国品牌营销十三战法 朱玉童　编著	采纳20年来的品牌策划方法，同时配有大量的案例	众包方式写作，丰富案例给人启发，极具价值
	今后这样做品牌：移动互联时代的品牌营销策略 蒋　军　著	与移动互联紧密结合，告诉你老方法还能不能用，新方法怎么用	今后这样做品牌就对了
	中小企业如何打造区域强势品牌 吴　之　著	帮助区域的中小企业打造自身品牌，如何在强壮自身的基础上往外拓展	梳理误区，系统思考品牌问题，切实符合中小区域品牌的自身特点进行阐述
渠道通路	**深度分销：掌控渠道价值链** 施　炜　著	制造商通过掌控渠道价值链，将管理触角延伸至零售层面及顾客现场，对市场根部精耕细作，从而挖掘需求，构筑区域市场尤其是三四级市场的竞争壁垒	深度分销是中国企业对世界营销的独特贡献。实践证明，互联网时代深度分销仍有生命力
	快消品营销与渠道管理 谭长春　著	将快消品标杆企业渠道管理的经验和方法分享出来	可口可乐、华润的一些具体的渠道管理经验，实战
	传统行业如何用网络拿订单 张　进　著	给老板看的第一本网络营销书	适合不懂网络技术的经营决策者看
	采纳方法：化解渠道冲突 朱玉童　编著	系统剖析渠道冲突，21个渠道冲突案例、情景式讲解，37篇讲义	系统、全面
	学话术　卖产品 张小虎　著	分析常见的顾客异议，将优秀的话术模块化	让普通导购员也能成为销售精英
	向高层销售：与决策者有效打交道 贺兵一　著	一套完整有效的销售策略	有工具，有方法，有案例，通俗易懂
	通路精耕操作全解：快消品20年实战精华 周　俊　陈小龙　著	通路精耕的详细全解，每一步的具体操作方法和表单全部无保留提供	康师傅二十年的经验和精华，实践证明的最有效方法，教你如何主宰通路

管理者读的文史哲·生活

	书名．作者	内容/特色	读者价值
思想·文化	**德鲁克管理思想解读** 罗　珉　著	用独特视角和研究方法，对德鲁克的管理理论进行了深度解读与剖析	不仅是摘引和粗浅分析，还是作者多年深入研究的成果，非常可贵
	德鲁克与他的论敌们：马斯洛、戴明、彼得斯 罗　珉　著	几位大师之间的论战和思想碰撞令人受益匪浅	对大师们的观点和著作进行了大量的理论加工，去伪存真、去粗存精，同时有自己独特的体系深度

续表

思想·文化	**德鲁克管理学** 张远凤　著	本书以德鲁克管理思想的发展为线索,从一个侧面展示了20世纪管理学的发展历程	通俗易懂,脉络清晰
	王阳明“万物一体”论:从“身-体”的立场看(修订版) 陈立胜　著	以身体哲学分析王阳明思想中的“仁”与“乐”	进一步了解传统文化,了解王阳明的思想
	自我与世界:以问题为中心的现象学运动研究 陈立胜　著	以问题为中心,对现象学运动中的“意向性”“自我”“他人”“身体”及“世界”各核心议题之思想史背景与内在发展理路进行深入细致的分析	深入了解现象学中的几个主要问题
	作为身体哲学的中国古代哲学 张再林　著	上篇为中国古代身体哲学理论体系奠基性部分,下篇对由“上篇”所开出的中国身体哲学理论体系的进一步的阐发和拓展	了解什么是真正原生态意义上的中国哲学,把中国传统哲学与西方传统哲学加以严格区别
	中西哲学的歧异与会通 张再林　著	本书以一种现代解释学的方法,对中国传统哲学内在本质尝试一种全新的和全方位的解读	发掘出掩埋在古老传统形式下的现代特质和活的生命,在此基础上揭示中西哲学“你中有我,我中有你”之旨
	治论:中国古代管理思想 张再林　著	本书主要从儒、法墨三家阐述中国古代管理思想	看人本主义的管理理论如何不留斧痕地克服似乎无法调解的存在于人类社会行为与社会组织中的种种两难和对立
	车过麻城　再晤李贽 张再林　著	系统全面而又简明扼要地展示了李贽独到的学术眼力和超拔的理论建树	帮助读者重新认识李贽的思想
	中国古代政治制度(修订版)上:皇帝制度与中央政府 刘文瑞　著	全面论证了古代皇帝制度的形成和演变的历程	有助于读者从政治制度角度了解中国国情的历史渊源
	中国古代政治制度(修订版)下:地方体制与官僚制度 刘文瑞　著	全面论证了古代地方政府的发展演变过程	有助于读者从政治制度角度了解中国国情的历史渊源
	中国思想文化十八讲(修订版) 张茂泽　著	中国古代的宗教思想文化,如对祖先崇拜、儒家天命观、中国古代关于“神”的讨论等	宗教文化和人生信仰或信念紧密相联,在文化转型时期学习和研究中国宗教文化就有特别的现实意义
	史幼波《大学》讲记 史幼波　著	用儒释道的观点阐释大学的深刻思想	一本书读懂传统文化经典
	史幼波《周子通书》《太极图说》讲记 史幼波　著	把形而上的宇宙、天地,与形而下的社会、人生、经济、文化等融合在一起	将儒家的一整套学修系统融合起来
	史幼波《中庸》讲记(上下册) 史幼波　著	全面、深入浅出地揭示儒家中庸文化的真谛	儒释道三家思想融会贯通
	梁涛讲《孟子》之万章篇 梁　涛　著	《万章》主要记录孟子与万章的对话,涉及孝道、亲情、友情、出仕为官等	作者的解读能帮助读者更好地理解孟子及儒学
	两晋南北朝十二讲(修订版) 李文才　著	作为一本普及性读物,作者尊重史实,运用“历史心理学”的叙事方法,分12个专题对两晋南北朝的历史进行阐述	让读者轻松了解两晋南北朝的历史
	每个中国人身上的春秋基因 史贤龙　著	春秋368年(公元前770-公元前403年),每一个中国人都可以在这段时期的历史中找到自己的祖先,看到真实发生的事件,同时也看到自己	长情商、识人心
	与《老子》一起思考:德篇 **与《老子》一起思考:道篇** 史贤龙　著	打通文史,回归哲慧,纵贯古今,放眼中外,妙语迭出,在当今的老子读本中别具一格	深读有深读的回味,浅尝有浅尝的机敏,可给读者不同的启发